探究
鉄筋コンクリート構造
基本から応用へ

白井伸明・長沼一洋・清水 泰・田嶋和樹・堀川真之［著］

彰国社

装丁・組版：海汐亮太

はじめに

　本書は，鉄筋コンクリート（RC）構造の「専門書」ではありません。

　世の中には，学会や著名な研究者によって書かれた RC 構造に関する優れた専門書が多数存在します。われわれが学生のころは，このような専門書が大学での教科書として使用されていました。しかし，昨今では，RC 構造に関する研究・技術開発の進歩が目覚ましく，専門分野の深化と細分化が進んでいるように感じます。このような時代の変化を考えた場合，大学で初めて RC 構造について学習する学生にとっては，深化し細分化された専門分野に接続する前段階として，これまでの RC 構造に関する歴史的背景を知り，RC 構造の基礎的かつ広範な知識を獲得することが必要であると思われます。また，大学院へ進学したり，社会に出て専門書を読む際にも，傍に置いて基本的な事項を確認できる「教科書」の存在が必要なのではないかと考えます。

　本書は，そうした RC 構造の「教科書」です。

　建築学科において RC 構造を初めて学習する大学生を対象とし，学生と専門書の間を繋ぐものです。そのため，RC 構造の設計理論や計算方法を平易に解説し，学生に理解を促すことを意図した記述を心掛けています。また，保有水平耐力計算や耐震診断，あるいは広義の RC（鉄骨鉄筋コンクリート，プレストレストコンクリート，鋼管コンクリート）についても頁を割き，より広範な知識の獲得も目指しています。しかし，その反面，専門家の方々にとっては，記述内容に物足りなさを感じる部分があるかもしれません。この点について，本書を手に取った学生にもいつかは感じてほしいと思っています。つまり，本書の内容に物足りなさを感じてもらえた時，読者は本書を卒業し，専門家としての第一歩を踏み出すことができると考えます。

　また，本書を教科書として講義で使うことを想定した場合，教師によってはもっと詳しく学生に教えたいという要望があるかもしれません。この点については，実は本書のねらいでもあります。本書は，あくまでも基礎的な内容を記載しているもので，学生が独学で読んだとしても，ある程度は内容を理解できる構成・内容としています。そのため，大学の講義で本書の内容を学生に伝達するだけでは，あまり面白い講義にならないかもしれません。むしろ，大学の講義では，担当する教師の個性に応じて，本書に書かれていない発展的内容を学生に伝えてほしいと考えます。本書ではその一助として，本文中に「探究」してほしい課題の一例を記載しています。

　本書が基となって，大学において魅力的な授業が展開されることで，RC 構造に興味を持つ学生が少しでも増えることを期待しています。

2018 年 6 月　著者一同

目次

1　鉄筋コンクリートの歴史

1.1　鉄筋コンクリートの黎明期
——なぜ鉄筋コンクリートは普及したのか 002

1.2　大地震の教訓と耐震設計法
——なぜ RC 造建物は地震で壊れたのか 006

1.3　新しい鉄筋コンクリートの開発
——なぜ鉄筋コンクリートの技術開発が求められたのか 014

2　鉄筋コンクリートを構成する材料

2.1　コンクリート
——なぜコンクリートが用いられるのか 024

2.2　鉄筋
——なぜコンクリートの相棒は鉄筋なのか 034

2.3　コンクリートと鉄筋の付着
——なぜ付着を考える必要があるのか 042

2.4　許容応力度
——なぜ許容応力度が必要なのか 046

3　鉄筋コンクリート造建物の耐震設計法

3.1　構造計算による安全確認の体系とその概要
——現在，どのように建物の安全性を確保しているか 052

3.2　新耐震設計法の特徴
——どのように建物の安全を確保しているのか 056

4　鉄筋コンクリート梁および柱の抵抗機構と断面算定

4.1　曲げに対する梁の断面算定
——安全に壊れる梁を設計するためには 070

4.2　 軸方向力と曲げに対する柱の断面算定
——安全に壊れる柱を設計するためには 086

4.3　梁・柱のせん断設計
——せん断破壊しない梁・柱を設計するためには 096

5　鉄筋コンクリート部材の抵抗機構と断面算定

5.1　耐震壁の断面算定
——効果的な耐震壁を設計するためには 110

5.2　柱・梁接合部
——柱・梁接合部の破壊を防ぐためには 118

5.3 床スラブ
——床スラブの安全性と居住性を確保するためには 122

5.4 基礎構造
——建物を安全に支持するためには 128

5.5 付着・定着・継手
——鉄筋とコンクリートを一体化させるためには 134

6 保有水平耐力計算の概要

6.1 保有水平耐力計算の考え方
——なぜ保有水平耐力計算が必要なのか 144

6.2 部材の終局強度
——部材の終局強度はどのように算定するのか 148

6.3 保有水平耐力
——保有水平耐力はどのように算定するのか 160

6.4 必要保有水平耐力
——必要保有水平耐力とは何を意味するのか 168

7 耐震診断の概要

7.1 耐震診断の基本的な考え方
——なぜ耐震診断が必要なのか 174

7.2 耐震診断の種類
——なぜ1次診断から3次診断まであるのか 178

7.3 耐震診断の方法
——耐震診断では何を評価しているのか 180

7.4 耐震診断と耐震補強
——耐震診断と耐震補強の関係は 186

8 様々な鉄筋コンクリート

8.1 鉄骨鉄筋コンクリート
——なぜ鉄筋コンクリートに鉄骨を入れるのか 190

8.2 プレストレストコンクリート構造
——なぜコンクリートにプレストレスを入れるのか 204

8.3 鋼管コンクリート構造
——なぜ鋼管にコンクリートを詰めるのか 212

索引 221

本書の使い方

　本書は鉄筋コンクリート（RC）構造を初めて学習する建築系の大学生を対象とした教科書として，RC構造に関する基本的な内容を平易に解説するように努めています。本書は，全8章で構成されています。各章での学習を通して考えたり，身に付けたりしてほしいことを各章の最初に記載していますので，参考にしてください。また，本書には以下に示すような特徴があります。

1. RC の歴史の学習からスタート

　RCがこの世の中に登場してから100年以上が経過しています。しかし，これからRCの学習を始める学生にとっては，この間に得られた知見は最初から存在するものであり，自らの経験を通して獲得したものではありません。本書では，最初にこれまでのRCの歴史を振り返ることで，先達がこれまで辿ってきた道のりを疑似体験してほしいと考えています。そして，温故知新の心を持って，RCの未来についても考えてほしいと思っています。

2. 保有水平耐力計算と耐震診断の概要を掲載

　これまでのRC構造の教科書では，保有水平耐力計算や耐震診断について取り扱われることが少なかったように思われます。しかし，どちらも構造設計実務において重要な事項であることは周知の事実であり，学生の段階から学習をスタートしておくべきであると判断しました。本書では，これらの概要として，専門書や規・基準を読む前段階で必要となる知識を中心に解説しています。

3. 探究活動を推奨

　大学での講義では，専門知識の獲得が中心になります。しかし，専門家として社会で活躍するためには，自ら疑問を感じ，自ら考える姿勢が重要になります。本書では，学生が興味を持ち，自ら探究したくなるような課題を例示しています。これらの探究課題に取り組んだり，新しい探究課題を発見したりして，RC構造の学習を自らの手で進めてほしいと考えています。

4. 豊富な用語説明や解説を掲載

　RC構造の教科書として，学生と専門書を橋渡しする役割が重要であると考えています。そのため，専門用語やより深く理解してほしい事柄について，欄外に説明や解説を掲載しています。

5. ページ完結型の構成

　教科書は読みやすいことが重要であると考えています。そのため，学習内容を整理し，細分化することによって，原則として頁内で1つの学習内容が完結するように構成を工夫しました。

　上記の特徴を活かして，RC構造の基本的な学習を卒業するまで，本書を常に傍らに置いていただければ幸いです。

鉄筋コンクリートの歴史

鉄筋コンクリート（RC）がこの世に登場してから100年以上が経過した。その間，RCの設計理論が確立され，様々な技術開発によってRCは進化を続けてきた。この歴史の様々な局面で，先人たちは様々な課題に立ち向かい，それらを乗り越え，新たな一歩を踏み出してきた。本章では，RC造建物が世の中に登場するまでの経緯，日本における大地震との戦い，そしてRCの技術開発の歴史に着目し，先人たちの経験を追体験することから，RCへの探究活動をスタートする。

1

1.1 鉄筋コンクリートの黎明期──なぜ鉄筋コンクリートは普及したのか

1.1.1 鉄筋コンクリートの誕生と特許

鉄筋コンクリート（以下、RC）が初めて世の中に登場したのは、1855年のパリ万国博覧会（以下、パリ万博）であると言われている。フランスの造船技師のランボー（J. L. Lambot）は、1851年にセメントを鋳鉄で補強する方法に関する特許を取得し、船の形に組んだ鉄網にモルタルを塗り付けたRC製のボートを出品している。また、コンクリート造住宅建築を計画したコンクリート構造物の施工技術者のコワニエ（F. Coigne）は、1861年にRCの基本的な力学的原理として、「コンクリートと鉄筋の付着が十分確保されることにより、コンクリートが圧縮力に抵抗し、鉄筋が引張力に抵抗すること」を明らかにし、鉄網と鉄板で補強したコンクリート床の特許を取得した。

先陣を切ったランボーとコワニエの2人であるが、今日のRC造建物の基礎を築いたのはフランスの植木職人のモニエ（J.Monnier）であると言えるだろう。モニエは、ランボーのRC製ボートをパリ万博で見て、RCをビジネスに活かそうと考えた。1861年には鉄網で補強したモルタル製の植木鉢を製作し、1867年のパリ万博に出品している。また、コンクリート中に鉄網を入れて、植木鉢や枕木を作るアイデアを特許として出願した。その後もRCに関する様々な特許を取得し続け、1870年代にはアーチ、橋梁、階段などの特許を国内外で取得し、RCを建物や橋に応用しようと試みている。実際、RC造円筒水槽やアーチ橋などの建設も手掛けており、これらの成果を1879年のアントワープ万博にて発表している。

モニエ式の配筋の特徴は、図1.1に示すように鉄筋を格子状に配筋することである。また、基本的に部材断面の中央付近に配筋することを推奨していた。しかし、モニエはその理論的な背景については言及していない。つまり、モニエの配筋に関する種々の特許は、あくまでも鉄筋の配置方法に限られており、RCの力学的な特性については考慮が及んでいなかったようである。

● 特許制度のはじまり
世界初の特許法はヴェネチア共和国で交付された「発明者条例」である。あのガリレオも揚水機の発明により特許を取得している。特許制度には、開発費用を回収できるなど、発明者にとってメリットがある。そのため、世界各国で特許法が制定されるようになり、様々な発明が生み出され、後の産業革命につながったといえる。

● パリ万国博覧会
パリで開催された万国博覧会の総称である。第1回パリ万博（1855年）が開催されて以降、計8回開催されている。19世紀に開催されたパリ万博はまさしく最新技術の見本市であり、当時の最先端技術が集められていた。例えば、第3回（1878年）ではエジソンの蓄音機が展示され、第4回（1889年）ではエッフェル塔が建設された。

● モニエとコワニエ
先にRC床の特許を取得し、私邸でその実用性を実証したコワニエであったが、残念ながらその名はあまり知られていない。モニエが万博で開発したRCの技術を次々に公開して各国の特許を取得したのに対し、コワニエは自身の技術を宣伝せず、RC床以外の開発も行わなかったことが原因である。

なお、30年後にコワニエの息子がその技術を引き継ぎ、RC技術を応用した様々な特許を取得している。しかし、モニエを超えるまでには至らなかったようである。

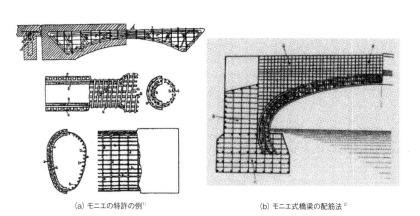

(a) モニエの特許の例[1]　　(b) モニエ式橋梁の配筋法[2]

図1.1　モニエ式の配筋

● Das System Monier

モニエシステムと呼ばれるRC構造物の理論的計算法である。この設計法はパンフレットにまとめられ、ドイツ国内の役所、建築家および施工業者に配付された。このパンフレットには、コンクリートの梁が曲げを受ける場合に必要となるコンクリートの断面と必要鉄筋量を算定する手法が示された。

● バウシンガーの功績

ミュンヘン工科大学材料研究所の創設者であるバウシンガーのもっとも有名な研究成果は、金属材料に対する「バウシンガー効果」の発見であろう。1886年に報告されたこの現象は、一度ある方向に塑性変形を与えた後、それとは逆方向に加力した場合、再び同じ方向に加力した時よりも塑性変形が低い応力度で生じる現象である。

● ハイヤットのRC梁の実験

ハイヤットは、ロンドンに滞在していた時に、コンクリートスラブ中に鋼製プレートと丸鋼を配した防火システムを考案した。その後、それを梁に拡張し、丸鋼をT形断面の鋼材に置き換えており、これが異形鉄筋の始まりのようである。そして、RC梁の火災環境下における実験を通じて、以下の重要な知見を得ている。
・鉄とコンクリートの熱膨張係数は同等であること。
・鉄筋コンクリート構造が耐火性に優れていること。

1.1.2　鉄筋コンクリート工学のはじまり

アントワープ万博におけるモニエの成果発表を契機として、RCに対する工学的なアプローチが欧米諸国において活発になった。特にドイツでは、鉄道技士のヴァイス（G. A. Wayss）がモニエの特許ライセンスを取得し、RCの有効性を科学的に裏付けることを目指した。ヴァイスはドイツとオーストリアにおいて産官学による共同研究を推進し、土木局技士のケーネン（E. M. Koenen）とミュンヘン大学教授のバウシンガー（J. Bauschinger）と共にRCに関する重要な研究成果を導いた。ケーネンは、鉄筋は引張力に対して、コンクリートは圧縮力に対して抵抗させるべきことを主張し、1887年にRC構造の理論的計算方法「モニエシステム」（Das System Monier）を発表した。バウシンガーは、1887年にRCの基本的な性質として「コンクリート中の鉄筋は長期に渡って錆びない」、「コンクリート－鉄筋間には十分な付着力が存在する」、「付着力は温度変化の影響を受けない」ことを明らかにした。その後、フランスの建設請負業者であったアンネビック（F. Hennebique）が、モニエシステムに基づくRC梁の粘り強さの不足を発見し、1892年にU型帯鉄をあばら筋として用いたせん断補強方法を発明している（図1.2 (a)）。さらに1898年には、RC梁の大スパン化を可能とするT型断面梁の特許も取得した。

一方、アメリカでは西欧諸国とは異なる形でRCが発達を遂げたと言えるだろう。弁護士のハイヤット（T. Hyatt）は、1878年に取得したRC構造の特許において、世界に先駆けて異形鉄筋を採用している。しかし、当時はまだ鉄筋とコンクリートの付着の重要性が十分に認識されておらず、実用化には至らなかった。その後、イギリスから渡米してシカゴ市技師となったランサム（E. L. Ransom）が、1893年に角形鉄棒にねじりを加えたランサム式異形鉄筋を開発し、特許を取得した。この時点ではRCにおける付着の重要性が認知されており、ランサム式異形鉄筋は全米のみならず海外にも広く普及した。その後、アメリカでは図1.2 (b) に示すような様々な異形鉄筋が開発されたこともあり、アメリカは異形鉄筋の祖国と称されるようになった。

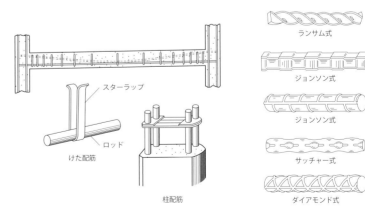

(a) アンネビックのせん断補強筋[3]　　　(b) 異形鉄筋の開発[4]

図1.2　RCに対する工学的アプローチ

1.1.3 鉄筋コンクリートの普及に向けて

前項に登場したアンネビックの特筆すべき功績は，RC構造の工法を確立したことである。それまでのRCに関する様々な特許など，RCの技術開発は梁や柱，床板といった部位ごとの単体構造として取り扱われてきた。アンネビックは，これらの単体構造としての技術を統合し，1892年にアンネビック方式の構造システムとして特許を取得した（図1.3 (a)）。また，この方式の設計法や施工管理方法について教育をしながら普及を図ったことにより，フランスを中心として西欧諸国へ急速に広まっていった。

また，同時期にはオーストリアのプラーグ大学教授のメラン（J. Melan）が鋼製トラス橋とコンクリートを組み合わせたメラン式工法を開発している（図1.3 (b)）。この工法の特徴は，自立する鋼製トラス橋を足場として利用するとともに，コンクリートを打設するための型枠を吊り下げて支持する支保工の役割を担わせる点にある。この工法は，ニューヨークでRC構造物の設計事務所を開設していたオーストリア出身のエンペルガー（F. Emperger）によってアメリカにも紹介された。従来よりも施工性が著しく向上することもあり，メラン式工法は世界中に普及した。

ドイツのシュットットガルト工科大学教授のメルシュ（E. Morsch）は，1902年に世界初のRCに関する工学専門書『Der Eisenbetonbau』（鉄筋コンクリート構造）を刊行し，RC構造の普及に大きく貢献した。また，前述のエンペルガーは，1902年にRCに関する機関誌「Beton & Eisen」を発刊した。これにより，RC研究の成果を公表する場が設けられ，西欧諸国の技術力の向上に結び付いたと考えられる。そして，メルシュとエンペルガーが中心となってドイツ鉄筋コンクリート委員会を設立し，1916年に世界で初めてRCに関する計算規準（標準仕様書と計算法）を公表した。このドイツ規準は，1924年に公表されたアメリカ規準とともに，世界各国に大きな影響を与えたと言えるだろう。

● 企業家・アンネビック

アンネビックは，自身の構造システムを普及させるために，フランスを中心としてイギリス，スイス，イタリアに支店を設けている。そのライセンス契約を結ぶ前には，構造システムの設計法と施工管理方法の教育を実施している。また，機関紙も刊行し，広報活動を行っている。その成果もあり，請負契約数が827件（1898年）から35,000件（1917年）に増加している。

● アンネビック式建築の崩壊

1901年にアンネビック式工法でバーゼルに建設された5階建てのホテルが崩壊した。その原因として，設計でせん断力の影響を考慮していなかったことや施工管理の技量不足，あるいは品質管理の不備などが挙げられている。また，エンペルガーによる原因調査によって，アンネビックのビジネス手法の負の側面も明らかにされたようである。この事件を契機として，RC構造物の安全性の確保が国際的な課題となり，RC規準の制定に向けて機運が高まったと言える。

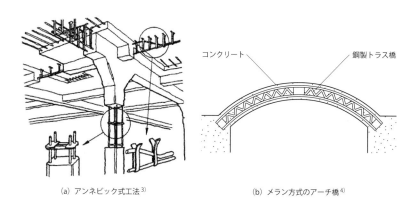

(a) アンネビック式工法[3]　　　(b) メラン方式のアーチ橋[4]

図1.3　RC構造物の工法の開発

● 組積造における開口

組積造で開口を設ける場合，半円形に弧を描くように石やレンガを積むことでアーチ構造を設ける必要がある。アーチ構造では，下図のように作用する荷重を圧縮力として伝達するため，石やレンガなど圧縮に対して抵抗力のある材料との相性が良い。しかし，アーチ構造の脚部には大きな水平反力が生じるため，それを躯体で支持しなければならない。組積造ではこの水平反力を抑制するために，アーチの幅に対して背（ライズ）を高くする工夫がなされている。そのため，西欧の組積造建物においては，縦に細長い窓が多い。

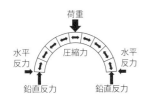

アーチ構造の力の流れ

● ドミノシステム

ル・コルビュジエが提唱した住宅の建設方法。RC床スラブとそれを支持する最小限の柱および各階への移動手段となる階段を構成要素としている。

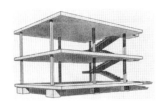

ドミノシステム[6]

用語 RCシェル構造

シェルとは貝殻（shell）の意味である。すなわち，RCシェル構造は，薄い曲面状のRC板を外郭として用いる構造である。外力を面内に適切に流すことにより，軽くて強度の高い構造物を作ることができるため，大空間の屋根構造に適用される場合が多い。

1.1.4 鉄筋コンクリートと近代建築

建築分野において，RCが世の中に普及し，発展し続けた背景には，優れた設計者たちの貢献があることを忘れてはならない。建築家の手による世界で初めてのRC造建物は，ボード（A. Baudot）とコタサン（P. Cottacin）によるモンマルトルの聖ヨハネ教会（1904年竣工）であろう。1894年に着工したものの，竣工まで10年を要したのは，教会建築に対して当時の最新技術であったRCを適用したことに異議が唱えられ，裁判に勝訴するまで工事が中断していたためである。

RCを建築の世界に持ち込んだ第一の功労者は，フランスの建築家であるペレ（A. Perett）で間違いないだろう。父親の建設会社を受け継いだペレは，1903年にパリのフランクリン街にRC造集合住宅を建設した。アンネビック工法による柱と梁の構造システムにより，組積造である周囲の建物よりも窓が大きくなっている（図1.4 (a)）。また，ペレの最高傑作であるパリ郊外のル・ランシーに建つノートルダム教会（1923年竣工）には，コンクリート打ち放しやコンクリートブロックによる窓など，当時の最先端技術が集約されている（図1.4 (b)）。従来の教会建築では実現不可能であった大開口とステンドグラスの組み合わせによる光の空間は一見の価値があるだろう。1908年にパリに行き，ペレの事務所で働いたル・コルビュジエ（Le Corbusier）も忘れてはならない。ペレの下でRCへの理解を深め，1914年にRCの床と柱を構造体とする住宅の構造システム「ドミノシステム」を考案している。

一方，構造的なアプローチからRCの造形性を追求した設計者も存在する。1928年に世界で初めてプレストレストコンクリートの特許を申請したフレシネ（E. Freyssinet）は，パリのオルリー空港の格納庫（1924年竣工）に巨大なRCシェル構造を採用し，スパン80m×長さ300m×高さ56mの巨大な空間構造を実現している（図1.4 (c)）。さらにトロハ（E. Torroja），キャンデラ（F. Candela），ネルヴィ（P.L. Nervi），サーリネン（E. Saarinen），イスラー（H. Isler）らによるシェル曲面の追求によって実現された優れた作品群は，RCの優れた造形性を証明していると言えるだろう。

(a) フランクリン街のアパート　　(b) ル・ランシーのノートルダム教会　　(c) オルリーの飛行船格納庫[5]

図1.4　RC造建物の登場

1.2 大地震の教訓と耐震設計法 ——なぜRC造建物は地震で壊れたのか

1.2.1 日本における鉄筋コンクリートのはじまり

日本にRCが紹介されたのは，19世紀末頃である。1894年の造家学会での講演において，田辺朔郎（たなべ・さくろう）がモニエやメランによるRCの工法を紹介している。この頃には，RCに関する多くの外国文献が国内に紹介され，特にRCの技術的な側面に日本の技術者が高い関心を示したようである。1903年には，田辺の設計により，日本で初めてのRC構造物となるメラン式のRC橋が琵琶湖疎水運河に架けられた。また，1905年頃には海軍技師の真島健三郎（まじま・けんざぶろう）による佐世保軍港内のRCポンプ庫などの建築群や白石直治（しらいし・なおじ）による神戸和田岬のRC倉庫（図1.5(a)）などが竣工しており，これらが日本初のRC造建物と言えるだろう。

一般的な建物に対しては，当初は「防火床構造」としてRCが導入された。佐野利器（さの・としかた）の設計による日本橋丸善（1909年竣工）は，構造は鉄骨造であるが，日本で初めて防火床としてRCが採用されている。また，1911年には遠藤於菟（えんどう・おと）の設計で三井物産横浜支店一号館（図1.5(b)）が建設されている。これが日本で初めてのRC造事務所ビルである。

20世紀に入ると，RCの工学的な研究も本格化した。1891年の濃尾地震の被害を契機として設置された震災予防調査会において，佐野利器と内田祥三（うちだ・よしかず）が鉄筋腐食の実験を行っている。また，佐野，内田に加え，内藤多仲（ないとう・たちゅう）や土居松市（どい・まついち）らによってRC床板や梁，柱などの計算図表（図1.5(c)）が相次いで発表され，日本におけるRCの技術が実用段階に入ったことが示された。

● 佐野利器

東京帝国大学建築学科を卒業した後，1914年に「家屋耐震構造論」を発表し，同大学の教授となった。この中で，地震力の算定に「震度」の概念を導入しており，耐震構造学の基礎を築いたと言える。また，日本大学高等工学校を創設して初代校長を務め，関東大震災からの復興にも尽力する中，1923年に日本大学工学部（現・理工学部）の設置の認可を受け，初代学部長に就任した。

● 真島健三郎

海軍技師であり，日本におけるRC構造の先駆者である。佐野利器らとの柔剛論争では，柔構造の優位性を主張した。この考え方は振動論に立脚しており，現在の超高層建築や免震構造へ発展するものである。したがって，柔構造を主張した真島の存在は，構造物の動的解析の発展を考えるうえで極めて重要であったと言えるだろう。

● 日本初のRC造建物は？

諸説があるため，どれか1つに決めることは難しい。例えば，近代建築史の研究者であった近江栄は，真島のRCポンプ庫を実際に調査し，これを日本初のRC造建物として提唱している[8]。

● 震災予防調査会

濃尾地震の後，1892年に震災予防の研究と実施を目的として発足した。地震，津波，火山噴火などの観測・研究や耐震家屋の災害防止対策について調査・研究を行い，政府に提言する役割を担った。その後，1923年の関東大震災を契機として，その役割は1925年に東京大学地震研究所に引き継がれた。

(a) 神戸和田岬のRC倉庫[7]

(b) 三井物産横浜支店

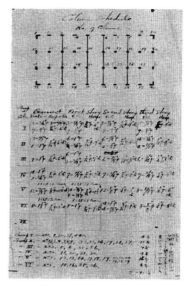

(c) 三井物産横浜支店のRC柱計算表[7]

図1.5 日本におけるRC造建物の登場

1.2.2 関東大震災の教訓と鉄筋コンクリートの普及

1923年9月に発生した関東大震災は，近代化の道を歩んでいた首都圏に未曾有の被害をもたらした。図1.6 (a) に示すように，人的被害においては，焼死あるいは溺死が多かった。これは地震が昼食時に発生したことが要因であり，かまどや七輪から同時多発的に火災が発生し，木造家屋に燃え広がったためである。また，建物被害においては，明治以来発展してきたレンガ造建物や当時導入されていた欧米式のビルが倒壊した。日本橋丸善は，地震には耐えたものの，火災によって加熱された鉄骨が座屈して崩壊した（図1.6 (b)）。これより，耐火性に優れ，高い耐震性を有する建物の実現が社会的な課題となった。

この課題を解決に導いた要因の1つは，1906年に発生したサンフランシスコ地震の被害調査であった。震災予防調査会の調査団の一員として派遣された中村達太郎と佐野利器は，RC構造こそ理想であると確信し，帰国後にRC造建物の優れた耐火性と耐震性を強く主張している。また，関東大震災においてほとんど無被害であった建物の存在も重要であった。例えば，ライト（F. L. Wright）により設計された帝国ホテルは，オープン当日に関東大震災に遭遇したものの，建物の被害は軽微であり，被災者の避難場所や海外通信社の拠点として利用された。図1.6 (c) は震災後に帝国ホテルで撮影された周辺の様子である。また，1923年に竣工した内藤多仲の設計による日本興業銀行ビルは，日本独自の「RC造**耐震壁**を有する鉄骨鉄筋コンクリート構造」であり，耐震壁の効果によってほとんど無被害であった。

これらの要因により，耐火性と耐震性に優れた構造をRCによって実現しようとする機運が高まり，関東大震災以降，日本独自のRC構造の検討がスタートした。この時期には，後に有名建築として名を遺す公共建築がRC造で多数建設されている。そして，1933年に日本建築学会から『鉄筋コンクリート構造計算規準』が発刊され，RCの技術が標準化されるに至っている。

● 欧米式のビル

当時の日本においては，欧米直輸入型の純鉄骨造が流行していた。特にアメリカ式の鉄骨造は豊富な施工機械を使用し，短工期であるため経済性が高く，急速に普及していた。しかし，関東大震災では構造体に被害は少なかったものの，外壁や間仕切りなどに大きな被害がでて，使用不可になったものが多かった。

● サンフランシスコでの調査

佐野らは，サンフランシスコ地震の被害調査に際して，1889年にカリフォルニアに建設された3階建てのRC造建物を調査している。この建物は，ランサム型異形鉄筋の開発者であるランサムによって建設されたものであった。この建物には地震による被害はほとんどなく，佐野は大変感銘を受けたようである。

● 内藤多仲と耐震壁

東京帝国大学卒業後，早稲田大学教授となった内藤多仲は，東京タワーの設計者として有名である。しかし，RC分野においては，耐震壁の考案者としても知られている。その発想の原点は，旅行かばんの間仕切りにあったようである。自身の経験から，間仕切りによってトランクの変形が抑制されたことに気が付き，それを建物に応用した成果が耐震壁であったという。

用語 耐震壁（耐力壁）

耐震壁とは，建物中における他の部材より剛性および強度が高く，地震や風などの水平力に対して優れた抵抗を有する壁のことである。なお，建築基準法では「耐力壁」で名称が統一されているが，これは耐震壁を含めて構造的に寄与するすべての壁の総称である。

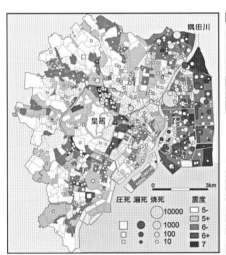

(a) 人的被害の要因 [9]

(b) 倒壊した日本橋丸善 [10]

(c) 帝国ホテルの周囲の様子 [11]

図1.6　関東大震災の被害

● 家屋耐震構造論と震度

佐野利器が執筆した震災予防調査会報告の論文であり，これにより学位を取得している。地震力を定量的に表すための「震度」を導入したことで有名である。また，震度を家屋の重要度に応じて増減する必要性を述べており，地盤の状態や過去の大地震の歴史などに応じて，震度を0.3以上にする場合についても示している。

● 新潟地震（1964年）

新潟地震では，地盤の液状化の問題に注目が集まった。地震による地盤の液状化自体は珍しいものではなかったが，当時は高度経済成長期であり，沿岸部の埋め立てが盛んにおこなわれていた時期だった。新潟市でも埋め立てが行われた信濃川の旧河川敷で地盤の液状化による被害が多発した。液状化によって地盤が支持力を喪失し，横倒しになった県営アパートの写真が有名であるが，建物自体に損傷はなかった。

転倒した県営アパート[12]

● 大分県中部地震（1975年）

RC造4階建ての九重レークサイドホテルが崩壊した。1階部分にエントランスホールやロビーがあり，壁が少なく，他の階より剛性・耐力が低かったと考えられている。同様の被害が宮城県沖地震（1978）でも確認され，剛性率の規定が導入されるきっかけとなった。

崩壊した九重レークサイドホテル[13]

1.2.3 大地震と耐震規定の改訂の歴史

表1.1に示すように，日本における耐震規定の改定は，大地震の経験とそれによる教訓に基づいている。これ以降，関東大震災以降の耐震規定の改定を大地震の教訓と関連づけて整理するが，前述の関東大震災も例外ではない。1920年に制定された市街地建物法の改定に影響しており，その中で1924年に法令の規定として地震力が世界で初めて定められた。ここでは，水平震度0.1以上とする地震力が規定されたが，その原案は1916年に発表された佐野利器の研究の集大成である『家屋耐震構造論』であった。水平震度kは，地震によって建物に生じる加速度αと重力の加速度gとの比であり，次式で表される。

$$k = \frac{\alpha}{g} \tag{1.1}$$

そして，建物の質量をm，建物の重量をWとすれば，建物に作用する地震力Pを次式により算定することが可能となる。

$$P = m \cdot \alpha = \frac{W}{g} \cdot \alpha = k \cdot W \tag{1.2}$$

このように，いわば見えない敵であった地震の力を定量的に表したことは，日本における耐震設計の第一歩であったと言っても過言ではないだろう。

表1.1 耐震規定の改定と大地震の歴史

年	耐震規定の改定など	影響を与えた大地震
1892（明治25）	「震災予防調査会」発足	1891 濃尾地震（M8.4）
1916（大正5）	佐野利器「家屋耐震構造論」 ・「水平震度」の提案	1906 サンフランシスコ地震
1920（大正9）	「市街地建築物法」制定	
1922（大正11）	内藤多仲「架構建築耐震構造論」 ・耐震壁による剛構造を考案	
1924（大正13）	「市街地建築物法」改正 ・佐野の水平震度を採用 ・筋交いや壁の配置を義務付け	1923 関東大震災（M7.9） ・レンガ造建物の崩壊 ・欧米流ビルの倒壊
1933（昭和8）	「鉄筋コンクリート構造計算規準」成立 ・D値法の開発（武藤清）	
1950（昭和25）	「建築基準法」制定 ・水平震度の改定など	1948 福井地震（M7.3） ・RC造建物の崩壊
1971（昭和46）	「建築基準法施行令」改正 ・柱の帯筋を密に配筋	1964 新潟地震（M7.5） ・砂地盤の液状化 1968 十勝沖地震（M7.9） ・RC造短柱のせん断破壊
1981（昭和56）	「建築基準法施行令」改正 ・新耐震設計法へ移行 ・固有周期と地震層せん断力係数を考慮した地震力の算定	1975 大分県中部地震（M6.4） ・ピロティ形式建物の崩壊 1978 宮城県沖地震（M7.4） ・垂壁・腰壁付き柱のせん断破壊 ・非構造壁のせん断破壊 ・耐震壁が偏在した建物の崩壊
1995（平成7）	「耐震改修促進法」制定	1995 兵庫県南部地震（M7.3） ・旧基準建物の倒壊
1998（平成10）	「建築基準法」改正 ・性能規定型設計の導入 ・応答スペクトル法に基づく検証	

● 武藤清

佐野利器の下で耐震構造の研究を行い、当初は剛構造を主張していた。その後、動的設計法の研究に着手し、コンピュータの実用化に伴ってそれを実用化させた。さらに、木造五重塔の耐震性に着目するなどして超高層建築を可能とする柔構造理論を確立し、日本初の超高層建築である霞が関ビルの設計に携わった。

● 坪井善勝

構造設計者として建築家の丹下健三とタッグを組み、数々の有名建築を残してきた。中でも国立代々木競技場の大空間を吊り屋根構造で実現したことで有名である。また、シェル構造の専門家でもあり、東京カテドラル聖マリア大聖堂はRCシェル構造の傑作であると言える。また、教鞭をとった東京大学と日本大学で多くの優れた構造設計者を輩出している。

● 梅村魁

武藤清の下で耐震構造を学び、後に東京大学にて教鞭をとる。新耐震設計法や既存建物の耐震診断の策定においてリーダーシップを発揮しており、RC構造物の耐震対策として、「強度と靱性の確保」という基本理念を明確にした。また、種々の強震記録の応答スペクトルに基づいて作成した標準応答スペクトル（梅村スペクトル）を提案している。

1.2.4 福井地震と建築基準法の制定

1941年に太平洋戦争に突入した日本では、戦時中の資材と労力の節約を目的とした臨時日本標準規格が制定された。1945年に終戦を迎え、臨時規格によって犠牲となった建物の安全性を適正化するため、1947年に日本建築規格3001「建物の構造計算」が建築学会構造標準委員会（委員長：武藤清）によって制定された。ここで初めて、長期と短期という二本立ての許容応力度の考え方が採用された。なお、RCの許容応力度を担当したのは、RC分科会の主査・幹事であった坪井善勝と梅村魁であった。また、地震力の水平震度を0.2とすることも示されており、これらの考え方は現在の建築基準法における許容応力度設計の原型となっている。

1948年に発生した福井地震では、図1.7(a)に示すように戦後の復興期であった福井市に壊滅的な被害をもたらした。福井市丸岡町を震央とするマグニチュード7.1の直下型地震である。全壊率100%の被災地を多数出現させたことから、震度階級に震度7が加えられるきっかけとなった。このように、相当に大規模な地震であったが、福井市内の47棟のRC造建物のうち、地震が直接の原因となって崩壊した建物は3棟に過ぎなかった。しかし、そのうちの1棟であった大和百貨店（1937年竣工）の崩壊は福井地震を象徴する被害となった。なお、大和百貨店は1945年に空襲によって全焼し、その後修復工事が行われている。そして、不十分な修復工事が崩壊の原因になった可能性も指摘されている。一方、隣接する酒伊ビルには、地震による被害はほとんどなく、現在も現役の建物として使用されている（図1.7(b)）。

福井地震を経験し、1950年に制定された建築基準法では、構造計算に関する規定として前述の日本建築規格3001をほぼそのまま取り入れており、関東大地震級の大地震に耐えることを目標にしている。そして、ここで確立された許容応力度設計は、現在においても構造計算の基本的な考え方の1つであり、RC造建物の耐震安全性の確保に寄与していると言えるだろう。

(a) 地震後の福井市内の様子 [14]

(b) 倒壊した大和百貨店と地震に耐えた酒伊ビル [15]

図1.7　福井地震の被害

1.2.5 十勝沖地震，宮城県沖地震と新耐震設計法

1968年に発生した十勝沖地震では，耐震性に優れるとそれまで信じられてきたRC造建物に甚大な被害が生じた。木造や鉄骨造の被害が比較的少なかったことや，「本建築」として公共建築等でRC造の採用が増えていたこともあり，RC造建物の被害は当時の人々に衝撃を与えた。

RC造建物の被害の多くは，青森県東部と北海道南西部に集中した。特に問題となったのは，柱が極めて脆性的に破壊する**せん断破壊**が数多く発生したことであった。柱のせん断破壊が特定層に集中すると，図1.8 (a) に示すように建物が崩壊する恐れがあるため，人命確保の観点から必ず避けなければならない。建築学会RC分科会では，主に柱のせん断設計法に関してRC規準の改定作業に着手し，1971年に改定版を発刊している。また，1971年には建築基準法施行令も改正され，せん断破壊を防止するために帯筋間隔を狭くするなど，帯筋に関する規定が強化された。

1972年から1977年にかけて，建設省（現・国土交通省）が総合技術開発プロジェクト「新耐震設計法の開発」を実施した。この総合プロジェクトの最終報告書は「新耐震設計法（案）」としてまとめられ，後に施行される新耐震設計法の原型となった。1978年には宮城県沖地震が発生し，十勝沖地震と同様のRC造建物の被害が確認された。なお，十勝沖地震後の帯筋規定に基づいて設計されたRC造建物では，柱のせん断破壊が生じたものの，**軸力支持性能**は保持された（図1.8 (b)）。

宮城県沖地震の被害は，新耐震設計法の実施を強く後押しする契機となった。この地震で確認された**偏心**の強い建物や**ピロティ形式**の建物の被害から，建物の形状の制限を強化するなどの修正が図られ，新耐震設計法は1980年の建築基準法改正によって交付され，1981年に施行された。新耐震設計法では，設計ルートの考え方が整備され，保有水平耐力計算が導入された。また，設計用地震力の算定方法など，様々な新しい考え方が導入された。なお，これらの詳細については，第3章にて紹介する。

用語　せん断破壊

RC部材におけるせん断破壊では，コンクリートにせん断ひび割れが発生することから始まり，その後にコンクリートおよびせん断補強筋による抵抗を喪失することによって破壊に至る。曲げ破壊であれば，主筋の降伏によって優れた変形性能が発揮される。しかし，せん断破壊ではそれが期待できないため，極めて脆性的な破壊となる。なお，コンクリートのせん断ひび割れの拡幅にはせん断補強筋が抵抗するため，それを密に配筋することにより，せん断破壊を防止することができる。

用語　軸力支持性能

柱は建物の重量などによって生じる軸力を支持し，基礎を介して地盤へ伝達する。RC柱がせん断破壊する場合，せん断ひび割れの拡幅や破壊面の損傷の進行によって次第にコンクリートが軸力を負担できなくなり，最終的に軸力支持能力を喪失して崩壊する。そのため，大地震時に建物の崩壊を防ぐためには，柱の軸力支持性能を高めておく必要がある。

用語　偏心

建物の平面において，重心と剛心（剛性の中心）が離れていることを指す。例えば，RC造建物に耐震壁が偏在する場合に偏心が生じやすい。

用語　ピロティ形式

1層に壁がなく柱だけで構成された構造形式のことを指す。土地を有効活用するために，1階を駐車場に利用している場合は多いが，他の階に比べて剛性・耐力が低くなりやすいため，大地震時に建物が崩壊する被害が多数報告されている。

(a) 崩壊した函館大学 [16]

(b) 帯筋間隔を密にしたRC造柱の被害 [17]

図1.8　十勝沖地震および宮城県沖地震の被害

● 兵庫県南部地震と地震観測

兵庫県南部地震は、日本における地震防災研究に大きな変化をもたらした。とりわけ、日本全国に地震観測網が整備されたことは、大きな前進であったと考えられる。例えば、防災科学技術研究所によるK-NETやKik-netによる強震観測網が整備されたことにより、観測された強震データがWEB上で公開され、地震発生後数分で利用可能となっている。また、Hi-Netによる高感度地震観測網が整備され、後に緊急地震速報の実用化につながっている。

● 使用規定から性能規定へ

兵庫県南部地震を契機として、耐震設計手法が見直され、仕様規定型設計法から性能規定型設計法へ移行する声が高まった。その背景の1つには、一般社会と設計者の間で建物の性能に対する認識に違いがあったことが考えられる。設計者は、大地震に対して建物を崩壊・倒壊させないように設計していた。言い換えれば、建物に多少の損傷が残ることは許容していたのである。これは経済性の観点から妥当な判断であると思われるが、社会に対する説明が十分ではなく、社会一般では大地震後も建物の機能が維持されることを期待していたようである。

1.2.6　兵庫県南部地震と耐震改修促進法

(1) 兵庫県南部地震と新耐震設計法の検証

1995年に発生した兵庫県南部地震は、近代化した都市を襲った直下型地震であり、神戸市およびその近隣自治体に未曾有の被害をもたらした。図1.9にRC造建物の特徴的な被害例を示す。柱梁接合部の被害は新しい課題として注目されたが、それ以外は決して新しいものではなかった。これらの被害への対応は、建物の形状制限やせん断設計法の改正など新耐震設計法に反映されていた。したがって、兵庫県南部地震では、図らずも新耐震設計法が検証されることになったのである。

図1.10に神戸市中央区におけるRC造建物の建設年代別被害棟数を示す。ここでは、建設年代を3つに分けており、十勝沖地震後の帯筋規定の強化および新耐震設計法の施行を区切りとしている。これより、建築基準法施行令の改正によってRC造建物の被害が減少しており、特に新耐震設計法に基づくRC造建物には大破・崩壊がほとんどなかったことが確認できる。新耐震設計法に対して改善あるいは追加検討すべき点も認められるが、この結果よりおおむね耐震設計法としての妥当性が確認されたと言えるだろう。

(a) 1階柱頭曲げ破壊

(b) 中間層崩壊

(c) ピロティ形式建物の崩壊

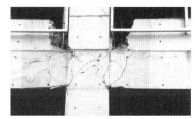
(d) 柱梁接合部の被害

図1.9　兵庫県南部地震におけるRC造建物の被害例 18) 19)

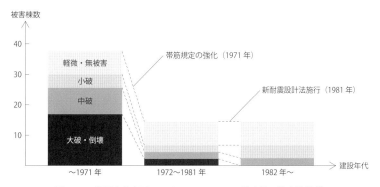

図1.10　神戸市中央区におけるコンクリート系建物の被害棟数 20)

(2) 耐震改修促進法

兵庫県南部地震では，新耐震設計法が施行される以前に竣工したRC造建物に対する耐震安全性の確保が重大な社会課題となった。旧耐震基準に基づいて設計されたRC造建物は，現行の新耐震基準（1981年施行）に適応していないため，法律違反ではないが**既存不適格**という判断となる。このような既存不適格建築物が現行の新耐震基準と比べてどの程度の耐震性を有しているのか判断する手法が**耐震診断**である。振り返ると，既存建物の耐震性が問題視されたのは，十勝沖地震の後であった。1973年には建築研究所の広沢雅也が中心となって官庁建築を対象とする「既存RC建物の耐震性判定基準」を作成している。その後，建築学会より「RC造校舎の耐震診断方法および補強方法」が発表され，1977年に日本特殊建築安全センター（現・日本建築防災協会）から既存建物全般を対象とした『既存RC造建物の耐震診断基準付解説』が出版されている。しかし，耐震診断が活用される場面は必ずしも多くなかった。そして，兵庫県南部地震を経験し，その手法の重要性が広く社会に認知され，今では既存建物の耐震性能を評価する手法として世界に誇るべき存在になったと言えるだろう。なお，耐震診断については，第7章にて紹介する。

さて，耐震改修促進法（建築物の耐震改修の促進に関する法律）は，兵庫県南部地震の教訓に基づき，1995年に施行された。この法律の目的は，「地震による建物の倒壊等の被害から国民の生命，身体及び財産を保護するために，建物の耐震改修を促進して地震に対する安全性の向上を図り，公共の福祉の確保に資すること」である。当初，この法律の対象は特に多数の者が利用する一定規模以上の特定建物であり，その所有者に対して耐震診断や改修の努力義務が求められた。その後，2006年に改正耐震改修促進法が施行され，より積極的な耐震改修の促進により，2015年度までに耐震化率を90％にするという具体的な数値目標が設定された。また，**緊急輸送道路**など指定された道路の沿道の建築物も対象に加えられた。さらに2013年の改正では，すべての既存不適格建築物の所有者に耐震診断・改修の努力義務が課せられることになった。また，「**要安全確認計画記載建築物**」が指定され，所有者に対する耐震診断の義務化と自治体によるその結果の公表が規定された。**図1.11**に国土交通省が公表した資料から，「多数の者が利用する建物の耐震化の進捗状況と目標」を紹介するが，2020年には耐震化率95％を達成する見込みである。

用語　既存不適格

建設当初は適法であったが，その後の法改正等により，現行規定に適合しなくなっている状態を意味する。違法ではないが，増築，改築などを行う場合には，一定範囲の是正義務（遡及適用）が生じる。

用語　耐震診断

旧耐震基準で設計され所定の耐震性能を保有していない既存不適格の建物に対して，現行の構造基準（新耐震基準）に基づいて耐震性の有無を確認することである。地震力に対する建物の強度と靱性を考慮し，建物の階ごとに構造耐震指標（Is値）を算出して耐震性能を定量的に評価する。

● 広沢雅也

建設省建築研究所に勤めた後，工学院大学にて教鞭をとる。耐震診断および耐震補強の専門家として有名であるが，新耐震設計法の開発においてもRC関係の実験的研究においてリーダーシップを発揮するとともに，保有水平耐力計算法の整備にも尽力した。

用語　緊急輸送道路

災害直後から，避難・救助をはじめ物資供給等の応急活動のために，緊急車両の通行を確保すべき重要な路線を指す。高速自動車国道や一般国道およびこれらを連絡する幹線的な道路が含まれる。

用語　要安全確認計画記載建築物

旧耐震基準で設計された建物で，次のいずれかに該当するもの。
① 不特定多数・避難弱者が利用する大規模建物等
② 広域防災拠点となる建物
③ 避難路沿道の建物

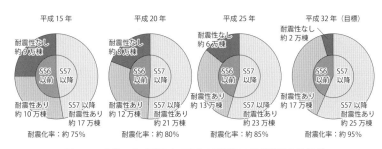

図1.11　多数の者が利用する建物の耐震化の進捗状況と目標[21]

1.2.7 東北地方太平洋沖地震と熊本地震の教訓

2011年に発生した東北地方太平洋沖地震は、三陸沖を震源とし、国内観測史上最大のM9.0を記録した。死者・行方不明者は1万8千人を超え、建物全壊戸数も10万戸以上と甚大な被害となった。その原因は津波であり、青森県から茨城県の広範囲の地域において、高さ10mを超える津波の発生が確認されている。津波によって沿岸部の建物の多くが全壊・流出した。RC造建物でも津波によって転倒した事例もあったが、多くは津波に耐えることができ、**津波避難ビル**として適した構造形式であることが実証された（図1.12）。また、この地震では過去の地震と比べて余震が極端に多く、M5以上の余震数が本震発生から90日間で約500を数えた。M7以上の余震も本震発生当日に3回、4月に2回で合計5回も発生しており、余震に対する安全性の検証が課題となった。

一方、2016年に発生した熊本地震では、連続的に震度7を記録した益城町で多くの木造住宅が倒壊した。連続的に作用する大地震への対応が議論となったと同時に、木造住宅に対する耐震化の遅れが指摘された。RC造建物においても耐震化の遅れが顕在化し、既存不適格のRC造集合住宅が倒壊するなど、大きな被害が確認された（図1.13）。一方、耐震補強されたRC造建物の多くの被害は無被害あるいは軽微であり、その効果が検証されたと言える。つまり、現状では住宅の所有者に対して耐震化を促すための仕組みが十分でなく、それを整備することが今後の重要課題であろう。

> **用語 津波避難ビル**
> 地域住民が津波から一時的に避難するための緊急避難場所として市町村によって指定された建物のことである。ビルの高さや構造、耐震性などの要件を満たすものが選定される。なお、構造としてはRCやSRCが要求される。また、開口を設けることにより、津波の力を低減することができる。

> **探究 なぜRC造集合住宅の耐震化が遅れているのか考えてみよう。**
> 例えば、国土交通省が耐震化の課題を調査し、以下の問題点を挙げている。
> ① 費用負担が大きい
> ② 耐震化の必要性を感じない
> ③ 業者の選定が難しい
> ④ 耐震化手法の適切さの判断が難しい
> ⑤ 工事中の使用が制約される

> **探究 新耐震設計法の課題について調べてみよう。**
> 兵庫県南部地震以降、様々な研究者や技術者が耐震設計法について議論を重ねている。例えば、建築研究所は今後期待される構造設計の方向性として、以下の点を挙げている[23]。
> ① 性能設計の推進
> ・災害後の機能継続
> ② 余裕のある設計の推奨
> ・想定外の事象への配慮

(a) 転倒したRC造建物[22]　　(b) 津波に耐えたRC造建物

図1.12　東北地方太平洋沖地震における津波被害

(a) 倒壊したRC造集合住宅　　(b) ねじれにより倒壊したRC造柱

図1.13　熊本地震におけるRC造建物の被害

1.3 新しい鉄筋コンクリートの開発——なぜ鉄筋コンクリートの技術開発が求められたのか

1.3.1 鉄骨鉄筋コンクリート

(1) 鉄骨鉄筋コンクリートのはじまり

鉄骨鉄筋コンクリート（Steel Reinforced Concrete：SRC）構造は，鉄骨の周りに鉄筋を配筋し，コンクリートを打設して一体となった埋込み式の合成部材を用いた構造である（図1.14 (a)）。このような構造の起源は北米にあり，図1.14 (b) に示すような鉄骨周囲のレンガや石をRCに置き換えた構造が存在していた。当時は，RCの優れた耐火性に着目し，鉄骨の**耐火被覆**としての効果に期待をしていたようである。

19世紀末ごろから，日本に鉄骨造（以下，S造）やRC造が導入されたが，その後，SRC構造が登場するのは関東大震災以前に建てられたS造ビルの構造体をRCで補強を施したのが始まりであると推定されている。

内藤多仲は，図1.14 (c) に示す日本興業銀行ビル（1923年竣工）の設計に際し，日本型の耐震構造技術の応用として，構造計算において地震力を考慮するとともに，RC造耐震壁を有するSRC構造を採用した。竣工直後に発生した関東大震災でも日本興業銀行ビルは無被害であり，その他のSRC構造の被害も他の構造形式に比べて僅少であった。これを契機として，SRC構造の優れた耐震性能が評価され，日本における中高層ビルではSRC構造が主流となり，日本独自の耐震構造として発展していくことになる。

用語 耐火被覆

火災時の温度上昇を防ぐことを目的とした被覆のことである。鉄骨造は熱に弱いため，建築基準法では鉄骨造を耐火構造とみなすために一定基準以上の耐火被覆を要求している。耐火被覆の方法として，吹付工法，成型板工法，巻き付け工法および耐火塗料の塗布などがある。

● S造ビルをRCで補強

旧丸ノ内ビルディングは，アメリカ式のS造ビルとして設計された。しかし，竣工間際の1922年に発生した浦賀水道沖地震で被災した。その際の補強工事において，既存柱の多くがRC柱に置換されるか，あるいはRCが打ち増しされた。また，竣工後間もなく関東大震災で被災し，その際の補強工事では主構造がS造からSRC造に変更された[24]。

● 日本興行銀行ビルの設計

当時は，アメリカ式のビルが流行しており，日本興業銀行の構造設計にあたっても施主からアメリカ式の採用を要求されたようである。しかし，内藤は自身の「架構建築耐震構造論」に則り，SRC構造による骨組とRC耐震壁とで地震力を分担することを主張した。最終的には一部妥協したものの，耐震壁を入れることとSRC構造を採用することを認めさせている。

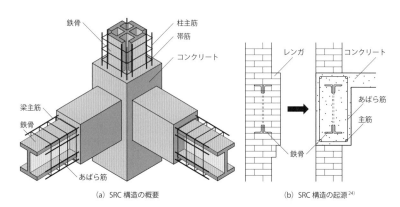

(a) SRC構造の概要　　　　　　　　　　　　(b) SRC構造の起源[24]

(c) 内藤多仲の耐震五訓と日本興行銀行[25]

図1.14　SRC構造のはじまり

用語 H形鋼

断面がH形の形鋼である。他の形鋼よりも曲げに対する抵抗（剛性、耐力）が優れている。H形鋼はフランジとウェブから構成されている。

H形鋼の断面

● **海外におけるSRC構造**

SRC構造は、日本では多くの実績があるものの、海外ではあまり一般的ではないようである。例えば、アメリカではS造の耐火被覆としてコンクリートを採用し、それが剛性にも寄与すると考えている。また、RCを周囲に巻き、それが強度にも寄与すると考える場合もあるが、そのような場合には経済的に優位なRC造が採用されることが多いようである。一方、イギリスやドイツなどのヨーロッパ諸国では、アメリカ同様コンクリートはS造の耐火被覆と考えていたが、1960年代頃から強度への寄与も考慮して設計を行うようになり、SRC構造が採用されるようになった。

（2）鉄骨鉄筋コンクリートの発展

日本において独自の発展を遂げたSRC構造であるが、その発展の要因の1つは、「鉄骨鉄筋コンクリート構造計算規準」（以下、SRC規準）の制定とH形鋼の普及であったと考えられる。

1958年に制定されたSRC規準では、RC部分とS部分の各々の許容強度に基づく累加強度式を基本体系としており、その内容は現在まで引き継がれている。特筆すべきは、それまで欧米で行われていたSRC柱の中心圧縮に対する累加強度方式を、曲げモーメントと軸力を同時に受ける部材に対して適用可能な形に拡張した点であろう。

その後、1961年に日本でH形鋼の生産が開始されると、SRC構造の柱や梁にも使用されるようになった。図1.15にSRC柱の断面形式の一例を示す。非充腹形の断面はH形鋼が普及するまでの主流であり、鉄骨ウェブの形式は格子型やラチス型となっている。一方、H形鋼を採用した充腹形の断面は、1方向に耐震壁などの耐震要素のある集合住宅などによく用いられている。さらに、断面内でH形鋼を組み合わせた十字型の断面は、日本において独自に発展した形式であり、2方向の地震入力に抵抗できるように工夫されている。

SRC規準の第2次改訂（1975年）では、充腹形の断面が規準に取り入れられた。しかし、1995年に発生した兵庫県南部地震では、1975年以前に建設された非充腹形鉄骨（格子型）を用いたSRC造建物が多く倒壊した。一方、充腹形鉄骨を用いたSRC造建物では倒壊例がなかった。その結果、充腹形鉄骨を用いたSRC造建物の耐震性能の高さが証明される形となり、現在では充腹形鉄骨の使用が主流となっている。

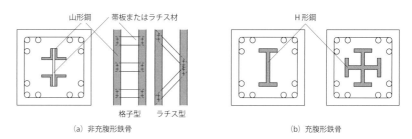

図1.15 SRC柱の断面形式

探究　兵庫県南部地震におけるSRC造建物の被害を調べてみよう。

例1. 神戸市庁舎（第二庁舎）
5層目までがSRC構造、6層目からがRC構造となっている。つまり、構造形式が切り替わる層で崩壊した。

例2. 神戸交通センター
非充腹形鉄骨（格子型）が使用されていた。

1.3.2 New RC プロジェクトと超高層鉄筋コンクリート

(1) New RC プロジェクト

日本では，1974年に地上18階建てのRC造高層集合住宅「椎名町アパート」が建設された。これ以降，RC造高層集合住宅の建設が進み，1980年代には30階建てを超えるRC造集合住宅が建設されるようになった。この背景には，以下の2つの理由があったと考えられる。

・重量のあるRC造は床衝撃音や風振動に対する居住性が高い。
・RC造は鋼材価格の変動の影響を受けにくく躯体コストが安定している。

また，それまでの多くの研究により，RC造でも高い耐力と変形性能の確保が可能であり，部材を**プレキャスト**化することによって建設工期を短縮することも技術的に可能になりつつあった。一方，世界に目を移せば，地上100階を超える超高層ビルの建設がアメリカを中心に行われていたが，地震活動が活発な国・地域では鉄骨造のみに限られていた。そのため，地震国である日本において超高層RC造ビルの建設は困難であると考えられていた。

建設省（現・国土交通省）はこのような現状を打破するため，1988年度から5年計画で，従来強度の2〜4倍の強度を有する高強度で高品質のコンクリートおよび鉄筋を用いた新しいRC造建物の開発を目的とした総合技術開発プロジェクト「鉄筋コンクリート造建物の超軽量・超高層化技術の開発」（New RCプロジェクト，委員長：青山博之）を推進した。このプロジェクトでは，**図1.16**に示すような材料強度の範囲を開発対象として，**表1.2**に示す5つの分科会の活動を通して，超高層RC造建物の実現への道筋をつけた。

> **用語 プレキャスト**
> 工場などであらかじめ製造されたコンクリート製品，あるいはこれを用いた工法のことである。正式には，プレキャストコンクリートと呼ぶ。略表記はPCあるいはPCa（Precast Concrete）である。
>
> ● 床衝撃音対策
> 床衝撃音を低減するためには，床スラブと防音床材を組み合わせた対策が必要である。食器を落とした時などの軽量床衝撃音に対しては，床スラブを厚くし，衝撃吸収性の高い仕上げ材の利用が効果的である。一方，子供の飛び跳ねなどによる重量衝撃音に対しては，床スラブの剛性を高めて，振動しにくい床構造とすることが有効である。
>
> ● 青山博之
> 東京大学で教鞭をとり，日本における超高層RC造建物の実現や終局強度型耐震設計法の開発でリーダーシップを発揮するなど，RC造建物の耐震性の高度化に尽力した。東京大学退官後，日本大学で教鞭をとり，研究・教育に携わった。

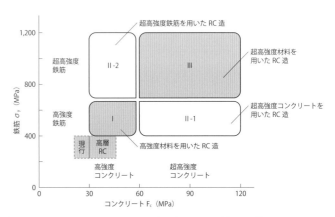

図1.16 New RCプロジェクトの対象範囲[27]

表1.2 New RCプロジェクトの5つの分科会

分科会名称	主査	主な成果
高強度コンクリート	友澤史紀	高強度材料の開発，性能評価のための試験方法および判定基準の作成
高強度鉄筋	森田司郎	
構造性能	小谷俊介	高強度RC部材の構造性能評価手法の開発
設計	岡田恒男	「New RC構造設計ガイドライン（案）」の作成
工法	上村克郎	高強度材料を用いる場合の施工標準の開発

用語 再現期間

ある事象が平均的に何年に一度程度起きるかを表したものであり，1年間で発生する確率の逆数である。例えば，50年間で発生する確率10%の場合，再現期間は475年となる。

用語 非線形時刻歴応答解析

時刻歴応答解析は，モデル化した建物に対して，時間とともに変化する地動加速度を与え，各階の応答加速度，速度および変位を振動方程式に基づいて計算する方法である。非線形の場合，ひび割れ発生や降伏などを含む弾塑性挙動を考慮した復元力特性を適用する。

用語 降伏機構

大地震時には，建物の各部が順次曲げ降伏して，最終的に最大耐力に至る状態を想定する。この時に想定する建物の状態が降伏機構であり，構造計画の段階で降伏部位（塑性ヒンジ）を設定することを降伏機構設計という。一般的な設計では，建物の降伏機構として全体降伏機構を想定し，効率的にエネルギー吸収するように設計する。

用語 降伏機構保証設計

降伏機構設計において計画された降伏機構が生じることを保証するために，塑性ヒンジを計画しない部位について，降伏機構が形成される前に破壊が生じないように検証する。

用語 長周期地震動

地震が起きると様々な周期を持つ揺れ（地震動）が発生する。大規模の地震が発生する場合，周期の長いゆっくりとした大きな揺れ（地震動）が生じ，このような地震動のことを長周期地震動という。

(2) 超高層鉄筋コンクリートの開発と現状の課題

New RC プロジェクトを通じて設計基準強度 $F_c = 60$ N/mm² までの高強度コンクリートに関する技術資料が整備され，それを使用した超高層 RC 造集合住宅が建設されるようになった。その後，さらなる高層化を目指してコンクリートの高強度化が進められ，2000年代終盤には $F_c = 150$ N/mm² の高強度コンクリートが実用化された。今もなおコンクリートの高強度化は継続して研究されており，現在は $F_c = 300$ N/mm² の実用化を目指した開発が進められている。

超高層 RC 造建物の実現には，耐震設計手法の確立も必要不可欠であった。その基本的な考え方は以下のとおりである。

・建物に作用する地震動は，**再現期間** 50年程度を想定した「稀に発生する地震動」（レベル1）と再現期間500年程度を想定した「極めて稀に発生する地震動」（レベル2）の2つのレベルを設定する。

・建物の各部分に生じる断面力および変形を**非線形時刻歴応答解析**によって把握し，以下の点を確認する。

　レベル1地震動：建物の構造耐力上主要な部分が損傷しないこと。

　レベル2地震動：建物が倒壊，崩壊等しないこと。

・応答変形に対して余裕ある変形能力を架構に期待するため，**降伏機構の保証設計**を実施する。

New RC プロジェクトの完了から20年以上が経過したこともあり，近年では超高強度 RC 造建物に対する課題も指摘されるようになった。それらを以下に整理する。

a. 超高強度コンクリートの自己収縮

超高強度コンクリートは単位セメント量が多く，自己収縮が発生する。そのため，収縮対策が不十分であると内外コンクリートのひずみ差や鉄筋の拘束によって微細なひび割れが発生する。

b. 超高強度コンクリートのクリープ

超高層 RC 造建物の低層階の柱には超高強度コンクリートが使用され，軸応力度が高く設定される。例えば，建物形状がセットバックしており，隣接する柱と軸変形差が生じる場合，クリープ変形に対する配慮が必要である。

c. 超高強度 RC 部材の耐力評価

超高強度 RC 柱においては，かぶりコンクリートの剥落によって曲げ耐力が決定する場合も想定される。そのため，柱の曲げ耐力に関して十分な余裕を確保することが必要である。

d. 長周期地震動への対策

超高層 RC 造建物が地震動と共振すると，揺れによる最上階の変位が著しく大きくなる。また，地震を経験した後に剛性低下し，長周期化する事象も確認されている。そのため，複数回の**長周期地震動**を経験することを想定し，制振装置等の減衰機構を積極的に付与する必要がある。

1.3.3 プレストレストコンクリート

(1) プレストレストコンクリートとは

プレストレストコンクリート (Pre-stressed Concrete) は，あらかじめ (Pre) 応力 (Stress) を与えたコンクリートのことを指し，略して PC，あるいは PC 構造と呼ばれている。具体的には，鋼材を用いてコンクリートに圧縮応力を導入する。コンクリートは圧縮には強いが引張に弱いため，圧縮応力を導入しておくことで，ひび割れの発生を抑制し，たわみ量を減らすことができる。

図 1.17 に示すように，コンクリートにプレストレスを導入する際には，**緊張材**を引っ張り，その反力によってコンクリートに圧縮力を与える。なお，プレストレスを導入するタイミングの違いにより，プレストレスの導入方式は，次の 2 種類がある。

a. プレテンション方式 (Pre-tensioning system)

コンクリートが固まる前に緊張材を引っ張っておき，コンクリートが硬化した後に緊張材を緩め，プレストレスを導入する。

b. ポストテンション方式 (Post-tensioning system)

コンクリートが固まった後に緊張材を引っ張り，それを引っ張った状態で定着することにより，プレストレスを導入する。

PC に用いられる緊張材には，PC 鋼線（直径 2.9 〜 9 mm の鋼材；通常は 1 本だけで用いられることはない），PC 鋼より線（PC 鋼線を何本かより合わせたもの。ストランドとも呼ぶ），PC 鋼棒（直径 9.2 〜 40mm）があり，これらを総称して PC 鋼材と呼ぶ。通常は，コンクリート中に配置した**シース管**の中に PC 鋼材を通し，それを引っ張ることによって緊張力を与える（この作業をプレストレッシングと呼ぶ）。緊張力を与えた後，シース管の中に**グラウト**を注入する方式としない方式があり，注入しない方式をアンボンド型あるいはアンボンド PC などと呼ぶ。アンボンドとは，コンクリートと PC 鋼材の間に付着 (Bond) がない状態を意味している。

> **用語 緊張材**
> プレストレスを導入するための高張力鋼材で，引張強度が 1000 N/mm^2 以上あり，一般的な鉄筋に見られるような明瞭な降伏点がない。

> **用語 シース管**
> PC 鋼材を通すための薄くて軽量な管。鞘（さや）管とも呼ばれる。金属製とプラスチック製がある。

> **用語 グラウト**
> PC 鋼材を緊張した後にシース管の中に注入するセメントミルクであり，セメントと水と混和剤を練り混ぜて作られる。PC 鋼材を腐食から保護し，コンクリートと PC 鋼材を一体化する役割を担う。シース管内への充填不足を防ぐために，高い流動性を有している。

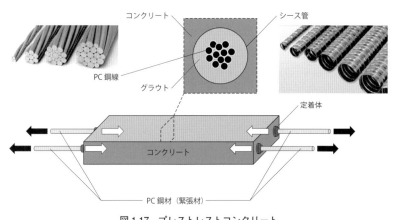

図 1.17 プレストレストコンクリート

(2) プレストレストコンクリートのはじまり

1855年のパリ万国博覧会でRCが初めて世の中に登場したが、その約30年後の1886年にはアメリカの技術者であったジャクソン（P.H. Jackson）がコンクリートにプレストレスを導入する方法を発明した。これがPCの始まりと言われている。その後、フランスのフレシネが1928年にPCの実用化のための特許を取得している。

国内では、1939年に吉田宏彦（福井大学名誉教授、佐野利器の教え子）がPCの技術を国内に紹介した[28]。その後、1948年には鉄道技術研究所がPCまくら木を開発し、実用化している。1951年には、国内初のPC構造の「長生橋」（石川県七尾町、スパン11.6m）が建設され、1954年には本格的なPC構造である第一大戸川橋梁（滋賀県甲賀市、スパン30m）が建設された。1960年以降は、東海道新幹線、東名高速道路、名神高速道路などの土木工事でPC構造が急速に発達し、現在では建築分野でも多くの建物に適用されている。

(3) プレストレストコンクリートの特徴と適用例

PC構造の主な特徴（長所と短所）としては、以下の点が挙げられる。

【長所】

① コンクリートのひび割れを抑制できる。また、一時的に大きな荷重でひび割れても再び閉じる。

② 部材断面（梁せい）を小さくすることが可能になる。

③ スパンを大きくすることが可能になる。

④ 耐久性、水密性が高く、水を貯蔵するタンクなどに適用できる。

⑤ **復元力特性**に優れており、地震後に**残留変形**を生じにくい。

【短所】

① シース管やPC鋼材の配置、プレストレッシングなど施工に手間がかかり、特殊な技術が必要である。

② RC構造に比べてコストがやや高くなる。

③ 地震時のエネルギー吸収能力がRC構造より劣る。

現在までに、PC構造がもっとも多く用いられているのは橋である。しかし、上記のような長所を活かして建築分野でも多く採用されており、事務所、体育館、倉庫など大空間を必要とする建物の梁に用いられることが多い。最近では免震構造と組み合わせて用いられる例が増えており、スパンを大きくすることで柱の本数を減らすことができ、免震装置のコストダウンが可能になる。また、工場等で製作したプレキャストコンクリート部材を現場に搬入し、PC鋼材で圧着接合する方式（アンボンドプレストレストコンクリート構造、UPC構造）は、まだ実用例は少ないものの、省力化と工期の短縮に大きな効果が期待されている。

用語 復元力特性
外力を受けて変形した部材や構造物が、外力が除かれた後に元に戻ろうとする性質。

用語 残留変形
地震時には建物の各部が変形するが、通常であれば地震後には元に戻る。しかし、大地震時には各部が損傷し、地震後に変形した状態から元に戻らない場合がある。このように、元に戻らず残った変形のことをいう。

1.3.4 鋼管コンクリート

(1) 鋼管コンクリートとは

鋼管コンクリート構造は，図1.18に示すように鋼管の内部にコンクリートを充填した合成構造で，最近ではコンクリート充填鋼管構造と呼ばれている。英語表記 Concrete Filled Steel Tube の頭文字をとって，一般にCFT構造と呼ばれている。CFT構造には鉄筋を用いないので，RC構造の発展というより，鋼コンクリート合成構造に類すると考えられる。通常はラーメン構造の柱部材に用いられ，柱は円形鋼管または角形鋼管，梁は鉄骨とすることが一般的である。主に，大きな圧縮力が作用する高層建物の下層階の柱や**塔状比**が大きな建物の外柱，ロングスパンで支配面積が大きな柱に用いられる。

> **用語 塔状比**
> 建物の高さ方向と幅方向の長さの比率のことで，この値が4以上は塔状建物と呼ばれる。

(2) CFT構造のはじまり

実は，CFT構造の歴史は古く，1879年にイギリスのSevern鉄道橋の橋脚に世界で初めて適用されたとの報告がある[29]。その後，鋼管内部の錆止めとしてコンクリートを充填した柱の研究や，スイスのMOTOR-COLUMBUS社によるMC鉄塔の技術開発などが行われた。日本では1955年に関西電力の枚方・向日町線にこのMC鉄塔が建設されており，これが日本初のCFT構造の適用例とされている。

CFT構造に関する研究では，1961年に仲・加藤ら[30]がコンクリートを充填した鋼管の圧縮強さに関する実験の研究成果を発表しており，これが日本初の研究報告である。1967年には日本建築学会から「鋼管コンクリート構造計算規準・同解説」(以下，CFT規準)が刊行された。なお，この時点ではまだ円形鋼管のみが対象であったが，1980年にはCFT規準の第2版が刊行され，角形鋼管も含まれるようになった。その後，1985年に建設省(現・国土交通省)の「新都市型集合住宅システム開発プロジェクト」が始まり，CFT構造に関する研究開発が精力的に行われた。1990年代には事務所系の建物の柱に適用される例が増加し始め，現在までに高層オフィスビルを中心に多くの適用実績がある。

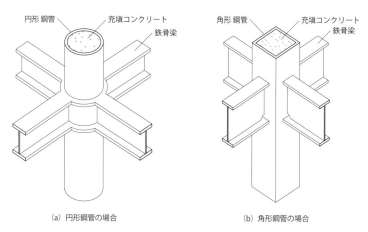

(a) 円形鋼管の場合　　(b) 角形鋼管の場合

図1.18　CFT構造

(3) CFT構造の特徴と適用例

CFT構造の特徴としては，以下の点が挙げられる。

【長所】

① 充填コンクリートにより剛性が高くなり，**全体座屈**および**局部座屈**を生じにくくなるため，鋼管の座屈を抑制できる（**図 1.19 (a)**）。
② コンクリートに対する鋼管の拘束効果の影響により，コンクリートの圧縮強度と靱性が向上する（**図 1.19 (b)**）。
③ 施工時に鉄筋工事や型枠工事が不要なので，省力化と生産性の向上に貢献できる。
④ 充填コンクリートの**熱容量**が大きく，鋼管の温度が上がりにくい。鉄骨造に比べて耐火性に富む。

【短所】

① コンクリートの沈降による空隙や鋼管の膨らみを防止するなど，コンクリートを確実に充填するための品質管理と施工管理が必要となる。
② **ダイヤフラム**の大きさ，間隔，打設孔，空気抜き孔など，コンクリート充填用の特別な鉄骨加工が必要となる。
③ 設計・施工において，溶接による熱がコンクリートに悪影響を及ぼさないように考慮する必要がある。

上記のような長所を活かして，CFT構造は高層オフィスビル，駐車場，倉庫など，柱に高い圧縮軸力が生じる建物や，ホール，駅舎，大規模店舗，体育館など，大きな階高や大空間を必要とする建物に用いられることが多い。柱以外では，耐震補強の斜めブレース材や屋根架構のアーチ，トラス材など，圧縮で抵抗する部材に適用された例がある。

> **用語 全体座屈・局部座屈**
> 座屈とは，部材に加える力を漸増した時，ある段階で急に変形の状態が変化し，大きなたわみを生じる現象である。圧縮荷重を受ける柱の場合，材料，断面形状，荷重条件が同じでも，柱の長さによって座屈の起こりやすさが異なり，長い柱で座屈が起こりやすい。なお，全体座屈は骨組や柱などの全体的な座屈であり，局部座屈は部材断面を構成する一部に生じる座屈を指す。

> **用語 熱容量**
> 物体の温度を1℃高めるのに必要な熱量のことであり，密度を比熱で除すことにより算定できる。

> **用語 ダイヤフラム**
> 梁の応力を鋼管柱に伝達するために必要な梁フランジ位置の鋼管内部あるいは外部に設けられる水平の補強材のこと。

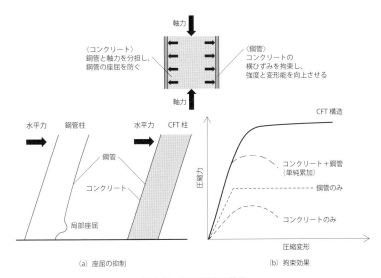

図 1.19 CFT構造の特徴

● 1章 参考文献

1) 藤本盛久：構造物の技術史, 市ヶ谷出版社, 2001

2) 鈴木圭, 山下真樹：欧州における鉄筋コンクリート技術の歴史的変遷－欧州発の鉄筋コンクリート指針成立過程に関する考察－, 土木史研究論文集, Vol.25, 2006

3) 豊島光夫：絵で見る鉄筋専科, 建設資材研究会, 1972

4) 田村浩一, 近藤時夫：コンクリートの歴史, 山海堂, 1984

5) 坪井義昭ほか：[広さ][長さ][高さ]の構造デザイン, 建築技術, 2007

6) ル・コルビュジェ, 吉阪隆正：建築をめざして, 鹿島出版界, 1967

7) 村松貞次郎：鉄筋コンクリート構造の歴史（第2回）－RC建築の発達－, コンクリート・ジャーナル, Vol.6, No.11, pp.38-44, 1968.11

8) 近江栄：光と影—蘇る近代建築史の先駆者たち, 相模書房, 1998

9) 歴史地震研究会：地図にみる関東大震災, 日本地図センター, 2008

10) 金山弘昌：関東大震災（1923）と日本橋の近代建築, 日本橋学研究, Vol.5, No.1, pp.5-22, 2012.3

11) USGS: Tokyo and Yokohama, Japan, Earthquake, USGS Denver Library Photographic Collection, 1923

12) 松本嘉司：新潟地震の思い出, コンクリート工学, Vol.28, No.9, 1990.9

13) 福岡管区気象台：1975（昭和50）年4月21日大分県中部地震の調査報告, 験震時報, Vol.40, pp.81-103, 1976

14) 中央防災会議・災害教訓の継承に関する専門調査会：1948福井地震報告書（第5章）, 2011

15) 福井市立郷土歴史博物館（http://www.history.museum.city.fukui.fukui.jp/）

16) 函館市史編さん室：チリ地震津波と十勝沖地震, 函館市史通説編第4巻, pp.809-813, 2002

17) 今井弘ほか：地震被害を受けた宮城県泉高等学校の補修・補強方法とその裏付け, コンクリート工学, Vol.17, No.10, pp.9-22, 1979

18) 日本建築学会：1995年阪神・淡路大震災スライド集, 丸善, 1995

19) 建築震災調査委員会：平成7年阪神・淡路大震災 建築震災調査委員会中間報告, 1995

20) 西川孝夫：兵庫県南部地震における建物被害と今後の課題, 総合都市研究, No.57, pp.73-85, 1995

21) 国土交通省HP（http://www.mlit.go.jp/jutakukentiku/house/jutakukentiku_house_fr_000043.html）

22) 日経アーキテクチュア：東日本大震災の教訓 都市・建築編 覆る建築の常識, 日経BP社, 2001.6

23) 福山洋：今後期待される構造設計の方向性, 建築研究所講演会資料, 2013

24) 若林實：建築における合成構造, コンクリート工学, Vol.21, No.12, pp.4-12, 1983.12

25) 福元敏之：合成構造による建築物の設計－設計規準類の変遷と今後の展開－, コンクリート工学, Vol.51, No.1, pp.72-75, 2013.1

26) 野村正晴：震災補強工事による旧丸ノ内ビルヂングの建築計画の変化 三菱財閥と丸ノ内地区開発 その2, 日本建築学会計画系論文集, Vol.75, No.666, pp.1491-1497, 2011.8

27) 室田達郎ほか：New RCプロジェクトの経緯および概要, コンクリート工学, Vol.32, No.10, pp.6-10, 1994.10

28) 吉田宏彦：鋼絃コンクリートに就いて, 建築雑誌, 第654号, pp.1129-1128, 1939.9

29) 富井政英ほか：充てんコンクリート鋼管構造に関する研究の現状, その1 部材の弾塑性性状, コンクリート工学, Vol.13, No.2, pp.26-40, 1975.2

30) 仲威雄ほか：コンクリート充填管の圧縮強さ, 日本建築学会論文報告集, No.69, 1961.10

鉄筋コンクリートを構成する材料

鉄筋コンクリート（RC）を構成する材料はコンクリートと鉄筋である。RCは、それぞれの長所を活かし、それぞれの短所を相互に補完した優れた複合材料である。そして、RCが優れた性能を発揮するためには、コンクリートと鉄筋が一体化していることが重要である。本章では、コンクリートと鉄筋の特徴と役割を確認し、両者の一体性を確保するための付着のメカニズムを取り上げる。さらに、構造設計において重要となる材料の許容応力度の考え方と計算方法を身に付けてほしい。

2.1 コンクリート——なぜコンクリートが用いられるのか

2.1.1 コンクリートの特徴

(1) コンクリートの長所

コンクリートには，構造材料として優れた点がいくつも存在する。例えば，コンクリートの優れた造形性は，建築家の意匠を実現するうえで極めて重要な利点である。また，その優れた耐火性は，関東大震災後のRCの普及を後押しする最大の要因であった。なお，耐久性の高さもコンクリートの優れた性質の1つであるが，その根拠は，紀元前の時代からモルタルが接着剤として使用されている事例や，古代ローマ時代の構造物に使用されたコンクリートが今もなお強度を保っていることが挙げられる。しかし，現在のコンクリートの寿命は100年程度と言われており，耐久性を確保するためには適切なメンテナンスが必要であると考えられている。

これらの優れた性質は重要であるが，コンクリートが構造材料として多用される主たる要因は，「安価であり大量供給できること」である。日本国内では，セメントの主原料である石灰石が中国・九州地方に大量に存在し，日本全国へ流通させる仕組みが整備されている。また，セメント・コンクリートに関する研究者や技術者が多く存在し，コンクリートの使用用途，場所，時期など，様々な条件に応じて使用可能な多様なコンクリートが開発されてきたことも要因の1つであろう。表2.1に建築・土木構造物に供用されているコンクリートの種類と特徴を示す。

(2) コンクリートの短所

一方，コンクリートには構造材料としての欠点も存在する。もっとも重大な欠点は，ひび割れが発生しやすいということである。コンクリートの引張強度は低く，圧縮強度の1/10程度しかない。そのため，わずかでも引張力が作用するとひび割れが発生しやすい。さらに，コンクリートを製造する際に水を使用するため，乾燥収縮が生じる点にも注意が必要である。なぜならば，構造物中では，コンクリートは様々な形で変形を拘束されるため，乾燥収縮が生じると拘束応力が発生し，収縮ひび割れが発生してしまうからである。また，コンクリートはセメントと水の水和反応によって硬化するため，打設後に養生が必要であり，硬化するまでに時間を要する。コンクリートの打設前後には型枠の設置と脱型が必要となることまで含めて考えると，施工期間が長くなるという点も欠点と言えるだろう。加えて，コンクリートの**比強度**の低さも欠点である。所定の強度を得るためには体積を大きくする必要があるため，部材の断面寸法が大きくなり，構造物全体の重量も増大する。このことは，構造物を支持する基礎構造を大規模にすることが必要であるとともに，地震時に構造物に大きな地震力が作用することを意味しており，構造物にとっては不利な条件であると言えよう。

● **古代ローマ時代のコンクリート**

2017年7月にアメリカ・エネルギー省のローレンス・バークレー国立研究所の研究チームが発表した論文[1]では，今もなお古代ローマのコンクリートの強度が増大していることのメカニズムを解明している。古代ローマ時代のコンクリートは，火山灰，石灰，火山岩，海水を混ぜてつくられているが，海水と火山灰が化学反応を起こして新たな鉱物を形成し，それがコンクリートの強度増大に寄与しているようである。

用語 **比強度**

物質の強さを表す物理量のひとつであり，密度あたりの強さ（＝強度／密度）を表す。つまり，比強度が大きいほど軽くて強い材料であると判断される。主な建築材料である木材，コンクリートおよび鉄の圧縮強度を比重で除した場合の比強度を比較すると，およそ以下のようである。

・木材：60 N/mm²
・コンクリート：10 N/mm²
・鉄：51 N/mm²

用語　スランプ

フレッシュコンクリートの軟らかさや流動性の程度を表す。スランプ試験では，鋼製中空のコーンにコンクリートを詰め，コーンを引き抜き，コンクリートの高さの低下量（スランプ）を評価する。高流動コンクリートでは，スランプ試験後のコンクリートの広がり（スランプフロー）を評価する。

用語　AE 剤

AE 剤（Air Entraining Agent：空気連行剤）は，コンクリート中に多くの微細な空気泡（エントレインドエア）を一様に連行し，ワーカビリティーおよび耐凍害性の向上を図る界面活性剤の一種である。

用語　流動化剤

コンクリート強度を下げることなく，フレッシュコンクリートの流動性を増大させるために用いる混和剤であり，作用機構や主成分は高性能減水剤とほぼ同じである。

用語　膨張材

硬化初期段階で適度に膨張し，鉄筋などの拘束材の作用によってコンクリートに圧縮応力が導入される。これにより，乾燥収縮等により発生する引張応力を相殺・低減し，ひび割れの発生を抑制する。

用語　収縮低減剤

フレッシュコンクリートに混入し，乾燥収縮の主原因となる毛細管張力を弱め，乾燥収縮の低減を図る混和剤である。

表 2.1　コンクリートの種類と特徴

名称		特徴
普通コンクリート		一般的なコンクリート。建築構造用の場合，比較的小さな断面に使用するため，比較的軟らかく，**スランプ 18cm** 程度に練られる。
寒中コンクリート	冬季や夏季に適用	気温が低くなるとコンクリートの硬化が遅延する。そのため，日平均温度が 4℃ 以下になる場合には，**AE 剤**を使用するなど対策を施す。
暑中コンクリート		気温が高くなるとコンクリートが早期に硬化する。そのため，日平均気温が 25℃ を超える場合には，水和熱の小さいセメントを使用するなど対策を施す。
マスコンクリート	大型構造物や高層ビルに利用	大型構造物や断面寸法が大きい（部材最小寸法が 80cm 以上）構造物に用いるコンクリートである。ダムや橋脚などに用いられる。
流動化コンクリート		**流動化剤**を混合することにより，施工性を高めたコンクリートである。高層ビルやプレキャスト工場製品などに用いられる。
高流動コンクリート		流動化コンクリートより流動性を高めたコンクリートである。締固め作業が不要であり，「自己充填コンクリート」とも呼ぶ。
高強度コンクリート		強度が $36N/mm^2$ を超え，$60 N/mm^2$ 以下のコンクリートを高強度，それ以上のコンクリートを超高強度と呼ぶ。高層ビルやプレキャスト工場製品などに用いられる。
低発熱コンクリート		水和による発熱を低減し，温度応力によって生じる温度ひび割れを抑制するコンクリートである。高層ビルや大型構造物に用いられる。
膨張コンクリート	ひび割れの低減を図る	乾燥収縮ひび割れを低減するために**膨張剤**を混入したコンクリートである。建物の床や壁，コンクリート製品などに用いられる。
低収縮コンクリート		乾燥収縮ひび割れを低減するために，**収縮低減剤**を混入したコンクリートである。厚さが薄い部材や壁，床などに用いられる。
繊維補強コンクリート	引張抵抗性の改善を図る	鋼繊維やガラス繊維などを混入し，引張抵抗性，曲げ抵抗性および靭性を高めたコンクリートであるが，建築への適用は限定的である。
水密コンクリート	水のある環境に適用	圧力水が作用し，高い水密性が要求される個所に使用するコンクリートである。水槽やプールなどに用いられる。
水中コンクリート		水中で施工する場合に使用するコンクリートである。海中の橋脚基礎や護岸，防波堤などに用いられる。
軽量コンクリート	軽量化を図る	軽量骨材等を混入して軽量化したコンクリートである。S 造の壁，床，屋根材，外壁，間仕切りなどに用いられる。
遮へい用コンクリート	放射線を遮へいする	放射線を遮へいする目的で使用されるコンクリートであり，磁鉄鉱などの比重が大きい骨材を使用する。原子力発電所などに用いられる。
再生コンクリート	省資源化を図る	省資源と資源のリサイクルを図るため，解体時のコンクリート塊を砕いて作成した再生骨材を用いたコンクリートである。現状は裏込めコンクリートや均しコンクリートなどとして用いられる。

探究　将来，どのようなコンクリートが開発されるか予想してみよう。

現在進行形で研究開発が進んでいるコンクリートとして，以下が挙げられる。

例 1. 自己修復コンクリート[2]
バクテリアの力でひび割れを修復

例 2. LiTraCon[3]
光を透過するコンクリート

例 3. サルファーコンクリート[4]
月面基地の建設材料の候補

2.1.2 コンクリートの力学的性質

(1) コンクリートの種類と設計基準強度

コンクリートは、セメントと水と粗骨材（砂利）と細骨材（砂）を練り混ぜたものである。「鉄筋コンクリート構造計算規準・同解説」（以下，RC規準）では、使用する骨材の種類によって表2.2のようにコンクリートを分類している。なお、日本建築学会「建築工事標準仕様書・同解説 JASS 5 鉄筋コンクリート工事」（以下，JASS5）では、普通コンクリートにおいて $36N/mm^2$ を超え $60N/mm^2$ 以下の場合を高強度コンクリートとしている。

設計基準強度（F_C）とは、構造設計時に基準とする圧縮強度のことであり、構造体コンクリートが満足しなければならない強度である。一般的には、18，21，24（N/mm^2）……と $3N/mm^2$ 間隔の値が使用される。また、JASS5では耐久設計の考え方を取り入れており、図2.1に示すように**計画供用期間の級**に応じて耐久設計基準強度を定めている。なお、計画供用期間とは設計時に計画する供用予定期間のことであり、4つの級に区分される。したがって、構造体コンクリートには、設計基準強度だけでなく、耐久設計基準強度も満足することが要求される。

用語　計画供用期間の級

現在は、短期，標準，長期および超長期の4つの計画供用期間の級が定められている。なお、超長期は2009年に日本建築学会の建築工事標準仕様書（JASS5）が改正された際に加えられたが、耐久設計基準強度が $36N/mm^2$ であり、大規模補修不要予定期間が200年とされ、供用限界期間は定められていない。

用語　大規模補修不要予定期間

局部的・軽微な補修を超える大規模な補修を必要とすることなく、鉄筋腐食やコンクリートの重大な劣化が生じないことが予定できる期間。

用語　供用限界期間

継続使用のためには、骨組の大規模な補修が必要となることが予想される期間。

表2.2　コンクリートの種類と設計基準強度

種類	骨材 粗骨材	骨材 細骨材	設計基準強度 (N/mm^2)
普通コンクリート	砂利，砕石，スラグ	砂，砕砂，スラグ砂	18～60
軽量コンクリート1種	人工軽量骨材	同上	18～36
軽量コンクリート2種	同上	人工軽量骨材または一部を砂，砕砂，スラグ砂で置き換えたもの	18～27

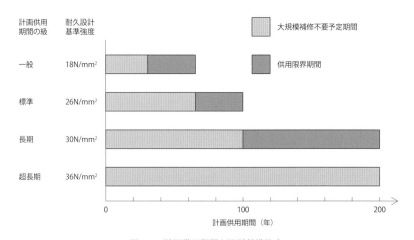

図2.1　計画供用期間と設計基準強度

(2) 圧縮強度と引張強度

用語　せん断強度

せん断によって破壊した時の応力度をせん断強度と呼ぶ。真のせん断強度を得ることは難しく、下図に示すような直接せん断試験では、試験体に載荷し、その最大荷重 P_{max} を破壊面の面積 A で除すことにより、簡易的にせん断強度 τ_s を求める。なお、コンクリートのせん断破壊はせん断ひび割れの発生に起因することから、引張応力度による破壊として捉えることもできる。

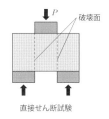

直接せん断試験

コンクリートの主たる強度は、圧縮強度、引張強度、曲げ強度および**せん断強度**の4つである。中でも、設計基準強度として採用されている圧縮強度がもっとも重要である。圧縮強度は、コンクリートの圧縮力に対する強度であり、圧縮試験によって求めることができる。圧縮試験に用いる試験体は、一般的に直径 10 cm、高さ 20 cm のコンクリート円柱である。圧縮試験では、このコンクリート円柱を圧縮試験機に設置し、これが破壊するまで軸方向に圧縮力を加える（**図 2.2 (a)**）。なお、後述する応力度―ひずみ度関係を得るためには、別途、コンプレッソメーター等の器具を取り付け、鉛直方向の圧縮変位量を計測する必要がある。コンクリートの圧縮強度 f'_c は、次式に示すように、コンクリート円柱が破壊した時の最大荷重 P_{max} を円柱断面積 A_c で除すことで算定される。

$$f'_c = \frac{P_{max}}{A_c} \tag{1.1}$$

一方、コンクリートの引張力に対する強度が引張強度であるが、コンクリートに直接引張力を与える試験の実施は難しく、汎用的ではない。そのため、通常は圧縮試験と同じコンクリート円柱を使用し、割裂引張試験を実施して割裂引張強度を求め、それをコンクリートの引張強度として評価する。割裂引張試験では、圧縮試験機にコンクリート円柱を横置きし、これが破壊するまで圧縮力を加える（**図 2.2 (b)**）。この時、コンクリート円柱には、円柱断面を割り裂くような引張応力度がほぼ均等に発生し、それが引張強度に達した時に割裂引張破壊が生じる。この時の最大荷重 P_{max} を用いて、次式により割裂引張強度 f_t が算定される。

$$f_t = \frac{2 \cdot P_{max}}{\pi \cdot d \cdot \ell} \tag{1.2}$$

ここで、π：円周率、d：コンクリート円柱の直径、ℓ：コンクリート円柱の長さである。また、引張強度を曲げ試験によって求めることもできる。曲げ試験では、幅 b、梁せい D およびスパン ℓ のコンクリート梁を単純支持状態でスパン中央に1点集中載荷し、これが破壊するまで加力する（**図 2.2 (c)**）。この時の最大荷重 P_{max} を用いて、次式により曲げ引張強度 f_b が算定される。

用語　断面係数

曲げを受ける部材では、断面内に圧縮応力度と引張応力度が生じ、上下端部において最大となる。その応力度を求めるための断面の性質が断面係数である。断面係数 Z は、断面の断面2次モーメント I を図心軸から上下の端部までの距離 y で割ったものである。なお、長方形断面（幅 b × 高さ h）であれば、次式により求められる。

$Z = I / y = (bh^3/12) / (h/2)$
$\quad = bh^2/6$

$$f_b = \frac{M_{max}}{Z} = \frac{3 \cdot P_{max} \cdot \ell}{2 \cdot b \cdot D^2} \tag{1.3}$$

ここで、Z：**断面係数**である。

(a) 圧縮強度試験

(b) 割裂引張強度試験

(c) 曲げ試験

図 2.2　コンクリートの強度試験法

(3) 応力度―ひずみ度関係

コンクリートの力学的な性質として最初に挙げられることは，圧縮強度が高く，引張強度が低いということである。一般的には，引張強度は圧縮強度の1/10程度であり，破壊性状も脆性的である。そのため，設計上はコンクリートに圧縮強度のみを期待しており，設計基準強度も圧縮強度に基づいている。コンクリートの応力度―ひずみ度関係を描く際にも，圧縮を正，引張を負にとる場合が多い。

図2.3 (a) は圧縮強度の異なるコンクリートの圧縮応力度―ひずみ度関係を示している。コンクリートはひずみ度が0.2%前後で最大強度を示す。その後は，圧縮応力度が低下しながらひずみ度が増加する軟化が生じる。この軟化の傾向はコンクリートの圧縮強度によって異なり，圧縮強度が高いほど脆性的な傾向を示す。なお，図中に示すように，通常の圧縮強度試験では，ひずみ度が0.3～0.5%程度で破壊するため，実線の範囲しか結果を得ることができない。軟化域まで圧縮下のコンクリートの応力度―ひずみ度関係を取得するためには，特殊な試験機による試験が必要となる。なお，軟化域を含めた応力度―ひずみ度関係を得ることができれば，圧縮下における「材料の粘り強さ（靭性）」を評価することもできる。

図2.3 (b) に横拘束の程度が異なるコンクリートの圧縮応力度―ひずみ度関係を示す。ここでは，通常の圧縮強度試験用の円柱供試体に対して，①補強筋がない場合，②粗な補強筋の場合，③密な補強筋の場合を想定し，3種類の概念図を示す。圧縮下では，補強筋のないコンクリートは縦方向に縮むとともに，横方向に膨張する。これによって内部にひび割れが発生し，それらが連結して斜めにずれるような破壊が生じる。これに対し，補強筋を密にすることによって補強筋が横方向の膨張を拘束し，ひび割れの発生や斜めずれを防ぐ。その結果，圧縮強度が増大し，最大荷重後の下り勾配も緩やかになる。このような挙動を**拘束効果**と呼ぶ。

● 靭性を評価する試験

コンクリートの靭性を評価する指標である破壊エネルギーを得るための試験法として破壊エネルギー試験がある。日本コンクリート工学会では，引張破壊エネルギーを求めるための試験法を規準として定めている。一方，圧縮破壊エネルギーを求める場合，圧縮強度試験において，最大荷重到達と同時に除荷を行う一方向繰返し載荷によってコンクリートの圧縮軟化挙動を追跡する手法が用いられる場合が多い。

用語 拘束効果

RC柱では，帯筋によって包含されているコンクリート（コアコンクリート）に軸圧縮力が作用し，内部に微細ひび割れが進展すると，体積が膨張しようとする。しかし，帯筋によってコアコンクリートの膨張が拘束されるため，破壊の進展を妨げる拘束力が作用する。これにより，コンクリートの強度や靭性が向上する現象を拘束効果，あるいはコンファインド効果と呼ぶ。

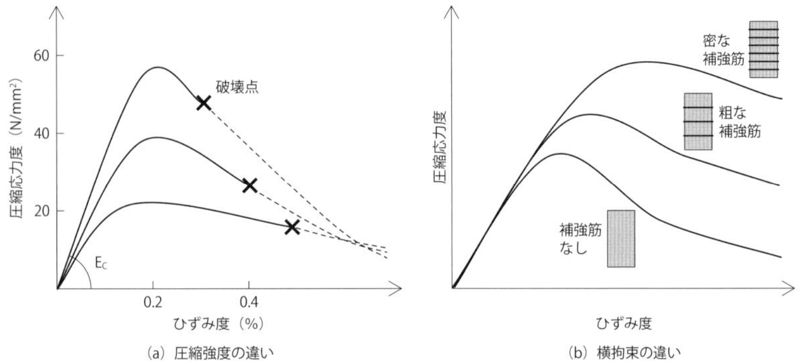

(a) 圧縮強度の違い　　　(b) 横拘束の違い

図2.3　コンクリートの圧縮応力度―ひずみ度関係

（4）ヤング係数とせん断弾性係数

コンクリートのヤング係数（弾性係数）E_c もコンクリートの力学的な性質として重要である。強度が「材料の強さ」を表すのに対し，ヤング係数は「材料の固さ（変形のしにくさ）」を表す。

コンクリートのヤング係数の評価方法は，**図 2.4** に示すように 2 種類ある。1 つは，圧縮応力度―ひずみ度関係の初期勾配（原点位置の接線の勾配）によって評価したヤング係数であり，これを初期ヤング係数と呼ぶ。一方，最大強度（σ_B）の 1/3 の点（$\sigma_B/3$）と原点を結んだ直線の勾配によって評価したヤング係数を割線弾性係数（セカントモデュラス）と呼び，通常はこちらがコンクリートの弾性係数として採用される。RC 規準には，コンクリートのヤング係数算出式として，実験的に導かれた次式が示されている。

$$E_c = 3.35 \times 10^4 \cdot \left(\frac{\gamma}{24}\right)^2 \cdot \left(\frac{F_c}{60}\right)^{\frac{1}{3}} \tag{1.4}$$

ここで，γ：コンクリートの**気乾単位体積重量**（kN/mm³），F_c：コンクリートの設計基準強度（N/mm²）である。上式が F_c の関数となっていることからもわかるように，高強度であるほどヤング係数の値は大きくなる。

一方，せん断弾性係数 G とは，せん断力に対する弾性係数を意味しており，コンクリートのヤング係数 E_c と対応づけて次式により算定される。

$$G = \frac{E_c}{2(1+\nu)} \tag{1.5}$$

ここで，ν：コンクリートの**ポアソン比**である。コンクリートのポアソン比は，圧縮試験における縦ひずみと横ひずみの比として与えられ，一般的に 0.2 が採用される。この時，せん断弾性係数は，ヤング係数の 0.42 倍程度の値となる。なお，コンクリートのポアソン比は，コンクリートの種類，調合，材齢，強度等によって若干異なる。また，圧縮応力下で破壊が進行することによって変化する。特に圧縮応力が圧縮強度近くまで達すると，コンクリート内部のひび割れが連結して横膨張が大きくなり，見かけのポアソン比が 0.5 程度まで大きくなる。

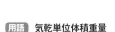

用語　気乾単位体積重量

コンクリートに使用する骨材の含水状態を気乾状態とした場合の単位体積あたりの重量であり，単位は kN/m³ である。一般的には，23 kN/m³ が用いられる。

用語　ポアソン比

物体を一つの方向に伸ばすと，これと直交する方向には縮む。この縮みのひずみと伸びのひずみの比をポアソン比と呼び，フランスの物理学者ポアソンによって導入された。ポアソン比の値は材料によって異なり，コンクリートで 0.2，鉄で 0.3 程度である。なお，木材は異方性材料であり，繊維方向と繊維直交方向で力学的な性質が異なるため，ポアソン比も方向によって異なる。

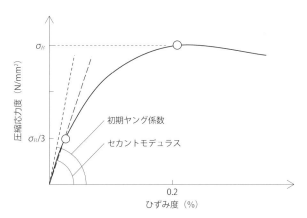

図 2.4　コンクリートの圧縮応力度―ひずみ度関係

(5) クリープ

コンクリートには，クリープと呼ばれる現象が生じる。クリープとは，持続的な荷重が作用し，断面内に長期に渡って応力が作用する状況において，時間とともにひずみが増加する現象である（図 2.5）。

RC造建物では，例えば柱は軸力を支えるため，常に圧縮力が作用している。また，梁であっても，曲げによって梁断面の圧縮側には持続的に圧縮力が作用する。そのため，RC建物の設計では，配筋の仕様規定においてクリープへの対策が講じられている。また，プレストレストコンクリート構造物の設計においては，プレストレスによって生じる**クリープとリラクセーション**の評価は重要な設計要因となっている。

コンクリートのクリープは，作用する応力度が大きいほど顕著になる現象であり，近年のRC造建物の高層化に伴い，その対策が重要となっている。また，若材齢時のコンクリートに生じるクリープ（若材齢クリープ）についても問題視されており，その発生メカニズムや予測手法について研究が進められている。

> **用語　クリープとリラクセーション**
>
> クリープとは，物体に一定の外力を与えた際にひずみが増大する現象である。これに対し，リラクセーションは，一定のひずみを与えた際に応力が低下する現象である。クリープもリラクセーションも材料内で発生している現象は同じである。

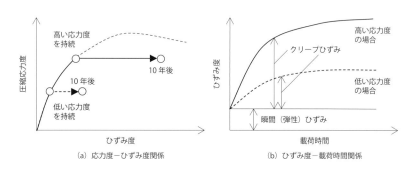

(a) 応力度－ひずみ度関係　　(b) ひずみ度－載荷時間関係

図 2.5　コンクリートのクリープの概念

探究　コンクリートの長期挙動がコンクリート構造物に及ぼす影響について考えよう。

例えば，Bazantら[5]は，1977年に建設され，1996年に落橋したパラオのKoror-Babelthuap Bridgeを対象として数値解析を実施し，橋に生じた過大なたわみの原因について検討を行っている。そして，コンクリートの乾燥収縮およびクリープを適切に評価することにより，過大なたわみの発生を再現できることを確認している。また，前川[6]は，長スパンPC道路橋のたわみの推移において，30年後の実たわみが設計値の3倍近くに及ぶ点に着目し，長期の変形を予測するためには，Multi-scale熱力学連成解析によって水分挙動を精緻に追跡する必要性を指摘している。一方，建築分野では，例えば堀川[7]は，クリープ変形が超高層RCビルの構造性能に及ぼす影響について数値解析に基づいて検討している。

崩壊した Koror-Babelthuap Bridge

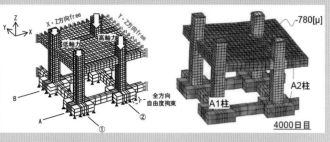

超高層RCビルのクリープ変形に関する数値解析事例

2.1.3 コンクリートのその他の性質

(1) 体積変化

コンクリートは，様々な要因によって体積変化を生ずる。主な要因は，乾燥収縮，自己収縮および温度変化による体積変化である。

乾燥収縮は，コンクリート中の含水率が減少することによって生じる収縮現象である。具体的には，コンクリート中のセメントペーストが乾燥し，その中の水分が逸散することによって収縮する。乾燥収縮は，RC造建物においてコンクリートにひび割れ（図2.6）を発生させる原因となり，その対策が重要である。乾燥収縮に影響を及ぼす因子として，第一に単位水量が挙げられる。その他，単位セメント量，骨材の品質，部材寸法などが挙げられる。なお，コンクリート中の骨材には，セメントペーストの乾燥収縮を拘束し，収縮を低減する作用がある。そのため，骨材の弾性係数が大きいほど収縮量を低減できる。

自己収縮は，セメントの水和に伴い生じる収縮現象であり，物質の侵入・逸散，温度変化および外力や外部拘束に起因する体積変化を含まない凝結始発以後に生じる巨視的な体積減少として定義されている。自己収縮は，技術開発によってコンクリートが高強度化するのに伴って注目されるようになっており，その主たる因子として，低い水セメント比が挙げられる。その他，セメントや混和材の種類や温度の影響を受けることが知られている。また，乾燥収縮同様，RC造建物にひび割れを発生させる原因となるため，注意が必要である。

温度変化による体積変化は，コンクリートの膨張と収縮の両方を考える必要がある。コンクリートは，温度の上昇によって膨張し，低下によって収縮する。その程度は，コンクリートの線膨張係数によって表現され，常温の範囲であれば $7 \sim 13 \times 10^{-6}/℃$ 程度である。RC規準では，コンクリートの線膨張係数を $1 \times 10^{-5}/℃$ としている。このような温度変化による体積変化は，温度ひび割れの原因となる。例えば，コンクリートが硬化する過程では水和熱によって膨張し，その後，外気温によって冷却されて収縮する。この膨張から収縮へ転じる過程において，コンクリートの収縮が外的に拘束されると温度ひび割れが発生する。また，大規模なコンクリート構造物においては，水和熱によってコンクリート内部の温度が100℃程度に達することもある。一方，コンクリート表面は外気に冷却され，温度が低下する。このように，コンクリートに温度上昇による膨張と温度低下による収縮が同時に生じる場合，コンクリートの収縮が内的に拘束され，温度ひび割れが発生することもある。

● **高強度コンクリートと自己収縮**

自己収縮は，セメントの水和によって生じる体積減少であり，水セメント比が小さい高強度コンクリートで顕著である。そのメカニズムとしては，セメントと水が水和する過程で硬化体内部が乾燥状態となり，毛細管張力機構によって体積が収縮すると考えが有力である。

探究　身近なRC建物のひび割れの原因を調べてみよう。

例．ロンシャンの礼拝堂

壁面の先端部にひび割れが多く存在することに気が付きました。なぜ，開口のある壁面にひび割れが少ないのか気になり，現地で色々調べてみると，面白い発見がありました。

(a) スラブに生じたひび割れ

(b) 開口部に生じたひび割れ

(c) 外壁に生じたひび割れ

図2.6　乾燥収縮ひび割れの例

(2) 熱的性質と耐火性

コンクリートの熱的性質としては，前述した線膨張係数のほか，比熱，熱伝導率および表面熱伝達率などが挙げられる。比熱は，単位質量の物体を温度1℃だけ上昇させるのに要する熱量として定義される。また，熱伝導率は，熱エネルギーの伝わりやすさを表し，表面熱伝達率は材料表面と空気間での熱の伝わりやすさを表す。コンクリートの熱的性質は構成材料の性質に影響され，その体積の多くを占める骨材の品質や単位量などによって変化する。表2.3にコンクリートの熱的性質の一般的な値を示す。

火災等によりコンクリートが加熱されると，強度やヤング係数が低下するが，特にヤング係数の低下が著しい。図2.7に示すように，普通コンクリートが加熱された場合，加熱温度が高いほど強度が低下し，500℃で常温時の強度の60％程度まで低下する。ただし，加熱後のコンクリートを空中に放置した場合，強度は徐々に回復する。500℃以下で加熱した場合であれば，1年で加熱前のおよそ90％程度まで回復する。一方，ヤング係数も加熱温度が高いほど低下するが，その傾向は強度以上に著しく，500℃で常温時のヤング係数の30％程度となる。また，加熱後のコンクリートを空中に放置した場合，強度と同様に1年後にはかなりの回復を示す。なお，高強度コンクリートなどの緻密なコンクリートあるいは含水率の高いコンクリートでは，急激な加熱によって爆裂を起こすことがある。

RC造建物は耐火性に優れるが，耐火性を向上させるためには以下のような対策が考えられる。

① かぶり厚さを十分にとる。
② かぶりコンクリートの剥落を防ぐため，**エキスパンドメタル**などを用いる。
③ 耐火性に優れた骨材を選ぶ。
④ コンクリート表面を石こうプラスターなどの材料で保護する。
⑤ 爆裂を防ぐため，熱で溶ける有機系繊維を混入する。

用語　エキスパンドメタル

金属板をエキスパンド製造機によって千鳥状に切れ目を入れながら押し広げ，その切れ目を菱形や亀甲形に成形したメッシュ状の金属板のことである。

● 爆裂の防止

ポリプロピレンやビニロンの短繊維をコンクリートに混入させると，火災時に短繊維が消失することによって内部に空隙が生じる。この空隙がコンクリートの中の水分の通り道になり，高温域が柱の内部へと広がるのを防ぐ空気層となるため，爆裂を防げると考えられている。

用語　熱拡散率

熱伝導率を単位体積あたりの熱容量（密度×比熱）で除したものであり，この値が大きいほど温度変化が速い。

表2.3　コンクリートの熱的性質[8]

線膨張係数（/℃）	比熱（kJ/kg℃）	熱伝導率（W/mK）	熱拡散率（m²/h）
$7 \sim 13 \times 10^{-6}$	1.0	1.8 〜 2.5	0.003 〜 0.004

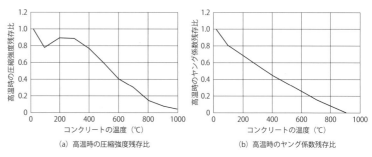

(a) 高温時の圧縮強度残存比　　(b) 高温時のヤング係数残存比

図2.7　加熱後のコンクリートの強度およびヤング係数の低下[9]

探究 コンクリートの破壊の力学の世界を覗いてみよう。

　RCの基本原理のとおり、コンクリートは圧縮に対して抵抗する材料として考えられる。しかし、よく考えてみると、RC部材の破壊現象は、種々のひび割れの発生を伴う。実際に、RC部材が弾性範囲を超えてからの挙動、すなわち非線形挙動を調べていくと、その本質的なメカニズムとして引張応力下でのコンクリートのひび割れが関与していることがわかってきた。ならば、コンクリートの引張に対する抵抗も正しく理解する必要があるのではないか？このような疑問に答えてくれるのがコンクリートの破壊力学である。

　コンクリートの破壊力学は、コンクリート材料ならびにRC部材や構造物の非線形挙動を引き起こすメカニズムを明らかにし、それに基づく新たな知見によってRC部材や構造物の破壊・崩壊に対する抵抗性能を正しく評価することを可能とする。詳細については専門書[10]に譲るが、いくつかの重要なキーワードを以下に示す。

(1) マルチスケール材料としてのコンクリート

　コンクリートは、巨視的に見れば均質に見えるが、少しずつ微視的に見ていくと観測するスケールに応じて見え方が異なることがわかる。その代表的なスケールを下図に示す。

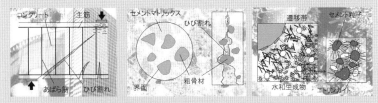

コンクリートの代表的なスケール（マクロ、メゾ、ミクロ）

(2) 軟化挙動と破壊エネルギー

　コンクリートが引張強度に達した後、コンクリート中の局所的な領域に微細なひび割れが集中する破壊進行領域が形成される。その後、微細なひび割れが連結し、目視でも確認可能なひび割れが形成されて開口する。このような引張強度到達後の挙動を引張応力度とひび割れ幅の関係（引張軟化特性）で整理すると、その曲線下の面積として（引張）破壊エネルギーが得られる。すなわち、破壊エネルギーはひび割れ形成に必要なエネルギーであると解釈できる。同様に、コンクリートが圧縮強度に達した後の圧縮応力度と塑性変形の関係を圧縮軟化特性と呼び、その曲線下の面積を圧縮破壊エネルギーと呼ぶ。

(3) 寸法効果

　幾何学的に相似な構造物は、寸法の増大に伴って強度的に弱くなる現象のことである。コンクリートの寸法効果については、引張軟化特性などコンクリートの破壊力学の知見によって説明される。

2.2 鉄筋──なぜコンクリートの相棒は鉄筋なのか

2.2.1 鉄筋の特徴と役割

(1) 鉄筋とコンクリートの相性

　RCに用いられる鉄筋は，鉄スクラップなどを主原料としており，それらは電気炉で熔解され，精錬，鋳造，加熱・圧延の各工程を経て製造される。鉄筋は鋼材であり，降伏後から破断に至るまでに大きな変形能力を有している。そのため，引張強度が低いコンクリートの補強材として有効であり，RCに生じる引張力に対して抵抗する役割を担う。このように，RCの補強材である鉄筋は，コンクリートの欠点を補うことができる。その一方で，コンクリートは鉄筋の欠点を補っているともいえる。例えば，鉄筋は熱に弱く，高温によって軟らかくなる欠点があり，耐火性能が低い。しかし，コンクリートは耐火性に優れており，鉄筋を高熱から守ることができる。また，鉄筋は腐食しやすく，耐久性に難がある。これに対しては，コンクリートの強アルカリ性（pH12～13）が有効に作用し，コンクリート中の鉄筋はその表面に**不動態皮膜**を形成するため，鉄筋は腐食作用から保護される。さらに，鉄筋はその形状が細長く，単体では座屈の恐れがある。しかし，コンクリートが圧縮力を負担するとともに，鉄筋の座屈を拘束するため，鉄筋を座屈から守ることができる。

　表2.4にコンクリートと鉄筋の長所と短所を整理するが，RCではコンクリートと鉄筋が相互に補完し合う関係にあり，相思相愛であることが理解できるだろう。このように，コンクリートと鉄筋が相互補完の関係にあるRCでは，両者が一体化していることが重要である。この点でもコンクリートと鉄筋の相性の良さが確認できるのだが，両者の**線膨張係数**はほぼ等しく，温度変化に伴う伸縮量がほぼ等しい。一般に鋼材の線膨張係数は$0.9 \sim 1.2 \times 10^{-5}$/℃程度であり，設計上は普通コンクリートも同じ値として扱われる。仮に，両者の線膨張係数が異なる値であったならば，温度変化に伴う伸縮量が異なるため，鉄筋とコンクリートの境界面に大きな応力が発生し，コンクリートにひび割れが生じることによって，両者の一体性が失われてしまう。

> **用語 不動態被膜**
>
> 　強アルカリ性であるコンクリート中の鋼材の表面には，鉄の酸化物またはオキシ水酸化物によって形成される緻密な薄膜（不動態被膜）が生じる。そのため，一般にコンクリート中の鋼材は腐食しにくい。

> **用語 線膨張係数**
>
> 　温度変化に伴って，物体の長さが変化する。その長さ変化の割合を温度1℃あたりの割合として表すのが線膨張係数である。なお，体積変化する割合を温度あたりで表すのが熱膨張係数である。

表2.4　コンクリートと鉄筋の長所・短所と相互補完の関係

コンクリート		項目	鉄筋（鋼材）	
長所 ○	安い	材料費	高い	短所 ×
	高い	耐火性能	低い	
	高い	耐久性	低い	
	高い	一体性	低い	
短所 ×	低い	引張強度	高い	長所 ○
	脆い	破壊性状	粘る	
	大きい	クリープ	生じない	
	ばらつく	品質	安定	

(2) コンクリートの補強材としての鉄筋の役割

RCにおいて，鉄筋はコンクリートの弱点を補う存在である。つまり，引張応力度が作用するとすぐにひび割れが生じて破壊してしまうというコンクリートの欠点を補う役割を担うことになる。ここで重要なことは，鉄筋はコンクリートのひび割れの発生を防ぐのではなく，ひび割れが発生した後の引張抵抗機構を担う役割であるということである。したがって，その性能は，主としてコンクリートのひび割れ発生後に発揮される。

図2.8(a)に示すように，RC部材には様々な鉄筋が配筋される。これらの鉄筋の役割は，コンクリートに生じる曲げひび割れあるいはせん断ひび割れの発生後に引張力に対して抵抗し，ひび割れの進展および拡幅を防ぎ，RC部材の耐力ならびに変形性能を高めることである。前者の代表例は，梁や柱の主筋である。スラブ筋もこちらに含まれる。一方，後者の代表例は，梁のあばら筋や柱の帯筋であり，これらをせん断補強筋と呼ぶ。また，耐震壁の壁筋もこちらに含まれる。参考のため，図2.8(b)に熊本地震におけるRC造建物の被害の一例を示すが，ひび割れと鉄筋の配筋を対応づけてほしい。

(a) RC造建築物の配筋例　　　　　(b) ひび割れの例

図2.8　RC造建物の配筋例とひび割れ

(3) 配筋の基本的な考え方

曲げひび割れ発生後に引張力に対する主要な抵抗要素となる主筋は、曲げモーメントによって引張側となる部材断面に配筋する。例えば、図2.9 に支持形式の異なる梁部材をいくつか示すが、これらに対して曲げモーメント図を描き、梁部材の上端あるいは下端のどちらが引張側になるか考え、主筋の配筋を決定すればよい。ただし、実際には地震時の繰り返し荷重の影響により、曲げモーメントが反転するほか、圧縮側におけるクリープ変形を抑制する意図もあり、圧縮側となる部材断面にも主筋が配筋される。

一方、せん断ひび割れ発生後に機能し始めるせん断補強筋の役割は、せん断破壊を防止することである。そのためには、せん断補強筋がせん断ひび割れの進展や拡幅を十分に防ぐことが重要であり、せん断補強筋を密に配筋することや高強度鉄筋を使用して引張抵抗を高めることが有効である。また、せん断補強筋を密に配筋することにより、特にRC柱の性能が向上することが知られている。例えば、帯筋には主筋の座屈を防止する効果がある。柱がせん断破壊し、帯筋までも破断して主筋を拘束できなくなると、主筋が座屈して軸支持能力を喪失する。これは、RC造建物の層崩壊を引き起こす原因となるため注意が必要である。また、帯筋がコンクリートを包含して拘束することにより、コンクリートの強度・靭性をともに増大させる「拘束効果」も知られている。

鉄筋を有効に機能させるためには、鉄筋の**かぶり厚さ**（正確には、鉄筋に対するコンクリートのかぶり厚さ）を適切に確保する必要がある。RC部材中の鉄筋表面からそれを覆うコンクリート表面までの距離を表すかぶり厚さは、構造耐力（付着ひび割れの防止）、耐久性（中性化による鉄筋腐食の防止）および耐火性（火災による鉄筋および内部コンクリートの劣化防止）の3つの観点から必要なものである。そのため、構造耐力の面では主筋の径や応力伝達機構を、耐久性の面では中性化速度を、耐火性の面では耐火時間を考慮してかぶり厚さを決定する必要がある。建築基準法施行令においても部材ごとにかぶり厚さの規定値が定められており、規定値を満足するかぶり厚さを適切に確保することがRC造建物の品質を確保するうえで重要である。

用語 かぶり厚さ

下図に示すように、かぶり厚さとは鉄筋を覆うコンクリートの厚さのことであり、コンクリート表面から鉄筋表面までの最短距離を指す。なお、鉄筋とは主筋ではなく、もっとも外側にあるせん断補強筋を指す。

JASS5では、かぶり厚さを計画供用期間の級に応じて定めており、建築基準法施行令のかぶり厚さの規定に対応する最小かぶり厚さとそれに10mm加えた設計かぶり厚さを示している。

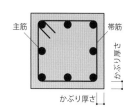

かぶり厚さの定義

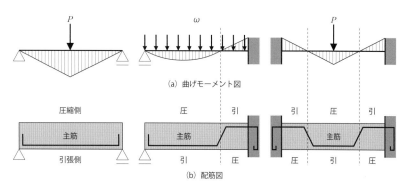

図2.9 主筋の配筋の基本的な考え方

2.2.2 鉄筋の力学的性質

(1) 応力度―ひずみ度関係

はじめに，鉄筋の応力度―ひずみ度関係からその力学的性質を確認しておきたい。図2.10に鉄筋の応力度―ひずみ度関係の模式図を示す。鉄筋の応力度―ひずみ度関係は，引張側と圧縮側でほぼ同様である。また，鉄筋はRCにおいて引張力に抵抗するため，ここでは引張側の応力度―ひずみ度関係を示すことにする。

鉄筋を引張り始めてから，引張応力度が降伏強度 σ_y に到達するまで，応力度とひずみ度は比例する。この比例関係が成立する範囲を弾性範囲と呼ぶ。なお，鉄筋の降伏時ひずみ度はおおむね 0.2% (2,000μ) である。引張応力度が降伏強度 σ_y に到達すると，応力度は一定のまま，ひずみ度だけが急激に増加する。この範囲を降伏棚と呼ぶ。鉄筋降伏後，引張力を取り除いて除荷をした場合，図中の破線で示した矢印のように初期勾配に従って応力度およびひずみ度が減少する。この時，弾性変形に相当するひずみ度は元に戻るが，塑性変形に相当するひずみは残留する。これを残留ひずみと呼ぶ。鉄筋降伏後，さらに引張り続けると，降伏棚を経てひずみ硬化が生じる。ひずみ硬化とは，降伏後に鉄筋が再び抵抗力を発揮し，応力度が上昇する現象である。なお，ひずみ硬化が生じ始めるひずみ度はおおむね 2% (20,000μ) である。その後，次第に鉄筋の断面が細くなり，最終的に破断する。

鉄筋のヤング係数 E_s は，弾性範囲の応力度―ひずみ度関係の傾きである。コンクリートとは異なり，E_s は降伏強度によらずほぼ一定である。その値は，通常用いられる範囲の材質であれば，おおむね 2.05×10^5 N/mm^2 である。

● **鉄筋の降伏とひずみ硬化**

鉄筋は，鉄の原子のほかに，炭素，マンガンなど種々の原子を含んだ原子配列を有している。弾性範囲では，各々の原子が弾性的に伸縮した状態にある。鉄筋が降伏する時には，局所的に原子間で斜め約45度方向にすべりが生じる。その後，このようなすべりが進行し，ひと段落するとひずみ硬化が開始する。この時，原子配列間に存在する欠陥がすべりの進行に伴って絡み合い，すべりに抵抗している状態にある。そのため，すべりを続けるためにはより大きな力を必要とし，応力度―ひずみ度関係において応力度が若干の上昇を示す。

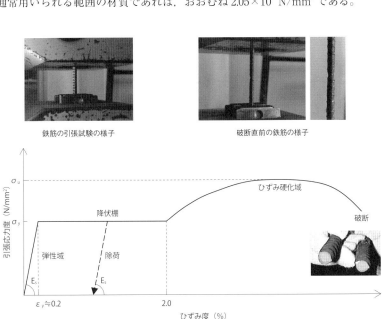

鉄筋の引張試験の様子　　　破断直前の鉄筋の様子

図2.10　鉄筋の応力度―ひずみ度関係の模式図

(2) 鉄筋の種類と呼び名

鉄筋は，JIS規格に定められたものを使用する。JISには棒鋼と溶接金網の2種類が定められており，さらに棒鋼は丸鋼と異形棒鋼（異形鉄筋）に分類される。図2.11に示すように，異形棒鋼にはコンクリートとの一体化を図るために表面に凹凸が設けられている。近年では，異形棒鋼が主流であり，丸鋼が用いられることは少ない。また，溶接金網はスラブ筋として用いられる場合が多く，ひび割れ抑制効果が期待されている。

表2.5に主な棒鋼の降伏点および引張強さを示す。SR：丸鋼（Steel Round Bar），SD：異形棒鋼（Steel Deformed Bar）であり，その後の数値が降伏点の下限を表している。なお，高強度鉄筋などでは降伏点が明確でない場合がある。その場合は，図2.12に示すように除荷時の残留ひずみ度が0.2%のときの応力度を降伏点とする。JISには，鉄筋の径も6～51mmまで定められている。丸鋼の場合はϕ，異形棒鋼の場合はDと記述して，その後に**公称直径**を示す。例えば，異形棒鋼であれば，D10，D13，D16，D19……と称する。

> **用語 JIS**
> 日本工業規格（JIS ＝ Japanese Industrial Standardsの略）のことであり，日本の工業製品に関する規格や測定法などが定められた日本の国家規格である。例えば，生コンクリートはJIS A 5308「レディーミクストコンクリート」，鉄筋はJIS G 3112「鉄筋コンクリート用棒鋼」に従う。

> **用語 公称直径**
> 異形鉄筋の直径および断面積は，その異形鉄筋と同じ質量の丸鋼に換算したときの直径および断面積で表す。この直径を「公称直径」，断面積を「公称断面積」と呼ぶ。

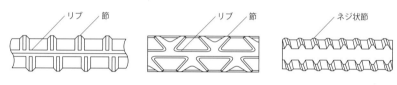

図2.11　異形棒鋼の一例

表2.5　主な棒鋼の降伏点と引張強さ

種類	降伏点 or 0.2% 耐力（N/mm²）	引張強さ（N/mm²）
SR235	235 以上	380 ～ 520
SR295	295 以上	440 ～ 600
SD295A	295 以上	440 ～ 600
SD295B	295 ～ 390	440 以上
SD345	345 ～ 440	490 以上
SD390	390 ～ 510	560 以上
SD490	490 ～ 625	620 以上

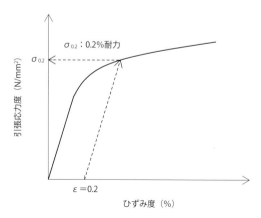

図2.12　高強度鉄筋の降伏点の評価

2.2.3 鉄筋のその他の性質

(1) 腐食

コンクリート中の鉄筋は，コンクリートの強アルカリ性（pH12〜13）によって不動態被膜を形成し，防錆された状態にある。しかし，コンクリートの**中性化**の進行やひび割れの発生により，鉄筋周囲のコンクリートのpHが低下すると鉄筋が腐食しやすくなる。

図2.13に示すように，鉄筋の腐食は，コンクリートの中性化部またはある程度以上の塩化物が含有されたコンクリート部において，酸素と水分が供給された場合に発生する。中性化が鉄筋の周囲を囲んでいるコンクリートまで到達すると，鉄筋の不動態被膜が破壊され，水と酸素が浸透してくるため，鉄筋は腐食する。鉄筋が腐食すると錆によってその体積が増すため，その膨張圧でかぶりコンクリートにひび割れが生じる。そして，かぶりコンクリートの剥離・剥落へと進行し，耐久性が急速に低下する。また，海砂の使用（内的要因）や塩分の外部からの浸透（外的要因）などにより，コンクリート中に塩化物イオン（Cl^-）が一定量以上存在する場合，コンクリートが中性化していなくても，不動態被膜が部分的に破壊され，鉄筋が腐食する。

RCにおいては，基本的にコンクリートが圧縮応力を負担し，鉄筋が引張力を負担する。鉄筋の腐食が進行すると有効な鉄筋断面積が減少するため，負担すべき荷重を負担できなくなる。

> **用語 中性化**
> コンクリートの強アルカリ性を保つ働きをする水酸化カルシウムは，空気中の二酸化炭素に反応すると，炭酸カルシウムを生成し，同時にアルカリ性を失ってしまう。このようにコンクリートがアルカリ状態を失い，酸性へ傾くことをコンクリートの中性化という。

> ● **かぶり厚さと中性化進行速度の関係**
> 鉄筋表面まで中性化が進行する年数をコンクリート構造物の耐用年数とした場合，耐用年数 X は次式により算定される。
> $X = A \cdot x^2$
> ここで，A：コンクリートの材質，状態，地域条件などにより異なる係数，x：かぶり厚さ(cm) である。なお，A の値は，普通ポルトランドセメントで仕上げがなく，水セメント比が60, 65, 75%の場合にそれぞれ10.5, 7.2, 5.3となる。

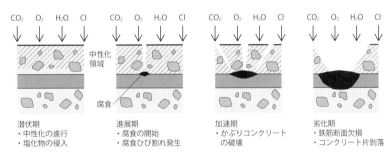

図2.13 鉄筋の腐食過程

> **探究 RC造建物の寿命について考えてみよう。**
>
> RC造建物の寿命に対する1つの考え方は，かぶりコンクリートが中性化し，鉄筋表面まで到達した時点を寿命とすることである。これは，かぶり厚さと中性化速度の関係に基づいて判断される。例えばかぶり厚さが3cmの場合，中性化するのに要する時間がおよそ60年と算定され，これが一般的なRC造建物の寿命として認識されてきた。近年では「100年マンション」のような長寿命なマンションの販売が行われているが，これはかぶり厚さに余裕を確保して，中性化が鉄筋表面に到達する時間を稼いでいると考えられる。
>
> また，RC造建物の寿命に関しては，小松[11]が家屋台帳に基づく実態調査を実施し，56年で残存率50%となることを示している。そして，RC造建物の寿命はコンクリートの中性化で決まるのではなく，建物の使い勝手の良否が大きく影響している可能性を指摘している。

(2) 熱的性質

　鉄筋は，加熱されると力学的性質が大きく変化することが知られている。加熱の影響は，鉄筋の成分と加工処理によって異なるが，高強度のほうが影響を受けやすい。図2.14 (a) に示すように，鉄筋の降伏強度と引張強度は，一般的に温度上昇とともに低下する。また，引張強度は，300℃ぐらいから低下傾向が顕著になる。また，加熱の影響は，加熱中だけでなく，加熱後の冷却された状態についても考える必要がある。図2.14 (b) に加熱冷却後の鉄筋の強度を示すが，経験した温度が500℃以下であれば自然に回復する。

　一方，ヤング係数は500～600℃までほぼ直線的に低下し，500℃で15%程度低下する。このように，強度だけでなくヤング係数も加熱の影響を受けることから，鉄筋の応力度―ひずみ度関係も温度により異なる形状を示す。図2.15に高温下における応力度―ひずみ度関係の一例を示すが，その特徴は以下のようである。

・温度が高いほど降伏強度が低下し，300℃以上では降伏棚が消滅する。ただし，200℃程度までは引張強度が増大する。
・500℃以上では，ひずみ硬化がほとんど生じない。

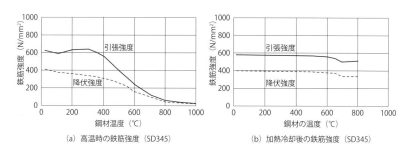

(a) 高温時の鉄筋強度（SD345）　　　(b) 加熱冷却後の鉄筋強度（SD345）

図2.14　加熱時および加熱冷却後の鉄筋の強度[9]

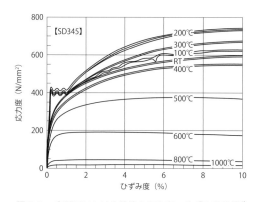

図2.15　高温下における鉄筋の応力度―ひずみ度関係[9]

●参考資料：鉄筋の断面積および周長表

丸鋼の断面積および周長

φ (mm)	4	5	6	7	8	9	12	13	16	19
重量 (kg/m)	0.099	0.154	0.222	0.302	0.395	0.499	0.888	1.04	1.58	2.23
断面積 (mm²)	13	20	28	38	50	64	113	133	201	284
周長 (mm)	12.6	15.7	18.8	22.0	25.1	28.3	37.7	40.8	50.3	59.7

異形鉄筋の断面積および周長

呼び名	重量 (kg/m)	断面積 (mm²) / 周長 (mm)	鉄筋本数						
			2	3	4	5	6	7	8
D6	0.249	32	63	95	127	158	190	222	253
		20	40	60	80	100	120	140	160
D10	0.560	71	143	214	285	357	428	499	571
		30	60	90	120	150	180	210	240
D13	0.995	127	253	380	507	634	760	887	1014
		40	80	120	160	200	240	280	320
D16	1.56	199	397	596	794	993	1192	1390	1589
		50	100	150	200	250	300	350	400
D19	2.25	287	573	860	1146	1433	1719	2006	2292
		60	120	180	240	300	360	420	480
D22	3.04	387	774	1161	1548	1936	2323	2710	3097
		70	140	210	280	350	420	490	560
D25	3.98	507	1013	1520	2027	2534	3040	3547	4054
		80	160	240	320	400	480	560	640
D29	5.04	642	1285	1927	2570	3212	3854	4497	5139
		90	180	270	360	450	540	630	720
D32	6.23	794	1588	2383	3177	3971	4765	5559	6354
		100	200	300	400	500	600	700	800
D35	7.51	957	1913	2870	3826	4783	5740	6696	7653
		110	220	330	440	550	660	770	880
D38	8.95	1140	2280	3420	4560	5700	6840	7980	9120
		120	240	360	480	600	720	840	960
D41	10.5	1340	2680	4020	5360	6700	8040	9380	10720
		130	260	390	520	650	780	910	1040

2.3　コンクリートと鉄筋の付着── なぜ付着を考える必要があるのか

2.3.1　付着の重要性

　RC は圧縮力を負担するコンクリートと引張力を負担する鉄筋が一体となって外力に抵抗する。この時，両者の境界面では相互に力の伝達が行われており，それを可能とするのが付着作用である。付着の重要性を考えるうえでは，図 2.16 に示すような単純梁の例が直感的でわかりやすい。付着がない場合，曲げによって梁下端に引張応力度が作用し，コンクリートに曲げひび割れが生じた後，コンクリートから鉄筋に力を伝達することができない。付着がないため，コンクリート中を鉄筋が滑り，鉄筋は引張力を負担しない。そのため，曲げひび割れが進展して最終的に試験体が破断する。これに対し，付着がある場合，コンクリートと鉄筋の間で力の伝達が可能であり，コンクリート中を鉄筋が滑らず，コンクリートが負担していた引張応力度を鉄筋が負担できる。

　コンクリートと鉄筋間の付着は RC 部材の地震時の挙動にも影響を及ぼす。図 2.17 に示すように，付着がない場合，**履歴特性**はスリップ型となり，履歴面積が小さく，**エネルギー吸収能力**に乏しい。また，この場合，試験体のひび割れは 1 カ所に集中し，ひび割れ幅が大きくなる。一方，付着がある場合，履歴特性は紡錘形から緩やかな逆 S 字型に変化しつつも，履歴面積は大きく，エネルギー吸収に富むことが確認できる。また，この場合，ひび割れも**ヒンジ領域**に分散している。

用語　履歴特性
　地震時に繰返し荷重が作用する時の建物あるいは部材の荷重－変形関係において，除荷・再負荷まで含めた履歴形状に現れる特徴のことである。履歴特性のタイプとして，紡錘形や逆 S 字型などがある。

用語　エネルギー吸収能力
　部材が塑性変形を生じることで地震等による外力のエネルギーを吸収する能力であり，履歴ループが描く面積が吸収エネルギー量となる。

用語　ヒンジ領域
　RC 部材において塑性ヒンジが形成される場合，コンクリートのひび割れを伴うため，ある一定の領域に渡って塑性ヒンジが形成されると考える。このような塑性ヒンジが形成される領域のことをヒンジ領域と呼ぶ。

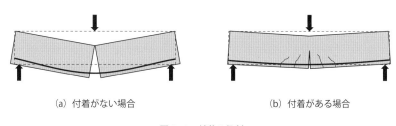

(a) 付着がない場合　　　　　　　(b) 付着がある場合

図 2.16　付着の役割

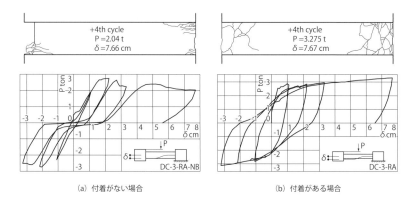

(a) 付着がない場合　　　　　　　(b) 付着がある場合

図 2.17　付着が履歴特性に及ぼす影響 [12]

2.3.2 異形鉄筋の導入の経緯

1章にて述べたように，異形鉄筋が初めて世の中に登場したのは，ハイヤットが異形鉄筋の特許を取得した1878年である。ハイヤットが使用した異形鉄筋は角形断面で，その側面に直行する丸棒鉄筋を通す孔が設けられていたようである（図2.18 (a)）。しかし，当時はまだ鉄筋とコンクリートの付着の重要性が十分に認識されておらず，実用化には至っていない。その後，1887年に「モニエシステム」を発表したケーネンによってRC構造の理論が解明され，鉄筋とコンクリートの一体化には適当な付着力が必要であることが指摘された。そして，1893年にランサムが異形鉄筋の特許を取得し，全米のみならず海外に普及した（図2.18 (b)）。

日本に異形鉄筋が輸入されるようになったのは，明治から大正に替わる1910年頃であった。第一次世界大戦を契機とした国際社会情勢の変化もあり，アメリカ発の技術が日本に導入されるようになった。当時，輸入された鉄筋は図2.19に示すようなものであり，特にリップバーとカーンバーの2つを組み合わせたカーンシステム配筋法の利用頻度が高かったようである。しかし，この配筋法を用いたRC造建物が関東大震災において数多く被災し，以後，日本において異形鉄筋は信用されなくなってしまった。なお，この被害は，実際には異形鉄筋の問題ではなく，アメリカ流の設計法の欠陥（鉄筋の定着，せん断補強設計法）が原因であったことが後に明らかとなっている。その後，異形鉄筋が再び注目されるのは，第二次世界大戦後である。第二次大戦後，米軍工事用に異形鉄筋の要求があり，1950年頃から輸出を目的として異形鉄筋の製造が始められた。この異形鉄筋は，従来のものよりも付着強度が高く，国内利用の要望もあった。そこで，1953年に日本工業規格「異形丸鋼」が制定された。また，その利用法についても研究が進められ，同年に建設省（当時）から「異形鉄筋を用いた鉄筋コンクリート造について」が告示された。さらに，1960年頃から高張力異形鉄筋の開発が進められ，一般に広く使用されるに至っている。

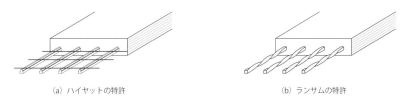

(a) ハイヤットの特許　　　(b) ランサムの特許

図2.18　米国における異形鉄筋の開発[13]

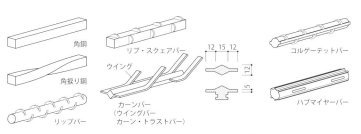

図2.19　日本に輸入された異形鉄筋[14]

2.3.3 鉄筋の付着機構

ここで，コンクリートと鉄筋の間の付着機構について考える。図 2.20 に示すように，鉄筋とコンクリートの間に生じる力は，①粘着力，②摩擦抵抗力，③機械的抵抗力の3つである。丸鋼の場合，粘着力と摩擦抵抗力が主要な付着機構である。一方，異形鉄筋の場合，主として機械的抵抗力が作用する。機械的抵抗力とは，異形鉄筋のふしとコンクリートが接触面を介して伝達し合う力である（図 2.21）。コンクリート中を異形鉄筋がずれようとする場合，鉄筋はコンクリートをふし前面で圧縮する。そして，コンクリートからそれと釣り合う支圧力を受ける時，両者は一体化していると言える。また，この支圧力は，材軸方向の付着力と直交方向の鉄筋の拘束力に分解できる。なお，鉄筋がコンクリートに伝達する圧縮力は，鉄筋の材軸方向に作用する付着力と直交方向に作用する放射力（リングテンション）に分解できる。

一体化が失われ，異形鉄筋がコンクリート中をずれる時，コンクリートの破壊を伴うことになる。このような異形鉄筋による付着破壊は主に3つ存在し，ふしの形状やかぶり厚さに応じて，局部圧縮破壊，せん断破壊および割裂破壊が考えられる（図 2.22）。

● Goto Crack[15]

後藤らは，RC 内部のひび割れを実験的に可視化するため，赤インク入りのチューブを鉄筋近傍に沿わせた試験体を作成し，一軸引張載荷実験を実施した。その結果，下図に示すような鉄筋近傍の内部ひび割れの可視化に世界で初めて成功した。その功績により，鉄筋近傍に生じる内部ひび割れは，「Goto Crack」と呼ばれる。

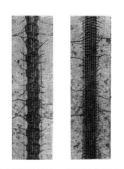

ふし間隔が異なる異形鉄筋周囲の内部ひび割れ[16]

図 2.20 鉄筋の付着機構

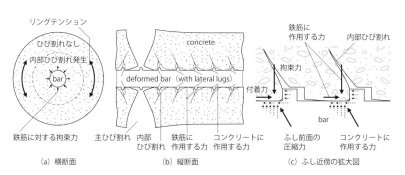

図 2.21 異形鉄筋の付着機構[15) 16)]

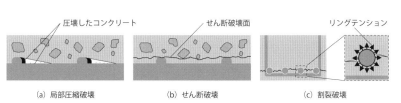

図 2.22 異形鉄筋による付着破壊

2.3.4　付着基礎式

さて，図 2.23 に示すようなコンクリート中の異形鉄筋について，x 方向の力の釣り合いを考える。この時，異形鉄筋に作用する付着力はコンクリートからふしに作用する支圧力の水平方向成分であり，ΔT と等しいため，次式で表すことができる。

$$\Delta T = \tau_b \cdot \pi \cdot d_b \cdot \Delta x \tag{3.1}$$

ここで，τ_b：付着応力度であり，鉄筋表面の単位面積あたりに生じる平均応力度として表される。また，d_b：鉄筋径である。式 (3.1) より，τ_b は次式により求めることができる。

$$\tau_b = \frac{1}{\pi \cdot d_b} \cdot \frac{\Delta T}{\Delta x} \tag{3.2}$$

付着応力度が発生する際，それに対応する相対変位（すべり）が発生する。この両者の関係を付着応力度—すべり関係と呼び，RC 部材の力学的挙動を数値解析によって評価する場合に極めて重要である。図 2.24 に示すように，コンクリート中の鉄筋の微小区間に着目し，微小長さ dx のコンクリートが変形して dx' となった状態を考える。この時，鉄筋とコンクリート間にすべり dS_x が生じた場合，次式が導かれる。

$$\frac{d^2 S_x}{dx^2} = \frac{(1+n \cdot p)}{E_s \cdot A_s} \cdot \varphi \cdot \tau_b \tag{3.3}$$

ここで，n：ヤング係数比，p：コンクリート断面積に対する鉄筋断面積の比，φ：鉄筋の周長である。

● **付着—すべり挙動のモデル化**

RC に対して有限要素解析（FEM 解析）を初めて適用した Ngo and Scordelis の論文[17]において，付着すべり挙動のモデル化が試みられている。それが以下に示すボンドリンクモデルであり，付着すべり挙動は水平バネ（H 軸）によって表現される。そして，この水平バネに付与される特性が付着応力度（τ）—すべり量（S）の関係である。

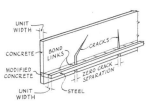

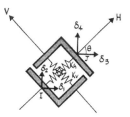

ボンドリンクモデル

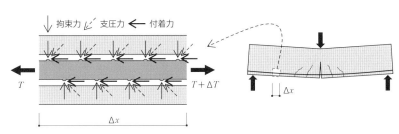

図 2.23　異形鉄筋の周囲における力の釣合い

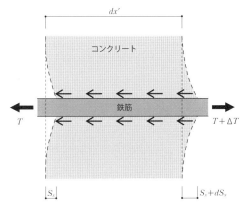

図 2.24　微小長さの付着応力度とすべり

2.4 許容応力度──なぜ許容応力度が必要なのか

2.4.1 許容応力度の導入

図 2.25 に示すように，許容応力度設計では与えられた荷重・外力に基づいて断面力を計算し，部材断面に生じるコンクリートおよび鉄筋の応力度がその許容応力度を超えないように断面寸法や補強筋量を決定する。つまり，許容応力度とは，各種材料に対して設定される許容可能な応力度のことである。設計では，長期（長期荷重）および短期（短期荷重）に対してそれぞれ検討を行うため，許容応力度も長期と短期について定められている。長期は日常的に作用する荷重を対象としており，許容応力度は材料に損傷が生じないように設定される。一方，短期は地震等の短期間に強烈に作用する荷重を対象にするため，若干の損傷は許容し，材料が弾性範囲を越えないように許容応力度を設定する。

遡ると，20世紀の初めには欧米諸国でRC規準が制定されたが，この頃からすでに許容応力度の概念が導入されていた。RC規準の基本方針は，構造物に作用する外力によって生じる断面力（曲げモーメント，軸力，せん断力）を算定し，これによって構造物の部材断面に生じるコンクリートの圧縮応力度および鉄筋の引張応力度を一定の許容値以下に抑えるというものであった。この方針は，現在においても変わることはない。RC規準が制定された当初，構造物に生じる断面力を算定する際には，外力として長期荷重と短期荷重を区別せず，それらを合算していた。そして，材料に対する許容応力度として，材料強度の1/3の値を採用するのが一般的であった。つまり，材料に対する**安全率**として3を採用していた。日本では，1924年に市街地建物法が改正され，水平震度0.1が導入されたが，この時も許容応力度を算定する際の材料安全率は3が採用された。その後，設計の合理化が図られ，1950年に建築基準法が制定された際には，長期荷重（常時荷重）と短期荷重（非常時荷重）を区別するようになり，許容応力度もそれぞれに対応するように定められた。この時，水平震度が0.1から0.2に引き上げられており，短期荷重に対する許容応力度もそれに対応するように従来の2倍とされ，材料強度の2/3の値が採用された。

> **用語** 安全率
>
> 材料の基準強度と許容応力度の比であり，構造物が使用中に破壊したりすることがないように材料や外力および応力算定の不確実性を勘案して設定する材料強度の補正係数である。設計時における安全に対する余裕度として捉えることができ，安全率を高くすれば安全性は高まると考えられる。しかし，安全率をやみくもに高く設定すれば良いわけではなく，経済的で合理的な構造計画が必要である。

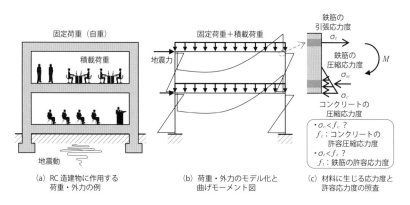

図 2.25 許容応力度の考え方

2.4.2 コンクリートと鉄筋の許容応力度

表2.6に示すように，コンクリートの許容圧縮応力度f_cは，設計基準強度F_cに対して長期で$F_c/3$，短期で$2F_c/3$と定められている。一方，許容引張応力度は規定されていない。これは，コンクリートの引張強度が圧縮強度の1/10程度と小さいことや，乾燥収縮によるひび割れの発生などが考えられ，設計上は引張強度に期待しないためである。また，許容せん断応力度は，長期では表中の2つの式による計算値の最小値を採用する。これらの式は，長期においてせん断ひび割れを発生させないことを前提にしている。短期に対しては，せん断ひび割れの発生は許容するが，破壊は生じさせないような方針の下，長期に対する1.5倍の値を採用する。なお，軽量コンクリート1種および2種の場合，長期許容せん断応力度を普通コンクリートに対する値の0.9倍とする。

表2.7に鉄筋の許容応力度を示す。鉄筋の許容引張応力度は，長期においては引張側のコンクリートのひび割れ幅を抑制するとともに，鉄筋降伏に対する一定の安全率を考慮するという観点から定められている。一方，短期においては，JISに定められた最小の規格降伏点を採用している。この根拠は，鉄筋が降伏後に十分な靱性を有していることである。つまり，短期において鉄筋の降伏を許容したとしても，梁や柱が計算上の耐力に達した後，最終的な破壊に至るまでに十分な靱性が確保できると考え，鉄筋が有する靱性を安全率の一要素として考えているのである。また，鉄筋をせん断補強筋として使用する場合の許容応力度は，長期においては構造物の長期間使用に対して支障をきたさないように，短期においては地震力等の短期間に生じる荷重に対して安全性を確保するように値が定められている。

表2.6 コンクリートの許容応力度（N/mm²）

	普通コンクリート		
	圧縮 f_c	引張	せん断 f_s
長期	$F_c/3$	—	$F_c/30$ かつ $(0.49+F_c/100)$ 以下
短期	長期に対する値の2倍		長期に対する値の1.5倍

※ F_cはコンクリートの設計基準強度。

表2.7 鉄筋の許容応力度（N/mm²）

鉄筋の種類		長期		短期	
		引張，圧縮	せん断補強	引張，圧縮	せん断補強
丸鋼	SR235	155	155	235	235
	SR295	155	195	295	295
異形鉄筋	SD295 (A, B)	195	195	295	295
	SD345	215 (195)	195	345	345
	SD390	215 (195)	195	390	390
	SD490	215 (195)	195	490	490
溶接金網		195	195	295 *	295

※ D29以上の太さの鉄筋に対しては（ ）内の数値とする。

＊ スラブ筋として引張鉄筋に用いる場合に限る。

2.4.3 付着に関する許容応力度

表 2.8 に異形鉄筋のコンクリートに対する許容付着応力度を示す。なお、異形鉄筋を用いる場合、かぶり厚さが鉄筋径の 1.5 倍未満の場合には、表中の値に「かぶり厚さ／鉄筋径の 1.5 倍」を乗じた値とする。また、軽量コンクリートを使用する場合は、普通コンクリートの許容付着応力度を 0.8 倍した値を用いる。

ここで、表中の「上端筋」について触れておきたい。上端筋とは、曲げ材において、その鉄筋の下に 300mm 以上のコンクリートが打ち込まれる場合の水平鉄筋のことである。図 2.26 に示すように、上端筋下部のコンクリートが沈下し、ブリーディングが生じることによって空隙が生じやすく、鉄筋のコンクリートに対する付着性能が低下する。したがって、許容付着応力度の算定では、その他の鉄筋の 80% として上端筋の値を低減している。

> **用語 ブリーディング**
> コンクリートを打設すると、骨材やセメント粒子が沈降し、水が上昇する。単位水量が多い場合やスランプが大きい場合には、ブリーディングが顕著となる。ブリーディング水がコンクリートの表面まで浮き上がらず、骨材や鉄筋などの下にとどまり、コンクリートの強度などに影響を及ぼす場合がある。

表 2.8 鉄筋のコンクリートに対する許容付着応力度（N/mm²）

	長期 上端筋	長期 その他の鉄筋	短期
異形鉄筋	$(1/15)F_c$ かつ $(0.9+(2/75)F_c)$ 以下	$(1/10)F_c$ かつ $(1.35+(1/25)F_c)$ 以下	長期に対する値の 1.5 倍
丸鋼	$4F_c/100$ かつ 0.9 以下	$6F_c/100$ かつ 1.35 以下	

梁の配筋と型枠の例

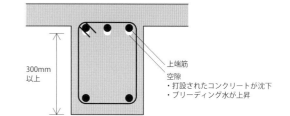

図 2.26 上端筋の許容付着応力度の低減

● 付着割裂破壊に対する許容応力度

RC 規準では、付着の検討に際し、長期荷重に対する使用性の検討、短期荷重に対する修復性の検討に加えて、大地震動に対する安全性の検討を行う。安全性の検討では、引張鉄筋が降伏する時の平均付着応力度 τ_y と付着割裂の基準となる強度 f_b を次式によって比較することによって曲げ材が曲げ降伏時に付着割裂破壊しないことを確認する。

$$\tau_y = \frac{\sigma_y \cdot d_b}{4(\ell_d - d)} \leq K \cdot f_b$$

ここで、σ_y：付着検定断面位置における鉄筋の降伏強度、d_b：主筋径、ℓ_d：引張鉄筋の付着長さ、d：曲げ材の有効せい、K：鉄筋配置と横補強筋による修正係数 (2.5 以下) である。なお、付着割裂の基準となる強度 f_b は下表により算定される。

	短期 上端筋	短期 その他の鉄筋
普通コンクリート	$0.8 \times (F_c/40 + 0.9)$	$F_c/40 + 0.9$
軽量コンクリート	普通コンクリートに対する値の 0.8 倍	

2.4.4　許容応力度の計算例

　例題を通して，具体的にコンクリート，鉄筋および付着に関する許容応力度を計算し，許容応力度表を作成する。表2.9に使用材料を示す。また，表2.10に許容応力度表を示す。

（1）コンクリートの許容応力度

・圧縮　長期：$f_c = \dfrac{1}{3} \times 24 = 8 \ \mathrm{N/mm^2}$　　短期：$f_c = \dfrac{2}{3} \times 24 = 16 \ \mathrm{N/mm^2}$

・せん断　長期：$f_s = \dfrac{1}{30} \times 24 = 0.8 \ \mathrm{N/mm^2}$

$$f_s = \left(0.49 + \dfrac{1}{100} \times 24\right) = 0.73 \ \mathrm{N/mm^2}　よって，0.73 \ \mathrm{N/mm^2}$$

$$短期：f_s = 0.73 \times 1.5 = 1.09 \ \mathrm{N/mm^2}$$

（2）付着に関する許容応力度

・上端筋　長期：$f_b = \dfrac{1}{15} \times 24 = 1.6 \ \mathrm{N/mm^2}$

$$f_b = \left(0.9 + \dfrac{2}{75} \times 24\right) = 1.54 \ \mathrm{N/mm^2}　よって，1.54 \ \mathrm{N/mm^2}$$

$$短期：f_s = 1.54 \times 1.5 = 2.31 \ \mathrm{N/mm^2}$$

・その他　長期：$f_b = \dfrac{1}{10} \times 24 = 2.4 \ \mathrm{N/mm^2}$

$$f_b = \left(1.35 + \dfrac{1}{25} \times 24\right) = 2.31 \ \mathrm{N/mm^2}　よって，2.31 \ \mathrm{N/mm^2}$$

$$短期：f_s = 2.31 \times 1.5 = 3.46 \ \mathrm{N/mm^2}$$

・付着割裂の基準強度

$$上端筋：f_b = 0.8 \times \left(\dfrac{1}{40} \times 24 + 0.9\right) = 1.2 \ \mathrm{N/mm^2}$$

$$その他：f_b = \left(\dfrac{1}{40} \times 24 + 0.9\right) = 1.5 \ \mathrm{N/mm^2}$$

表2.9　使用材料

使用材料		種類
コンクリート		普通コンクリート 設計基準強度 $F_c = 24 \ \mathrm{N/mm^2}$
鉄筋	主筋	SD345（D16以上 D25以下）
	せん断補強筋	SD295A（D13以下）

表2.10　コンクリートと鉄筋の許容応力度（N/mm²）

材料	種類	長期					短期					付着割裂の基準 f_b	
		圧縮 f_c	引張 f_t	せん断 f_s $_w f_t$	付着 f_a 曲げ材上端	その他	圧縮 f_c	引張 f_t	せん断 f_s $_w f_t$	付着 f_a 曲げ材上端	その他	曲げ材上端	その他
コンクリート	F_c24	8.0	–	0.73			16.0	–	1.09				
鉄筋	SD345	215	215	195	1.54	2.31	345	345	345	2.31	3.46	1.2	1.5
	SD295	195	195	195			295	295	295				

● 2章　参考文献

1) Jackson, M. D. et al. : Phillipsite and Al-tobermorite mineral cements produced through low-temperature water-rock reactions in Roman marine concrete, American Mineralogist, Vol.102, No.7, pp.1435-1450, 2017, DOI: https://doi.org/10.2138/am-2017-5993CCBY

2) 浅野祐一：生物でひび割れを直すコンクリートが日本上陸（前編），日経 XTECH，2017.4

3) Litracon : Litracon -Light transmitting concrete-, Litracon Flyer, 2014

4) Grugel, R.N. : Sulfur "Concrete" for Lunar Applications -Environment Considerations, NASA/TM-2008-215250

5) Z. P. Bazant et.al : Explanation of Excessive Long-Time Deflections of Collapsed Record-Span Box Girder Bridge in Palau, Preliminary report of CONCREEP-8, 2008

6) 前川宏一：コンクリート構造の寿命推定－長寿命化に向けて－，橋梁と基礎，pp.8-13，2010.8

7) 堀川真之：時間依存性を考慮した高強度鉄筋コンクリート柱の弾塑性挙動に関する解析的研究，博士論文（日本大学），2016.1

8) 笠井芳夫 編著：コンクリート総覧，技術書院，1998.6

9) 日本建築学会：構造材料の耐火性ガイドブック，丸善，2017

10) 三橋博三ほか：コンクリートのひび割れと破壊の力学，技報堂出版，2010

11) 小松幸夫：建物の耐用年数—実態調査で判明した本当の寿命，オピニオン，読売新聞，2012.1.30

12) 瀧口克己：付着のある RC 部材と付着のない RC 部材の変形特性・Ⅱ，日本建築学会論文集，No.262，pp.53-59，1977.12

13) 藤本盛久：構造物の技術史，市ヶ谷出版社，2001

14) 豊島光夫：材料における移り変わり－鉄筋－，講座：コンクリートと施工法－その移り変わり－（その6），コンクリート工学，Vol.18，No.11，pp.75-83，1980.11

15) Y. Goto : Cracks formed in concrete around deformed tension bars, ACI Journal, Vol.68, pp.244-251, 1971

16) 後藤幸正ほか：引張を受ける異形鉄筋周辺のコンクリートに発生するひび割れに関する実験的研究，土木学会論文報告集，No.294，pp.85-100，1980.2

17) D. Ngo and A.C. Scordelis: Finite Element Analysis of Reinforced Concrete Beams, ACI Journal, No.64, pp.152-163, 1967.3

鉄筋コンクリート造建物の耐震設計法

　1章で述べたとおり，鉄筋コンクリート（RC）造建物の耐震設計法は過去の大地震を教訓として改正されてきた。裏を返せば，大地震によって初めてRC造建物の耐震性能が検証され，人間の力によってそれを直接確認することは難しかったと言える。しかし，この世の中にRC造建物を実現する以上，何らかの方法によって耐震性能を確認する必要がある。本章では，現行のRC造建物の耐震設計法の全体像と基本的な考え方について学習し，次章からの具体的なRC部材の断面算定方法の学習につなげていく。

3.1 構造計算による安全確認の体系とその概要
―現在,どのように建物の安全性を確保しているか

3.1.1 構造計算による安全確認の体系

図3.1に現行の構造計算による安全確認の体系を示す。高さ60m超の超高層建物(第一号建築物)の場合,設定される荷重および外力によって建物の各部分に連続的に生ずる力と変形を把握し,それが限界値を超えないことを確認する必要がある。ここでは,時刻歴応答解析の実施が想定されている。

高さ60m以下の建物で**構造計算適合判定**の対象となる建物(第二号建築物)に対しては,その規模に応じて,限界耐力計算,保有水平耐力計算および許容応力度等計算が適用される。概要については後述するが,それぞれの特徴は以下のようである。

【限界耐力計算】性能規定型設計法の1つ。極めて稀に発生する地震動において生じる建物の変形量を計算し,その変形に対して安全な部材を設計することにより建物の安全性を確保する。

【保有水平耐力計算】従来の仕様規定型設計法の代表例。許容応力度計算と保有水平耐力計算からなり,前者を一次設計,後者を二次設計と呼ぶ。

・許容応力度計算　　：長期荷重と短期荷重に対して,それぞれ構造耐力上主要な部分に支障や損傷が生じないことを確認する。

・保有水平耐力計算：建物が終局状態に至るまでの性状を把握し,大地震時に崩壊に至らないように安全性の検討を行う。

【許容応力度等計算】仕様規定型設計法であり,許容応力度計算を基本とし,併せて剛性率および偏心率の検討を行う。

なお,高さ60m以下で構造計算適合判定の対象とならない建物(第三号建築物)では,許容応力度計算が適用される。また,小規模建物(第四号建築物)では構造計算が不要であり,仕様規定への適合のみが要求される。

● 建物に作用する力
・外力(物体の外側から作用する力)
① 固定荷重
② 積載荷重
③ 積雪荷重
④ 風圧力
⑤ 地震力

・内力(物体の内側で働く力)
① 軸方向力 N
② せん断力 Q
③ 曲げモーメント M

用語　構造計算適合判定
　高度な構造計算を要する高さ20mを超えるRC造建物など一定規模以上の建物について,都道府県知事または指定構造計算適合性判定機関による構造計算適合性判定が義務付けられた。つまり,構造計算が正しく行われているか判定するために,建築確認の段階で第三者機関によるダブルチェック(ピアチェック)を実施する。

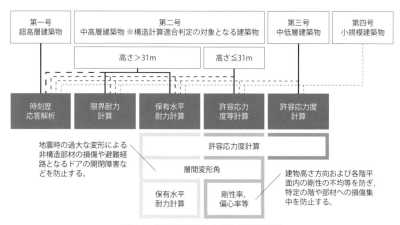

図3.1　構造計算による安全確認の体系

3.1.2 保有水平耐力計算および許容応力度等計算

　許容応力度計算（一次設計）と終局強度設計として位置づけられる保有水平耐力計算（二次設計）からなる2段階の設計手法は，1981年に施行された新耐震設計法において導入された。図3.2に許容応力度計算および保有水平耐力計算の概要を示す。一次設計では，「中規模の地震動で建物がほとんど損傷しない」ことを検証する。中規模の地震動とは，建物の耐用期間中に数度遭遇することを考慮すべき地震動のことである。また，ほとんど損傷しないことの検証のために，以下の点を確認する。

部材各部に生じる断面力　≦　許容応力度に基づき算定した部材の許容耐力

　一方，二次設計では，「大規模の地震動で建物が倒壊・崩壊しない」ことを検証する。大規模の地震動とは，建物の耐用期間中に一度程度は遭遇することを考慮すべき極めて稀に発生する地震動のことである。大規模の地震動に対しては，ある程度の損傷はやむを得ないが，建物が倒壊して人命を失うことのないように設計することが目標となる。そのため，保有水平耐力計算および許容応力度等計算では，以下の耐震規定について適合するように設計する。

① 建物の地上部分に対して，地震力によって建物に生ずる各階の層間変形角が1/200以下であること。
② 高さが31m以下の建物に対しては，各階の剛性率および偏心率がそれぞれ一定の規準値を満たすこと。ただし，この基準値を満たさない場合は，次の③を満たすこと。
③ 高さが31mを超える建物については，建物の耐えうる強度（保有水平耐力）と大地震に対して建物が保有すべき耐力（必要保有水平耐力）が次式の関係を満たすこと。

保有水平耐力　＞　必要保有水平耐力

用語　ベースシア
　多層建物における最下層（1階）の負担せん断力のこと。また，これを建物の全重量で除した値をベースシア係数と呼ぶ。建物の耐震設計においては，建物の重要度，建設地，地盤性状などを考慮して，設計用ベースシア係数を設定し，建物に対する地震力を想定する。

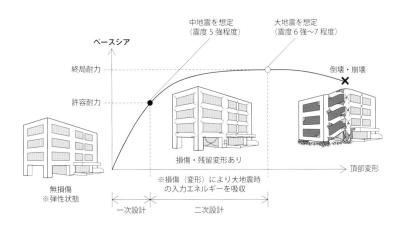

図3.2　許容応力度計算（一次設計）と保有水平耐力計算（二次設計）

3.1.3 限界耐力計算

限界耐力計算は，1998年の建築基準法改正の際に性能規定型の設計方法の1つとして導入された新しい構造計算の方法である。従来の保有水平耐力計算や許容応力度等計算は，仕様規定型の設計法であった。例えば，保有水平耐力計算では，算定した建物の保有水平耐力が，地震時に建物に作用する荷重ではなく，法令で定められた仕様に基づき算定される必要保有水平耐力を上回ることを確認する。それに対し，限界耐力計算は性能規定型の設計法であるため，構造強度に関する仕様規定は必ずしも満足する必要がない。これは，限界耐力計算では，建物の変形性能（限界値）を評価し，想定する地震動による応答値と直接比較することにより安全性の検証を行っているためである。

限界耐力計算では，以下の要求項目に対して建物の安全性を確認する。

- 建物の耐用期間中に1回以上遭遇する可能性が高い積雪，暴風，地震に対して，建物が損傷しない。（損傷限界に対する検討）
- 極めて稀に発生する大規模な積雪，暴風，地震に対して，建物が倒壊，崩壊しない。（安全限界に対する検討）

図3.3に限界耐力計算による安全限界に対する検討の流れを示す。限界耐力計算の基本的な考え方は，弾塑性挙動を示す多層建物の構造特性を**等価線形化法**によって1質点弾性減衰系に**縮約・置換**し，**応答スペクトル**を用いて「応答値」を求め，建物の「限界値」と比較することによって，建物の安全性を確保するということである。なお，その詳細については本書では省略するので，参考文献[1)2)]を参照してほしい。

用語 等価線形化法
地震動に対する構造物の弾塑性応答を簡易的に評価する手法である。一般的には，最大変位点の剛性を用いて等価剛性と等価減衰定数を決定し，1質点1自由度系の線形動的応答解析を行うことによって構造物の弾塑性応答を評価する。したがって，弾塑性応答の推定精度は，等価剛性と等価減衰定数に依存する。

用語 縮約
多層構造物を1自由度系に単純化して置き換えることをいう。各階の層せん断力－層間変形関係を求め，有効質量，代表変位および等価高さを評価することによって1自由度系モデルに縮約する。

用語 応答スペクトル
地震動による建物の応答を固有周期との関係としてわかりやすく図示したグラフである。建物の応答としては，変位だけでなく，速度や加速度も表現される。

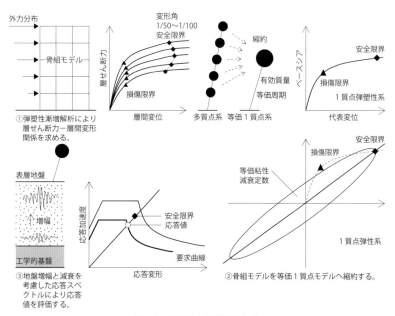

図3.3 限界耐力計算の流れ[1)]

探究 **耐震偽装事件について調べてみよう。**

　2005年11月に発覚した耐震偽装事件（構造計算書の偽装）では，建築士制度や建築確認・検査制度など，建物の安全性確保の根幹を成す仕組みに対する信頼を大きく損なう結果となった。これから社会に出て，何らかの形で建築に関わるすべての学生にとって，この耐震偽装事件を知ることは，過去の地震被害の教訓を学ぶことと同様に重要であろう。ここでは，事件の経緯，原因およびその後の対策を簡易に示すにとどめるので，自身で当時の様々な情報に触れ，この事件に対する自分の考えを持ってほしい。

(1) 事件の経緯

　2005年11月17日に国土交通省（国交省）は，マンションやホテルなど21棟について，耐震構造計算書に偽装があったことを発表した。これらの偽装に関わった建築士は，1997年ごろから偽装をしていたようだが，民間の指定確認検査機関はその偽装を見抜くことができなかった。2005年10月7日に民間の検査機関の関係者を名乗る者から国交省に構造計算書偽装に関する告発があり，その後の検査機関への立ち入り検査によって耐震強度の偽装が発覚した。その後，次々に耐震偽装に関する事実が露呈し，事件関係者の国会喚問にまで発展した。偽装に関わった建築士は偽証罪などに問われ，懲役刑が確定した。

(2) 事件の原因：なぜ偽装が起こり，なぜ偽装が見過ごされたのか？

　国土交通省の資料[3]によると，偽装が起こった原因として，「建築士制度の機能不全」を挙げている。偽装した建築士は，建築主の経済的な厳しい要求と建築基準法に定める最低基準を同時に満たす構造設計ができず，構造計算書を偽装したようである。この背景の1つとして，構造計算プログラムの存在により，技術が劣るとしても構造計算書を外形的に整えることが可能であり，構造計算の重要性を認識しない建築士が存在する可能性が指摘されている。また，偽装が見過ごされた原因として，「建築確認・検査制度の機能喪失」を挙げている。その背景として，建築確認・検査制度の構造的な問題を指摘しており，例えば建築技術の高度化・専門化に審査側が追い付いていない実態や民間検査機関における経済原理に基づく安易な審査の傾向，さらに構造計算プログラムの出力結果を形式的にチェックするという審査の形骸化などが指摘されている。

(3) 対策

　耐震偽装事件を契機として，再発を防止するため，建築基準法・建築士法などが改正された。主な改正事項を以下に示す。

・第三者機関による構造計算書のチェック（構造計算適合判定）の義務付け
・3階建て以上の共同住宅について中間検査を義務付け
・建築確認や中間・完了検査に関する指針を告示で規定
　（図書の差し替えや訂正がある場合には再申請を要求）

3.2 新耐震設計法の特徴——どのように建物の安全を確保しているのか

3.2.1 耐震計算フロー

前述のとおり，新耐震設計法では，許容応力度計算（一次設計）と保有水平耐力計算（二次設計）による2段階設計を採用している。図3.4に耐震計算フローを示す。新耐震設計法の特徴を整理すると，以下の3つが挙げられるだろう。以降，これらの特徴を中心にして新耐震設計法について概説する。

① **地震力の算定方法**：従来の耐震設計において採用されていた水平震度に代わる地震層せん断力係数とその高さ方向の新しい分布を導入し，さらに建物と地盤の振動特性を考慮した。

② **変形・剛性の制限**：建物の変形制限や構造的なバランスを偏心率や剛性率によって考慮する方法を導入した。

③ **保有水平耐力計算の導入**：中地震を対象とする一次設計に対し，大地震を対象とする二次設計では5倍の地震動を考慮した。さらに，大地震に対しては，建物の強度だけでなく靱性を考慮することにした。

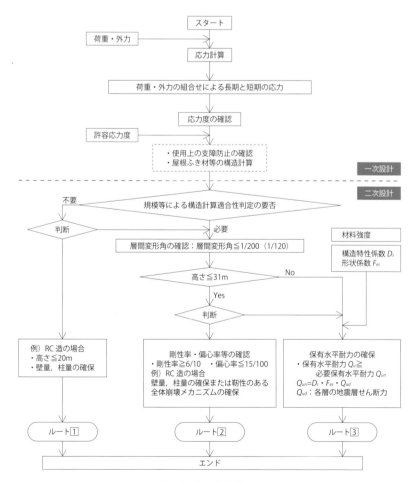

図3.4 耐震計算フロー

3.2.2 荷重・外力の組合せ

許容応力度計算を行う一次設計では，荷重や外力の条件を組み合わせて長期荷重と短期荷重を設定する。そして，**表3.1**に示すように，それぞれの荷重・外力の組合せによって求められる設計用断面力（軸方向力，曲げモーメント，せん断力）から部材断面や接合部に生じる応力度を求め，それらが材料の長期と短期の許容応力度を超えないことを確かめる。

長期荷重は，固定荷重と積載荷重の和として評価される。固定荷重は，建物自体や建物上に常時固定されている物体の重量による荷重を指す。積載荷重は，固定荷重に含まれない，人間や家具・物品等の荷重を指す。なお，積載荷重については，**表3.2**に示す積載荷重表を利用することができる。

一方，短期荷重は，長期荷重に積雪荷重や風圧力および地震力を加えて評価する。特に耐震設計においては地震力の評価が重要であり，新耐震設計法における安全性確保の意図が込められている。

表3.1 荷重および外力の組合せ

力の種類	想定する状態	一般の場合	多雪区域における場合
長期に生じる力	常時	$G + P$	$G + P$
	積雪時		$G + P + 0.7S$
短期に生じる力	積雪時	$G + P + S$	$G + P + S$
	暴風時	$G + P + W$	$G + P + W$
			$G + P + 0.35S + W$
	地震時	$G + P + K$	$G + P + 0.35S + K$

G：固定荷重によって生じる力　　P：積載荷重によって生じる力
S：積雪荷重によって生じる力　　W：風圧力によって生じる力　　K：地震力によって生じる力

● **積載荷重と構造計算の対象**

積載荷重表には，構造計算の対象として①床，②梁・柱・基礎等，③地震力の3つが示されており，それぞれ積載荷重の値が示されている。その大きさは，①＞②＞③である。これは，構造計算の対象における積載荷重の集中の影響を考慮しているためである。つまり，床では積載荷重の集中が直接影響するため，構造計算の際には大きな積載荷重を考慮して床の安全性を高めている。

表3.2 積載荷重表（N/m²）

	構造計算の対象		（い）	（ろ）	（は）
室の種類			床	梁，柱，基礎等	地震力
(1)	住宅の居室，住宅以外の建物における寝室又は病室		1,800	1,300	600
(2)	事務室		2,900	1,800	800
(3)	教室		2,300	2,100	1,100
(4)	百貨店又は店舗の売場		2,900	2,400	1,300
(5)	劇場，映画館，演芸場，観覧場，公会堂，集会場その他これらに類する用途に供する建物の客席又は集会室	固定席の場合	2,900	2,600	1,600
		その他の場合	3,500	3,200	2,100
(6)	自動車庫及び自動車通路		5,400	3,900	2,000
(7)	廊下，玄関又は階段		(3) から (5) までに掲げる室に連絡するものにあっては，(5) の「その他」の場合の数値による。		
(8)	屋上広場又はバルコニー		(1) の数値による。ただし，学校又は百貨店の用途に供する建物にあっては，(4) の数値による。		

3.2.3 設計用地震力の算定

佐野利器が提唱した水平震度に基づき，1924年の市街地建物法には水平震度を 0.1 以上とする規定が加えられた。これは，地盤の水平震度を 0.3 程度と想定し，許容応力度の**安全率**を考慮して 0.1 を採用したものである。その後，1950 年に制定された建築基準法では，長期と短期の概念が導入された。これに伴い，従来の許容応力度の約 2 倍として短期許容応力度が評価され，水平震度も 0.2 へと引き上げられた。しかし，このような水平震度に基づく設計用地震力の算定方法では，残念ながら建物の地震応答に対する考慮が不足していた。そして，これを根本的に見直したのが，1981 年に導入された新耐震設計法における設計用地震力の算定方法である。

新耐震設計法では，固定荷重と積載荷重の和に対して次式による地震層せん断力係数 C_i を乗じることにより，建物の地上部分の設計用地震力を i 階に作用する地震層せん断力 Q_i として求める。

$$Q_i = C_i \cdot W_i \tag{2.1}$$
$$C_i = Z \cdot R_t \cdot A_i \cdot C_0 \tag{2.2}$$

ここで，W_i：i 階より上層の全重量，Z：地震地域係数，R_t：振動特性係数，A_i：地震層せん断力係数の高さ方向分布係数，C_0：標準せん断力係数（一次設計：0.2 以上，二次設計：1.0 以上）である。なお，地震力と地震層せん断力の違いは，**図 3.5** に示すとおりである。

式 (2.2) に示した地震層せん断力係数 C_i の算定式中の 4 つのパラメータは，新耐震設計法における地震力の算定手法を特徴づけるものである。特に，建物と地盤の振動特性を考慮する R_t と水平震度に代わる地震層せん断力係数 C_i の高さ方向分布係数 A_i は，設計用地震力に建物の地震応答の影響を考慮する重要なパラメータであると言える。

また，近年では，自治体が取り扱う公共建築物などでは，独自に用途係数の導入が進められている。**用途係数**とは，災害時に応急活動を支える施設など，大地震後にも機能の維持が求められる公共建築物の構造を強化するための設計用地震力の割増し係数であり，1.0 ～ 1.5 倍程度までの値が設定されている。

> **用語** **用途係数**
> 東京都では，以下に示す 3 つの区分に応じて用途係数を定めている。
> 【区分 1（用途係数：1.5）】
> 防災業務の中心や防災拠点となる建築物等
> 例：消防署，警察署，重要庁舎など
> 【区分 2（用途係数：1.25）】
> 震災時に機能を保持する必要のある建築物等
> 例：一般庁舎，病院，学校など
> 【区分 3（用途係数：1.0）】
> 1 および 2 以外の建築物

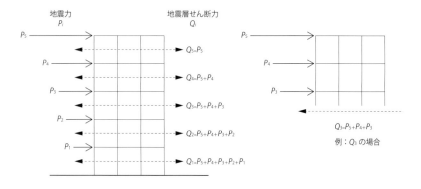

図 3.5　地震力と地震層せん断力

(1) 標準せん断力係数 C_0

表3.3に一次設計と二次設計で想定する地震動の概略を示す。新耐震設計法では，従来の水平震度0.2を用いた短期許容応力度設計が中地震動に対する一次設計に相当すると解釈した。これが，一次設計において $C_0 = 0.2$ が採用された理由である。一方，新耐震設計法において導入された大地震動に対する二次設計では，従来どおり地盤の水平震度0.3～0.4程度と想定し，建物が弾性であると仮定した場合の応答倍率を3程度と考え，$C_0 = 1.0$ を採用している。

表3.3 想定地震動の概略

	一次設計	二次設計
想定地震	中地震 建物の耐用年限中に2～3回発生する地震	大地震 建物の耐用年限中に1回発生するかもしれない地震
想定地震の震度	気象庁の震度階Ⅴ弱程度	気象庁の震度階Ⅵ程度
想定地震の加速度	80～100 gal（$C_0 = 0.2$）C_0	300～400 gal（$C_0 = 1.0$）
構成部材の状況	部材はすべて許容耐力以内（弾性範囲）に収まる。また，大きなひび割れは起こらない。	部材は塑性化するが，粘りにより地震エネルギーを吸収し，倒壊は起こらない。

● 地震動に関する単位

地震動の大きさは，一般的に気象庁の震度階級で表される。しかし，震度は体感や周辺の被害状況等によりランク分けされており，地震動そのものの物理量ではない。地震動に関する物理量は，加速度，速度およびエネルギーである。

地震動の加速度の単位はG, gal（ガル），m/s² であり，1 G = 980 gal = 9.8 m/s² である。また，地震動の速度の単位はkine（カイン），cm/sであり，1 kine = 1 cm/sである。なお，地震動のエネルギーの単位がマグニチュードであり，値が1増えると地震動のエネルギーは約32倍になる。

探究 近年の大地震では，どの程度の加速度が記録されているか調べてみよう。

例えば，兵庫県南部地震，東北地方太平洋沖地震および熊本地震では，以下に示すトリパータイト応答スペクトルが得られている。右上がりの軸から加速度応答を読み取ると，固有周期0.1～1秒の間でいずれも1000 galを超える値が記録されている。表3.3に示したとおり，二次設計で想定している地震動の加速度は300～400 galである。つまり，これらの大地震では建物に想定以上の加速度入力があった可能性が考えられる。しかし，近年の大地震では，地震動の加速度応答の大きさと比較して建物被害が少ないケースも多い。その理由についても考えてみてほしい。

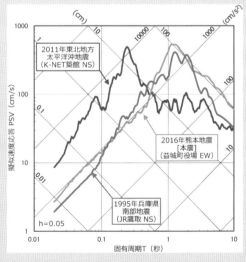

近年の大地震におけるトリパータイト応答スペクトル[4]

(2) 地震地域係数 Z

　地震地域係数 Z は，過去の地震記録等により得られた地震動の期待値の相対的な比を表す数値であり，1.0 〜 0.7 の数値として地域ごとに規定されている。地震地域係数が初めて登場するのは 1952 年であり，この地震地域係数の根拠となるのが図 3.6 (a) に示す河角マップである。これは有史以来の地震資料に基づいて作成した**ハザードマップ**であり，地域ごとに今後 100 年間に 1 度程度発生が予想される地震（再現期間 100 年の地震）の最大加速度の分布を 50gal 刻みの等高線で表したものである。そして，河角マップを基本として，各地域の設計用地震力の補正係数を定めたものが地震地域係数の始まりである。

　図 3.6 (b) および (c) に各地域の最大加速度の 100 年**期待値マップ**と現行の地震地域係数の分布を示す。両者を比較すると，おおむね対応しているように思われるが，厳密には一致しているわけではない。傾向としては，200 cm/s² 以上の地域に対して $Z = 1.0$ が設定されているようであるが，東北地方や四国の一部では $Z = 0.9$ が設定されている。これは，地震地域係数が工学的な判断のみでなく，大地震時の被害が社会や経済に与える影響の程度など，種々の判断が加味されているためである。

> **用語　ハザードマップ**
> 　自然災害による被害の軽減や防災対策に使用する目的で，被災想定区域や避難場所・避難経路などの防災関係施設の位置などを可視化した地図のことである。防災マップ，被害予測図，被害想定図などとも呼ばれ，危険箇所や災害が発生しうる場所などをあらかじめ知っておくことで防災に役立てることができる。代表的なハザードマップとしては，河川浸水，土砂災害，地震災害，津波浸水および火災などが挙げられる。

> **用語　期待値マップ**
> 　期待値とは，確率変数 X の取りうる値とその値をとる確率の積の合計として求められる値である。つまり，確率で重みづけした平均値のことである。したがって，各地域の最大加速度の 100 年期待値とは，各地域で 100 年間に発生すると想定される地震動の発生確率を考慮した平均加速度ということになる。そして，それを地図上にマッピングしたものが期待値マップである。

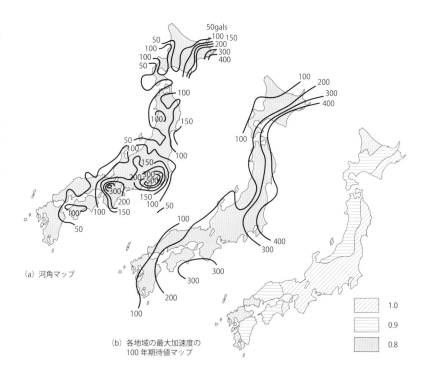

(a) 河角マップ

(b) 各地域の最大加速度の 100 年期待値マップ

(c) 地震地域係数の分布　　注）沖縄県は 0.7

図 3.6　地震地域係数の分布と最大加速度の 100 年期待値マップ

(3) 振動特性係数 R_t

振動特性係数とは，建物が建つ地盤の性質と建物の弾性域における固有周期の関係により，地震力の値を低減させる係数である。

まず，建物の**固有周期**は，次式により略算することができる。

$$T = h(0.02 + 0.01\alpha) \tag{2.3}$$

ここで，h：建物高さ（m），α：建物高さに占める鉄骨造部分の高さの割合である。したがって，RC造建物においては，$T = 0.02h$ と略算することができる。

一方，地盤自身の固有周期は，岩盤のような硬い地盤では短く，軟弱な地盤では長い。このような地盤の特性を大別し，第1種地盤から第3種地盤までが以下のように定義され，地盤周期 T_c が設定されている。

第1種地盤：特別に硬い岩盤（$T_c = 0.4$ sec）
第2種地盤：第1種または第3種地盤以外（$T_c = 0.6$ sec）
第3種地盤：軟弱な沖積層（$T_c = 0.8$ sec）

図3.7に振動特性係数と建物の設計一次固有周期の関係を示す。振動特性係数 R_t の最大値は1.0であり，建物の固有周期が長くなるほど低い値となる。振動特性係数は地盤と建物の**共振**を考慮した係数であり，地盤の固有周期と建物の固有周期が一致すると共振が生じる。また，一般的には，地盤よりも建物の固有周期のほうが長いため，建物の固有周期が長いほど地盤との共振が生じにくくなると考えられる。このような共振現象の発生を地震力の大きさと対応づけている係数が振動特性係数である。振動特性係数 R_t は，建物の固有周期 T と地盤周期 T_c との関係により，次式によって算定される。

$T < T_c$ の場合　　　　$R_t = 1$ 　　　　　　　　　　　　　　　　(2.4)

$T_c \leq T < 2T_c$ の場合　$R_t = 1 - 0.2\left(\dfrac{T}{T_c} - 1\right)^2$ 　　　　(2.5)

$2T_c \leq T$ の場合　　　$R_t = \dfrac{1.6 T_c}{T}$ 　　　　　　　　　　　(2.6)

用語　固有周期

建物が自由振動する時，揺れが一往復するのに要する時間であり，固有振動数の逆数である。建物がもっとも揺れやすい周期であり，建物の構造や高さなどによって固有の値をとる。

用語　共振

建物の固有振動数と等しい振動が外部から加わった時，建物の振幅が増大する現象である。建物が地震被害を受けると固有周期が長くなり，地震動の卓越周期と一致することによって被害が甚大になる事例も確認されている。

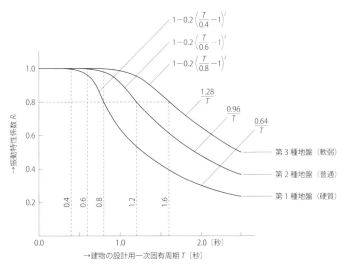

図3.7　振動特性係数と建物の一次固有周期の関係

> **用語** 振動モード
>
> 建物が振動する時の形状であり、地震によって建物が揺れる時にはいくつものモードが混じり合っている。建物の振動モードの例を以下に示す。

1次モード 2次モード 3次モード
振動モードの例

> **用語** 1次モード
>
> 建物の振動モードは固有周期と関係しており、固有周期の長いモードから順番に1次、2次、3次モードと呼ぶ。
>
> 地震動の周期は0.1〜2秒くらいであり、多くの建物は1次モードの固有周期が地震動と共振しやすい。そのため、耐震設計では1次モードの固有周期が重要になる。なお、超高層ビルのように固有周期が長く、多くの振動モード形を有する建物では、高次モードの影響も考える。

（4）地震層せん断力係数の高さ方向分布係数 A_i

多層建物には、様々な**振動モード**形が存在する。その中でも、**1次モード**の振動形は固有周期がもっとも長く、中低層建物においてはもっとも支配的であると言える。この1次モードの振動形に対応する1次固有周期 T を用いて、i 階の地震層せん断力の分布係数 A_i は次式により算定される。そして、この式により求めた地震層せん断力係数の分布係数を略して「A_i分布」と呼び、これに基づいて求めた地震力の分布が「A_i分布に基づく外力分布」である。

$$A_i = 1 + \left(\frac{1}{\sqrt{\alpha_i}} - \alpha_i\right) \cdot \frac{2T}{1+3T} \tag{2.7}$$

$$\alpha_i = \frac{W_i}{W_1} \tag{2.8}$$

ここで、W_i：最上階から i 階までの重量の和、W_1：地上部の全重量である。なお、1階においては、$W_i = W_1$ となるので $\alpha_i=1$ であり、$A_i = 1$ となる。また、$T = 0$ (sec) の時、各階の A_i 値は等しく1となる。すなわち、地震力の分布形は一様分布となり、震度法で想定していた外力分布と一致する。

図3.8 に主たる地震力の分布形とそれに対応する地震層せん断力の分布形の例を示す。ここでは、地震力の分布形として、一様分布、逆三角形分布および A_i 分布に基づく外力分布の3つを考え、1層の地震層せん断力が等しくなるように地震力の分布を設定した。A_i 分布を採用することにより、上階の方が大きく揺れるような、実際の建物の地震応答に対応した地震力分布が再現されるとともに、各層において大きな地震層せん断力の発生が考慮されている。

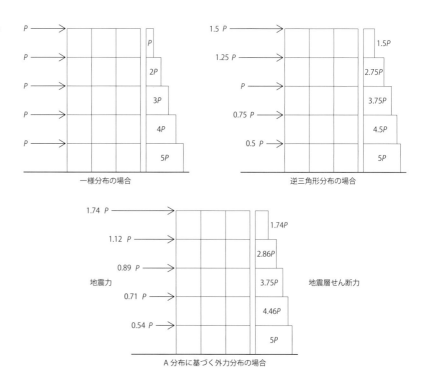

図3.8　地震力の分布形と地震層せん断力の分布

3.2.4 層間変形角の確認

層間変形角の制限は，地震時に各階の層間変形角が大きくなり，内外装材等の非構造部材の損傷や避難経路となるドアの開閉障害などが発生することを防ぐための規定である。図3.9に示すように，層間変形角 φ_i とは，各階に生じる水平方向の層間変位 δ_i のそれぞれの階の高さに対する割合のことである。層間変形角の確認では，一次設計用の地震力によって生じる各階の層間変形角が 1/200 を超えないことを確かめる必要がある。ただし，地震力による構造耐力上主要な部分に生じた変形によって，建物の各部分に著しい損傷を生ずるおそれのない場合には 1/120 まで緩和することができる。

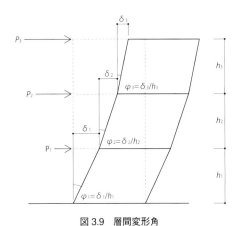

図3.9 層間変形角

● **層間変形角と限界状態**

層間変形角は，RC造建物の性能評価型耐震設計を行ううえで重要な意味を持つ。例えば，「鉄筋コンクリート造建物の耐震性能評価指針（案）・同解説」（以下，耐震性能評価指針）では，建物の基本性能である「使用性」，「修復性」，「安全性」の3つに対して「使用限界状態（継続使用可能）」，「修復限界状態（修復可能）」，「安全限界状態（人命保護可能）」の3つの限界状態を設定し，RC造建物の保有耐震性能を評価する。

耐震性能評価指針では，各限界状態に相当する部材変形を設定し，静的非線形解析から得られる変形と比較して部材の損傷度を評価し，当該階に存在する部材の損傷度に基づいて設定される層の限界状態から層の限界変形角を評価する。そして，層間限界変形角が生じる建物の水平変形を建物の限界変形として評価する。全体降伏機構が形成される靱性に富むフレーム構造，あるいは耐震壁フレーム構造における限界層間変形角および全体変形角については，下表のとおり目安となる値が示されている。なお，層間変形角 1/200 の確認は，使用限界状態の確認と言える。

層の限界状態と限界層間変形角の標準値

限界状態	フレーム構造		壁フレーム構造	
	層間変形角	全体変形角	層間変形角	全体変形角
修復限界Ⅰ	1/100	1/120	1/150	1/180
修復限界Ⅱ	1/75	1/100	1/100	1/130
安全限界	1/50	1/67	1/75	1/100

3.2.5 剛性率および偏心率の確認

(1) 剛性率の確認

剛性率は，建物の高さ方向について，各階の水平剛性が建物全体の水平剛性に対し，バランスがとれているか否かを示す指標である。

図 3.10 に熊本地震にて被災した建物の例を示す。多くは1階が駐車場として利用されていたピロティ形式の建物であり，剛性率が問題となる代表例である。この場合，1階と2階以上の水平剛性が著しく異なるため，地震によるエネルギーが水平剛性の低い1階のピロティ部分に集中して崩壊する恐れがある。このような建物の被害例は，過去の大地震において多数報告されている。また，近年発生した大地震においては，この例以外にも比較的多くのピロティ形式の建物が倒壊しているが，その多くは新耐震設計法以前の旧耐震基準に基づき設計された建物である場合が多い。

剛性率 R_s は，各階の層間変形角の逆数 r_s を，その建物の全階の r_s の相加平均 $\overline{r_s}$ で除した値であり，次式により求められる。そして，許容応力度等計算では，各階の剛性率が 0.6 以上であることを確かめなければならない。

$$R_s = \frac{r_s}{\overline{r_s}} \geq 0.6 \tag{2.9}$$

$$\overline{r_s} = \frac{\Sigma r_s}{N} \tag{2.10}$$

ここで，N：当該建物の地上部分の層数である。なお，保有水平耐力計算においては，剛性率が 0.6 を下回る場合，剛性率に応じた割増係数 F_s を考慮して必要保有水平耐力を算定する。

(a) 1階で崩壊した　　　　　(b) 崩壊を免れた　　　　　(c) 壁量の少ない1階店舗の
　　ピロティ形式の医院　　　　　ピロティ形式の集合住宅　　　柱が一部崩壊した集合住宅

図 3.10　剛性率の低い建物の被害例

(2) 偏心率の確認

図 3.11 に熊本地震にて被災した建物の例を示す。この建物はねじれ振動を起こしたと考えられており、開口部に隣接する隅柱に損傷が集中した。このように、道路に面した建物の場合、道路に面している構面に大きな開口部を設け、その他の構面には壁を設ける場合がある。この場合、各階において、柱や壁などの抵抗要素の剛性から求められる剛性の中心位置（剛心）と重量の中心位置（重心）が一致せず、**偏心距離** e が大きくなってしまう。地震時には、慣性力である地震力は当該階の重心位置に作用するが、骨組の変形応答は剛心の影響を受ける。したがって、偏心距離 e が大きい場合、地震時にねじれ振動を起こす危険性が高く、特定の部材に損傷が集中してしまう恐れがある。

偏心率 R_e は、次式のように各階の偏心距離 e と各階の**弾力半径** r_e の比で表される。そして、許容応力度等計算においては、偏心率は 0.15 以下であることを確かめなければならない。

$$R_e = \frac{e}{r_e} \leq 0.15 \tag{2.11}$$

なお、偏心率 R_e は、振動方向と直交する耐震要素の抵抗を考慮するため、それぞれ直交 2 方向について算定される。

$$R_{eX} = \frac{e_Y}{r_{eX}} \qquad R_{eY} = \frac{e_X}{r_{eY}} \tag{2.12}$$

$$r_{eX} = \sqrt{\frac{K_R}{\Sigma K_X}} \qquad r_{eY} = \sqrt{\frac{K_R}{\Sigma K_Y}} \tag{2.13}$$

$$K_R = \Sigma K_X \cdot \overline{Y}^2 + \Sigma K_Y \cdot \overline{X}^2 \tag{2.14}$$

ここで、K_X、K_Y：X、Y 方向の耐震要素（柱・耐力壁・筋かいなど）の水平剛性、K_R：剛心まわりのねじり剛性、X、Y：剛心を座標原点とした時の耐震要素の座標である。なお、保有水平耐力計算においては、偏心率が 0.15 を上回る場合、偏心率に応じた割増係数 F_e を考慮して必要保有水平耐力を算定する。

> **用語　偏心距離**
> 建物の重心（地震力が作用）と剛心（地震力に対する建物の抵抗力が作用）が離れた状態が偏心であり、重心と剛心の距離を偏心距離という。

> **用語　弾力半径**
> 建物の各階の剛心まわりのねじり剛性 K_R を水平 2 方向（X, Y）の剛性の総和 K_X, K_Y で除した値の平方根であり、建物のねじり剛性を長さ換算した値として捉えることができる。

(a) ねじれにより柱が損傷した 2 面道路に接する事務所ビル

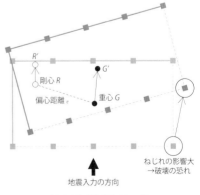

(b) ねじれが生じるメカニズム

図 3.11　偏心距離の大きな建物の被害例

3.2.6 保有水平耐力の確認

保有水平耐力の確認では，規定された材料強度を用いて求めた各階の保有水平耐力 Q_u が，次式により算定される必要保有水平耐力 Q_{un} 以上であることを確認することによって耐震安全性を確保する。

$$Q_{un} = D_s \cdot F_{es} \cdot Q_{ud} \tag{2.15}$$

ここで，D_s：各階の構造特性係数，F_{es}：各階の形状特性係数，Q_{ud}：標準せん断力係数 C_0 を 1.0 以上として求めた時の各階に生ずる地震層せん断力である。なお，保有水平耐力の算定手法や保有水平耐力計算の詳細については 5 章にて説明するので，ここでは必要保有水平耐力を算定する際にポイントとなる構造特性係数 D_s と形状特性係数 F_{es} について概説する。

(1) 形状係数 F_{es}

各階の形状特性を表すもので，前項にて説明した各階の剛性率および偏心率に応じて算出される係数である。形状係数 F_{es} は，剛性率によって求めた F_s 値と偏心率によって求めた F_e 値の積として次式により求めることができる。

$$F_{es} = F_s \cdot F_e \tag{2.16}$$

図 3.12 に剛性率 R_s と F_s 値の関係および偏心率 R_e と F_e 値の関係を示す。F_s 値も F_e 値も立面的あるいは平面的にアンバランスな剛性を有する建物に対して必要保有水平耐力を増大させる割増係数である。F_s 値の場合，剛性率 R_s が 0.6 以上であれば 1.0 となり，それを下回る場合には線形に増大して最大値 2.0 に至る。一方，F_e 値の場合，偏心率 R_e が 0.15 以下の場合は 1.0 となるが，それを上回る場合は線形に増大し，$R_e = 0.30$ の時に頭打ちとなる。この時の F_e 値は 1.5 であり，最大値となる。

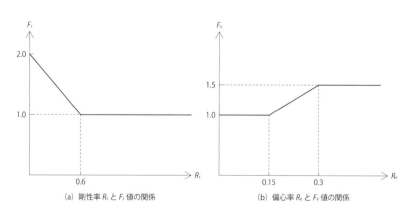

(a) 剛性率 R_s と F_s 値の関係   (b) 偏心率 R_e と F_e 値の関係

図 3.12 $R_s - F_s$ 関係および $R_e - F_e$ 関係

(2) 構造特性係数 D_s

構造特性係数 D_s は必要保有水平耐力を低減する係数であり，骨組の減衰性と塑性変形能力を考慮して次式により算定する。

$$D_s = D_h / \sqrt{2\mu - 1} \tag{2.17}$$

$$D_h = 1.5/(1 + 10h) \tag{2.18}$$

ここで，μ：骨組の各階の塑性率，D_h：建物の減衰性による低減係数，h：**減衰定数**である。なお，式 (2.18) では，基準減衰定数 5% に対して $D_h = 1.0$ となり，減衰定数が変化した場合の低減係数を算定する。

式 (2.17) からわかるように，構造特性係数 D_s は骨組の塑性変形能力が高いほど小さくなり，必要保有水平耐力を低減できることになる。この考え方は，比較的短周期の建物において適用性があるとされるエネルギー一定則によって説明される。これは，地震時の入力エネルギーが等しい場合，弾性系（強度抵抗型）と弾塑性系（靱性抵抗型）のエネルギー吸収能力が等しくなるように応答するという考え方である。すなわち，**図 3.13 (a)** に示す建物の理想化された弾性系および弾塑性系の荷重―変形関係を考えた場合，両者の荷重―変形曲線下の面積が等しくなると考え，塑性変形によってエネルギー吸収する弾塑性系では弾性系よりも耐力を低減できると考えている。この考え方に基づくと，塑性率 μ は次式により求められる。

$$\mu = \frac{\delta}{\delta_y} = \frac{1}{2}\left\{\left(\frac{Q_E}{Q_y}\right)^2 + 1\right\} \tag{2.19}$$

この関係に基づいて，**図 3.13 (b)** に塑性率と構造特性係数の関係を示す。RC 構造の場合，塑性率は 2～6 程度と考えられ，構造特性係数の値は 0.3～0.55 となる。したがって，保有水平耐力は 45～70% 程度まで低減されることになる。

> **用語 減衰定数（減衰比）**
> 地震動を受けると建物は振動するが，地震後には次第に振幅が小さくなり，最終的には静止する。このような振動は減衰振動と呼ばれ，振動をストップさせる減衰力が生じると考える。減衰力は減衰係数 c と建物の速度の積として表されるが，その影響は建物の質量とばね定数によって異なる。そこで，それらの影響を考慮した減衰定数 $h (= c/c_c$，c_c は臨界減衰係数) を求めることによって建物固有の減衰を評価する。なお，RC 造建物の場合，一般的に $h = 5\%$ 程度である。

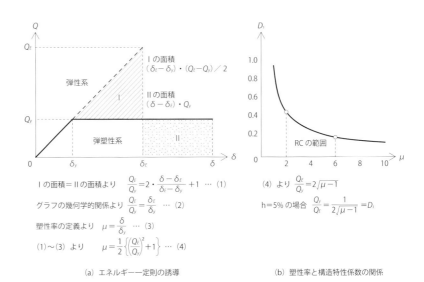

(a) エネルギー一定則の誘導　　(b) 塑性率と構造特性係数の関係

図 3.13　エネルギー一定則と構造特性係数 D_s

3.2.7　設計ルートと志賀マップ

図3.4に示した耐震設計フローに示されているとおり，RC造建物の構造設計では，安全性の確認方法の違いにより3つの設計ルートが示されている。このうち，ルート3は前述の保有水平耐力計算であり，詳細な計算を必要とする。一方，ルート1およびルート2は，壁の多い中低層建物が対象であり，機能上必要なだけの柱や壁の存在によって地震時の安全性が確保されている場合が多い。そのため，柱や壁といった鉛直部材の断面積に基づいて耐震強度を略算的に検討することが認められている。

ルート1は，壁量，柱量の確保により十分な耐力を持たせ，骨組の靱性には期待しない設計である。高さ20m以下の建物が対象となる。一方，ルート2は，高さ31m以下の建物が対象であり，層間変形角，剛性率および偏心率の規定を満足している必要がある。ルート2-1は，耐力壁が比較的多く，かつ，ある程度の靱性を有する建物が対象となる。一方，ルート2-2は，耐力壁とは認められないような有開口壁や袖壁付き柱が水平耐力を負担でき，かつ，靱性のある建物が対象となる。

ルート1やルート2のような略算的な検討が導入されている背景には，図3.14に示す志賀マップの存在がある。志賀マップは，1968年に発生した十勝沖地震におけるRC造建物の被害調査結果をまとめたものであり，縦軸が壁・柱のせん断応力度，横軸が壁率を示している。そして，プロットされたデータとその被害状況からA：危険，B：要注意，C：安全の3つのゾーンを設定している。これより，建物の壁量および柱量によって大地震に対する安全性の検討の可能性が見いだされたと言えるだろう。その後，宮城県沖地震によるRC造建物の被害も同様に整理され，設計ルート1および2が整備された。

● 3章　参考文献
1) 日本建築学会関東支部：耐震構造の設計 －学びやすい構造設計－，2012.10
2) 勅使川原正臣ほか：ひとりで学べるRC造建築物の構造計算演習帳【限界耐力計算編】，日本建築センター，2015.12
3) 国土交通省：構造計算書偽装問題に関する緊急調査委員会報告書，2006.4
4) 松崎伸一：（第4回）応答スペクトル，シリーズ「新・強震動地震学基礎講座」，日本地震学会ニュースレター，pp.21-23，2017.5
5) 志賀敏男：「鉄筋コンクリート造建物の壁率と震害」のマップについて，日本建築学会東北支部研究発表会，pp.117-120，1978.11

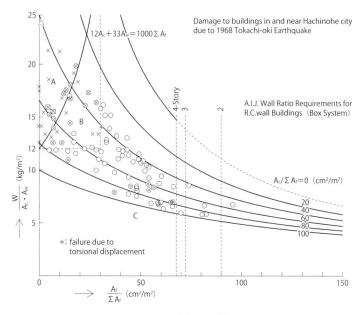

図3.14　志賀マップ[5]

鉄筋コンクリート梁および柱の抵抗機構と断面算定

鉄筋コンクリート（RC）造建物を構成するもっとも基本的な部材は，梁と柱である。RC梁は床を支持し，大地震時にはエネルギー吸収能力を発揮する役割を担う。RC柱は建物重量を支持する役割を担い，大地震後にもその性能を保持している必要がある。そのため，いずれも曲げモーメントによる曲げ破壊が望ましく，脆性的なせん断破壊は避けなければならない。本章では，RC梁とRC柱の抵抗機構について理解し，耐震設計の基本的な考え方と結びつけながら断面算定の基本的な考え方を理解してほしい。

4.1 曲げに対する梁の断面算定 ―― 安全に壊れる梁を設計するためには

4.1.1 RC梁の役割

図4.1に示すように，長期荷重時において，梁は床を支え，床荷重を柱に伝達する役割を担う。また，短期荷重時には，水平力に抵抗する柱や壁などの鉛直部材から伝達される力（主に曲げモーメント）に対して抵抗する。現行の耐震設計では，大地震時に柱から梁に伝達される曲げモーメントによって，梁端部の主筋が降伏（曲げ降伏）するように計画する。これにより，梁主筋の優れた変形性能が発揮され，高いエネルギー吸収能力が期待でき，骨組全体として靱性に富んだ破壊形式（**全体崩壊形**）が実現される。

梁に作用する力は，主として曲げモーメントである。そのため，梁では曲げに対する断面算定（以下，曲げ設計）が重要である。前述したように，短期荷重時には，梁端部の断面において主筋が降伏するように計画する。そのため，コンクリートを先に破壊させないように配慮する必要がある。また，曲げモーメントと同時にせん断力も作用することから，せん断力に対する設計（以下，せん断設計）も必要不可欠であり，梁をせん断破壊させずに，安全に曲げ降伏させるような設計が要求される。

用語 全体崩壊形

各層の梁端部が満遍なく降伏することにより，主筋の優れた靱性を発揮させ，地震時の入力エネルギーを吸収することを想定した建物の崩壊形である。建物全体にバランス良く損傷が分布し，建物が崩壊を免れるため，耐震設計において望ましい崩壊形であると考えられる。

● 曲げモーメントとせん断力の関係

下図に示すような単純梁を考える。せん断力図（Q図）と曲げモーメント図（M図）を比較すると，Q図はM図の傾きに対応していることがわかる。つまり，MとQの間には，以下の関係が成立している。

$$\frac{\mathrm{d}M}{\mathrm{d}x} = Q$$

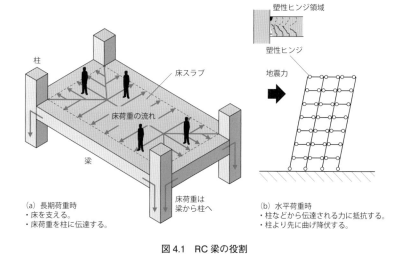

図4.1 RC梁の役割

(a) 長期荷重時
・床を支える。
・床荷重を柱に伝達する。

(b) 水平荷重時
・柱などから伝達される力に抵抗する。
・柱より先に曲げ降伏する。

探究 大地震で梁が被害を受けるとどうなるのか考えてみよう。

例1. 兵庫県南部地震で全体崩壊形を形成した集合住宅
崩壊は免れたものの，被災後の復旧費用が問題となった。

例2. 東北地方太平洋沖地震で梁がせん断破壊した市役所
梁の損傷により，床を支えられなくなった。

4.1.2 曲げモーメントが支配的な RC 梁の抵抗機構

比較的大きなスパンを有する RC 造梁の中央に 1 点集中載荷を実施すると，**図 4.2 (a)** に示すような荷重 P —中央たわみ δ 関係が得られる。この時，梁に生じるひび割れ状態は**図 4.2 (b)** のようである。ここで，漸増する荷重 P によって梁断面に生じる曲げモーメント M ならびにせん断力 Q に対して，コンクリートと鉄筋がどのように抵抗するか整理する。

荷重 P が載荷された当初（状態Ⅰ），コンクリートと鉄筋が一体となって M と Q に抵抗する。なお，この場合，M に対して梁上部が圧縮力，梁下部が引張力に抵抗する。荷重 P が増加し，梁下縁のコンクリートに生じる引張応力度が引張強度に到達して曲げひび割れが生じると（状態Ⅱ），コンクリートが引張力に対する抵抗を失うため，引張側主筋が断面内の引張力に対する主な抵抗要素となる。また，鉄筋とコンクリートの付着作用により，荷重 P が増加するにつれて，梁下端の曲げひび割れが分散して発生する。続けて荷重 P が増加すると，引張力に抵抗してきた主筋に生じる引張応力度が降伏点に達し，主筋が降伏する（状態Ⅲ）。これに伴って，梁のたわみが増大し，曲げひび割れ幅も大きくなる。また，圧縮側コンクリートに生じるひずみが増大し，作用する圧縮応力度も増大する。最終的に，圧縮縁に生じるコンクリートの圧縮応力度 σ_C がコンクリートの圧縮強度 σ_B に到達し，終局状態に至る（状態Ⅳ）。

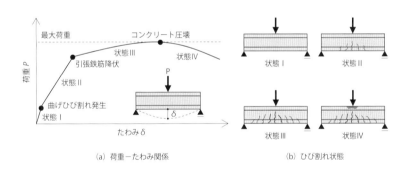

図 4.2 RC 梁の曲げ抵抗機構

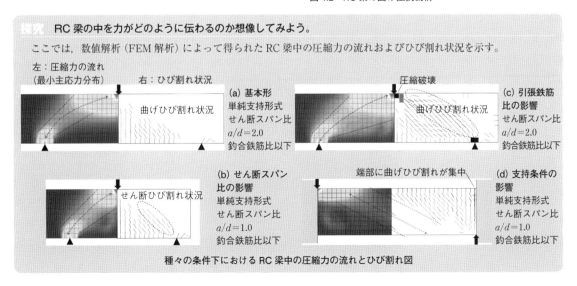

4.1.3 曲げに対する RC 梁の断面算定における基本仮定

　前節において，曲げモーメントが支配的な RC 梁の抵抗機構について述べたが，許容応力度設計の範囲では，状態Ⅱに到達する瞬間までの範囲が設計対象となる。この範囲における RC 梁はほぼ弾性状態にあるとみなすことが工学的に妥当であり，以下に示す仮定を設けることによって断面算定理論が導かれる。

仮定①：コンクリートは引張応力度を負担しない。

　　コンクリートの引張強度は低く，早期に曲げひび割れが発生する。また，曲げひび割れは断面内に進展するため，ひび割れ先端部のコンクリートに生じる引張応力度は，曲げモーメントに対してほとんど寄与しなくなる。

仮定②：コンクリートおよび鉄筋はフックの法則に従う。

　　許容応力度設計の範囲では，RC 梁がほぼ弾性状態にあるとみなすことから，構成材料であるコンクリートおよび鉄筋も弾性状態にあると考える。

仮定③：鉄筋を含めて常に平面保持の仮定が成立する。

　　この仮定により，梁断面内のひずみ度は直線分布で表すことが可能となり，その大きさは**中立軸**からの距離に比例する。この時，コンクリートと鉄筋は完全付着の状態を考え，相互にズレが生じないとする。また，仮定②と組み合わせることによって，断面内に生じる任意の位置に生じる応力度を容易に算出できるようになる。

仮定④：コンクリートに対する鉄筋のヤング係数比 n は表 4.1 に従う。

　　仮定③より，断面内に生じるひずみ度は直線分布となる。これにより，中立軸から等距離に存在するコンクリートと鉄筋には，同じ大きさのひずみ度が生じることになる。この時，ヤング係数の大きな鉄筋には，コンクリートの n 倍の応力度が作用すると考える。

表 4.1　コンクリートに対する鉄筋のヤング係数比

コンクリートの設計基準強度 F_c (N/mm²)	ヤング係数比 n
$F_c \leq 27$	15
$27 < F_c \leq 36$	13
$36 < F_c \leq 48$	11
$48 < F_c \leq 60$	9

> **探究**　**RC 梁において平面保持の仮定が成立する条件について考えてみよう。**
>
> 　平面保持の仮定は，断面の寸法に比べて部材長さが長く，変形が微小な場合に適用される。つまり，曲げの影響が支配的であり，弾性範囲であることが求められる。そのため，せん断やねじりの影響を受ける場合や変形が大きくなる場合には平面保持の仮定が成立しない。また，RC においては，コンクリートと鉄筋の付着が確保されない場合，鉄筋がコンクリート中を抜け出すため，平面保持仮定が成立しない。したがって，十分に付着が確保されているという条件も必要である。

用語　フックの法則

　物体に荷重を加えると変形し，荷重を取り除くと元に戻る性質を弾性と呼ぶ。この時，物体に生じる応力度 σ とひずみ度 ε は比例関係にあり，次式が成立する。このような関係が成立することをフックの法則とよぶ。

　　$\sigma = E \cdot \varepsilon$

ここで，E：ヤング係数である。

用語　平面保持の仮定

　部材の材軸に垂直な断面は，曲げ変形後も変形後の材軸に対して垂直な平面を保つという仮定のこと。

用語　中立軸

　曲げを受ける部材では，上下端部の一方が圧縮され，もう一方が引張られる。そして，部材内においては圧縮と引張が切り替わる境目の位置に伸び縮みしない層が存在する。この層のことを中立面とよび，任意断面に現れる中立面との交線を中立軸という。

用語　ヤング係数比

　ヤング係数比 n は，コンクリートのヤング係数 E_c に対する鉄筋のヤング係数 E_s の比として，次式により求められる。

　　$n = E_s / E_c$

4.1.4 曲げに対する RC 単筋梁の断面算定

RC 梁の曲げに対する断面算定を学習するうえで重要なことは、梁断面に作用する曲げモーメントとコンクリートおよび鉄筋に作用する応力度を対応づけることである。そして、コンクリートおよび鉄筋の許容応力度に基づいて、RC 梁の許容曲げモーメントを算出する方法を導くことである。

本項では、理解が容易な**単筋梁**を取り上げることとし、**図 4.3** に示すような単純支持され、2 点集中載荷を受ける状態を想定する。この状態おいて、曲げモーメントが一定となる領域から微小長さ Δx を有する微小要素を抽出し、その変形状態と断面に生じるひずみ度および応力度の分布を考える。

（1）曲げを受ける RC 単筋梁の断面に生じる応力度分布

図 4.4 (a) は、微小要素の変形状態を表している。断面に作用する曲げモーメント M に対して、梁上部が圧縮されて縮み、下部が引っ張られて伸びている。このような変形状態は、**図 4.4 (b)** に示すひずみ度分布と対応している。なお、ひずみ度分布は、前述の仮定③（平面保持の仮定）に基づき、直線分布として表している。この時、ひずみ度分布の傾きが**曲率** φ であり、断面内の任意の位置のひずみ度は中立軸からの距離 y に応じて容易に算出できる。ここで、コンクリートの圧縮縁のひずみ度を ε_c、鉄筋に生じるひずみ度を ε_t とする。続いて、前述の仮定②に基づき、フックの法則を利用して**図 4.4 (c)** に示す応力度分布を求めることができる。さらに、前述の仮定①に基づき、コンクリートが引張応力度を負担しない状態を表したのが**図 4.4 (d)** であり、この状態に基づいて RC 単筋梁の断面算定理論が導かれる。ここで、図中の x_n は**中立軸距離**であり、d は**有効せい**である。

> **用語 単筋梁**
> 引張側にだけ主筋が配筋され、圧縮側に鉄筋がない RC 梁のことである。圧縮に抵抗するコンクリートと引張に抵抗する主筋の役割が明確であり、RC 梁の曲げ挙動を説明するのに適している。

> **用語 曲率**
> 曲線において、局所的な曲がり具合を円に近似した時の円の半径を曲率半径と呼び、その逆数を曲率という。曲げ材においては、平面保持の仮定の下、曲率を用いて断面内に生じるひずみ分布を表すことができる。

> **用語 中立軸距離**
> RC 部材が曲げを受ける時、圧縮側の表面から中立軸までの距離である。

> **用語 有効せい**
> 曲げを受ける RC 部材において、圧縮縁から引張鉄筋の重心までの距離である。つまり、引張鉄筋の重心から引張縁までに存在するコンクリートは、引張応力度が作用することによってすぐにひび割れるため、構造計算上は有効ではないと考えて構造計算を行うということである。

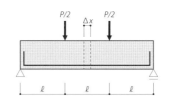
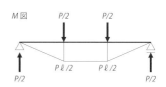

図 4.3 単純支持された 2 点集中載荷を受ける RC 単筋梁

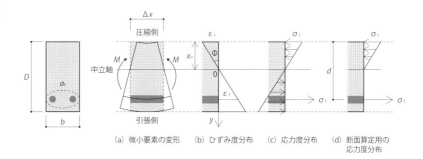

図 4.4 RC 単筋梁の微小要素の変形、ひずみ度分布、応力度分布

(2) 梁断面に作用する曲げモーメントと応力度分布の関係

図 4.5 に曲げを受ける RC 単筋梁断面に仮定される応力度分布と断面力の関係を示す。はじめに，引張応力度 σ_t が作用している主筋（引張鉄筋）に着目すると，引張鉄筋断面積 a_t を乗じることで主筋に作用する引張力 T が次式により求められる。

$$T = \sigma_t \cdot a_t \tag{1.1}$$

続いて，圧縮応力度が作用しているコンクリート部分に着目する。コンクリートに作用する圧縮応力度を積分すれば圧縮合力を評価することができるが，その計算は容易である。圧縮応力度は三角形分布であり，圧縮縁で σ_c となり，中立軸位置で 0 となる。これを梁幅方向も含めて三次元的に表現すると，その分布形状は三角柱となる（図 4.5 (c)）。なお，このような圧縮応力度の分布形状をコンクリートの**ストレスブロック**と呼ぶ。圧縮合力 C は，このようなストレスブロックの体積として，次式により求めることができる。

$$C = \sigma_c \cdot x_n \cdot b / 2 \tag{1.2}$$

圧縮合力 C と引張力 T の関係は，軸方向力の釣り合いより，$C = T$ となることが明らかである。つまり，C と T は偶力として断面内に存在しており，次式に示すように，両者の距離を表す**応力中心間距離** j を乗じることによって断面内に作用する曲げモーメント M と対応づけることができる。したがって，曲げモーメント M とコンクリートに生じる圧縮応力度 σ_c および主筋に生じる引張応力度 σ_t との関係は，次式により表される。

$$M = C \cdot j = T \cdot j \tag{1.3}$$

$$C \cdot j = \frac{\sigma_c \cdot x_n \cdot b}{2} \cdot j \tag{1.4}$$

$$T \cdot j = \sigma_t \cdot a_t \cdot j \tag{1.5}$$

なお，応力中心間距離 j は，コンクリートの圧縮合力 C が三角形分布の重心位置に作用することから，次式により求めることができる。

$$j = d - x_n / 3 \tag{1.6}$$

用語　ストレスブロック

曲げを受ける RC 部材の断面において，コンクリートに生じる圧縮応力度分布の形状のことである。弾性範囲においては三角柱の形状となるため，その体積を求めることによってコンクリートに作用する圧縮合力を求めることができる。一方，終局状態を考える場合には，コンクリートに非線形な圧縮応力度分布が生じる。そのため，それを等価な長方形に置き換える等価ストレスブロックが用いられる。

用語　応力中心間距離

曲げを受ける RC 部材断面に生じる圧縮応力度を積分した圧縮合力 C と鉄筋の引張合力 T の間の距離である。

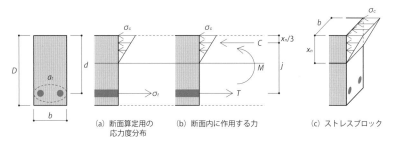

図 4.5　曲げを受ける RC 単筋梁の応力度分布と断面力の関係

(3) RC 単筋梁の許容曲げモーメント

式 (1.4) においてコンクリートの圧縮応力度 σ_c が許容圧縮応力度 f_c に到達した時,あるいは式 (1.5) において主筋の引張応力度 σ_t が許容引張応力度 f_t に達した時,RC 単筋梁断面に生じる曲げモーメントが許容曲げモーメントに等しい。先にコンクリートが許容圧縮応力度に達した時の許容曲げモーメント M_1 および先に主筋が許容引張応力度に達した時の許容曲げモーメント M_2 は次式により求められる。

$$M_1 = M_{Ac} = f_c \cdot x_n \cdot b \cdot j/2 = f_c \cdot x_n \cdot b \cdot (3d - x_n)/6 \tag{1.7}$$

$$M_2 = M_{As} = f_t \cdot a_t \cdot j = f_t \cdot a_t \cdot (3d - x_n)/3 \tag{1.8}$$

なお,上式において,中立軸距離 x_n は次式より求めることができる。

$$x_n = \frac{n \cdot a_t}{b}\left(\sqrt{1 + \frac{2 \cdot b \cdot d}{n \cdot a_t}} - 1\right) \tag{1.9}$$

ここで,n:ヤング係数比である。

さて,式 (1.7),式 (1.8) および式 (1.9) を用いることにより,図 4.6 (a) に示す許容曲げモーメント M_A と引張鉄筋断面積 a_t の関係を描くことができる。この時,$M_1 = M_2$ となる点を境として,前半が $M_1 > M_2$ であり,後半が $M_1 < M_2$ となることに注目してほしい。ここでは,a_t が少ない前半において先に主筋が許容引張応力度に到達し,a_t が多い後半では先にコンクリートが許容圧縮応力度に到達することが示されている。このように設計上の有意な情報を示す M_A — a_t 関係を改良し,設計図表として汎用性を高めるため,図 4.6 (b) のように縦軸および横軸を修正する。ここで,縦軸は $C = M / bd^2$ であり,単位は応力度と同じ [N/mm^2] である。また,横軸は**引張鉄筋比** $p_t = a_t / bd$ であり,単位を持たない**無次元化パラメータ**である。ここで,図中に示した**釣合鉄筋比** p_{tb} を境にして,前半(この範囲を**釣合鉄筋比以下**と呼ぶ)では先に主筋が許容引張応力度に到達する。現行設計の考え方では,過大な地震入力など,想定外の事象に対して主筋の優れた変形性能に期待するため,RC 梁断面は釣合鉄筋比以下の範囲で算定されることが望ましい。

用語 引張鉄筋比
曲げを受ける RC 部材において,引張側に配置される引張鉄筋の断面積の合計値を有効断面積で除した値である。梁の場合,有効断面積は梁幅 b ×有効せい d で求められるが,柱の場合は柱幅 b ×柱せい D の全断面積が有効であると考える。

用語 無次元化パラメータ
無次元化パラメータは単位を持たないため,物質の特性や種々の現象を客観的に記述したり,比較したりすることが可能である。特に,同じ種類の 2 つの量を比として取り扱うことが多い。

用語 釣合鉄筋比
曲げを受ける RC 部材において,圧縮側のコンクリートと引張側の主筋が同時に許容応力度に達する場合の引張鉄筋比のことである。

用語 釣合鉄筋比以下
曲げを受ける RC 部材の引張鉄筋比が釣合鉄筋比以下であることを意味し,主筋がコンクリートよりも先に許容応力度に達することになる。構造設計上,鉄筋の優れた塑性変形能力を発揮させ,部材および建物に靱性を期待するため,釣合鉄筋比以下とすることが望ましいと考えている。

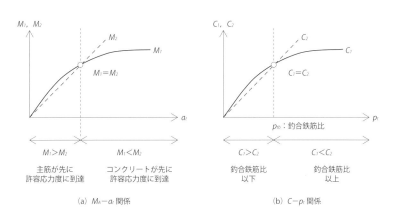

図 4.6　M_A — a_t 関係および C — p_t 関係

4.1.5 曲げに対する RC 複筋梁の断面算定

図 4.7 に示すように，**複筋梁**では圧縮側にも主筋が配筋されるため，圧縮側の合力 C はコンクリートの圧縮合力 C_c と主筋に作用する圧縮力 C_s の和として算定され，引張側主筋に作用する引張力 T と釣り合うことになる。なお，C_c，C_s および T は次式により求められる。

$$C_c = \sigma_c \cdot x_n \cdot b/2 = \varepsilon_c \cdot E_c \cdot x_n \cdot b/2 \tag{1.10}$$

$$C_s = \sigma_{sc} \cdot a_c = \varepsilon_{sc} \cdot E_s \cdot a_c \tag{1.11}$$

$$T = \sigma_t \cdot a_t = \varepsilon_t \cdot E_s \cdot a_t \tag{1.12}$$

また，断面に作用する曲げモーメント M は，次式により求めることができる。

$$M = C \cdot j = T \cdot j \tag{1.13}$$

$$C \cdot j = C_c(d - x_n/3) + C_s(d - d_c) \tag{1.14}$$

$$T \cdot j = \sigma_t \cdot a_t \cdot j \tag{1.15}$$

ここで，d_c：圧縮縁から圧縮鉄筋中心までの距離である。さらに，平面保持の仮定に基づき，圧縮鉄筋ひずみ ε_{sc} と引張鉄筋ひずみ ε_t は，次式により求めることができる。

$$\varepsilon_{sc} = (x_n - d_c) \cdot \varepsilon_c / x_n \tag{1.16}$$

$$\varepsilon_t = (d - x_n) \cdot \varepsilon_c / x_n \tag{1.17}$$

これらを式 (1.11) および式 (1.12) に代入し，軸方向力の釣り合いを考慮すると，中立軸比 x_{n1} に関する次式が導かれる。

$$x_{n1} = \frac{x_n}{d} = n \cdot p_t \left\{ \sqrt{(1+\gamma)^2 + \frac{2 \cdot (1 + \gamma \cdot d_{c1})}{n \cdot p_t}} - (1+\gamma) \right\} \tag{1.18}$$

ここで，n：ヤング係数比，p_t：引張鉄筋比（$= a_t/(b \cdot d)$），γ：**複筋比**（$= a_c/a_t$），$d_{c1} = d_c/d$ である。

以上の式を組み合わせることにより，複筋梁の許容曲げモーメントを算出することができる。複筋梁の場合，許容曲げモーメントの算定においては，M_1：コンクリートが許容圧縮応力度に達する場合，M_2：引張鉄筋が許容引張応力度に達する場合，M_3：圧縮鉄筋が許容圧縮応力度に達する場合の 3 つが想定される。しかし，通常の梁断面であれば，M_3 が先行する場合は考えにくい。したがって，単筋梁の場合と同様に，コンクリートと引張鉄筋についてそれぞれ M_1，M_2 を求め，それらの最小値を許容曲げモーメントとすればよい。

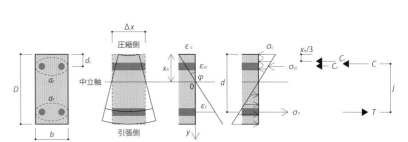

(a) 微小要素の変形　(b) ひずみ度分布　(c) 断面算定用の応力度分布と断面力

図 4.7　RC 複筋梁の微小要素の変形，ひずみ度分布，応力度分布

用語　複筋梁

RC 梁において，圧縮側と引張側の両方に主筋を配筋した梁のことである。RC 規準では，主要な梁は全スパンに渡って複筋梁とすることが規定されている。

用語　複筋比

RC 梁において，圧縮鉄筋断面積を引張鉄筋断面積で除した値である。

● RC 単筋梁の中立軸距離の式（1.9）の誘導

平面保持の仮定より　　$\varepsilon_t/\varepsilon_c = (d-x_n)/x_n$ 　　　　　　　　　　　　　(1)

フックの法則より　　$\sigma_c = E_c \cdot \varepsilon_c$ 　　　　　　　　　　　　　　　　　(2)

　　　　　　　　　　$\sigma_s = E_s \cdot \varepsilon_t$ 　　　　　　　　　　　　　　　　　(3)

式(1)〜(3)より　　$\sigma_t/\sigma_c = E_s \cdot \varepsilon_t / E_c \cdot \varepsilon_c = (E_s/E_c)(d-x_n)/x_n$

　　　　　　　　　$= n(d-x_n)/x_n$ 　　　　　　　　　　　　　　　(4)

C＝Tより　　　　　$\sigma_c \cdot x_n \cdot b/2 = \sigma_t \cdot a_t$

　　　　　　　　　$\sigma_t/\sigma_c = (x_n \cdot b/2) \cdot a_t$ 　　　　　　　　　　　　(5)

式(4)，(5)より　　$n(d-x_n)/x_n = (x_n \cdot b/2) \cdot a_t$

　　　　　　　　　$b \cdot x_n^2 + 2 \cdot n \cdot a_t \cdot x_n - 2 \cdot n \cdot d \cdot a_t = 0$ 　　　　(6)

式(6)より　　　　$x_n = \dfrac{-n \cdot a_t + \sqrt{(-n \cdot a_t)^2 - 2b(-n \cdot d \cdot a_t)}}{b}$

　　　　　　　　　　$= \dfrac{n \cdot a_t}{b}\left(\sqrt{1 + \dfrac{2 \cdot b \cdot d}{n \cdot a_t}} - 1\right)$

● RC 複筋梁の中立軸比の式（1.18）の誘導

コンクリートおよび主筋に作用する力 C_c, C_s, T を整理すると，

$$C_c = \sigma_c \cdot x_n \cdot b/2 = \varepsilon_c \cdot E_c \cdot x_n \cdot b/2 \tag{1}$$

$$C_s = \sigma_{sc} \cdot a_c = \varepsilon_{sc} \cdot E_s \cdot a_c = \{\varepsilon_c \cdot (x_n - d_c)/x_n\} \cdot E_s \cdot a_c$$
$$= n \cdot \sigma_c \cdot a_c \cdot (x_n - d_c)/x_n \tag{2}$$

ここで　　$\sigma_{sc} = n \cdot \sigma_c \cdot (x_n - d_c)/x_n = n \cdot \sigma_c \cdot (x_{n1} - d_{c1})/x_{n1}$ 　　(3)

$$T = \sigma_t \cdot a_t = \varepsilon_t \cdot E_s \cdot a_t = \{\varepsilon_c \cdot (d - x_n)/x_n\}E_s \cdot a_t$$
$$= n \cdot \sigma_c \cdot a_t \cdot (d - x_n)/x_n \tag{4}$$

ここで　　$\sigma_t = n \cdot \sigma_c \cdot (d - x_n)/x_n = n \cdot \sigma_c \cdot (1 - x_{n1})/x_{n1}$ 　　　(5)

軸方向力の釣り合いより

$$C_c + C_s - T = 0 \tag{6}$$

式(6)に式(1)，(2)，(4)を代入し

$$\sigma_c \cdot x_n \cdot b/2 + n \cdot \sigma_c \cdot a_c \cdot (x_n - d_c)/x_n - n \cdot \sigma_c \cdot a_t \cdot (d - x_n)/x_n = 0$$
$$x_n^2 \cdot b + 2n(a_c + a_t)x_n - 2n(a_c \cdot d_c + a_t \cdot d) = 0$$
$$x_{n1}^2 + 2 \cdot n \cdot p_t(\gamma + 1)x_{n1} - 2n \cdot p_t(\gamma \cdot d_{c1} + 1) = 0 \tag{7}$$

式(7)より　　$x_{n1} = n \cdot p_t\left\{\sqrt{(1+\gamma)^2 + \dfrac{2 \cdot (1+\gamma \cdot d_{c1})}{n \cdot p_t}} - (1+\gamma)\right\}$

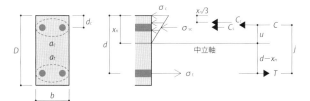

RC 複筋梁の応力度分布と断面力

4.1.6 曲げに対するRC梁の断面算定手順

図4.8に設計図表の一例を示す。このような$C-p_t$関係を用いる場合，以下の手順に従って引張鉄筋断面積a_t (mm²)および必要鉄筋本数n（本）を求めることができる。

手順1　縦軸のCの値を算出する。→ $C = M / bd^2$

手順2　$C-p_t$関係との交点を求める。釣合鉄筋比以上になる場合には，適切な複筋比γを定めればよい。

手順3　$C-p_t$関係との交点に基づいて，横軸からp_tの値を読み取る。

手順4　引張鉄筋断面積a_t (mm²)を求める。→ $a_t = p_t \cdot b \cdot d$

手順5　鉄筋径に応じた主筋1本あたりの断面積aを確認し，使用する鉄筋の径と鉄筋の本数nを決定する。→ $n = a_t / a$ ※小数点以下切り上げ

なお，引張鉄筋比以下であることが経験的に明らかな場合や引張鉄筋比以下とする設計方針の場合には，M_2の算出式から理論的に引張鉄筋断面積a_tを求めることができる。

$$a_t = M / f_t \cdot j \tag{1.19}$$

また，上式中の応力中心間距離jは，略算的に次式から求めてよい。

$$j = \frac{7}{8} d \tag{1.20}$$

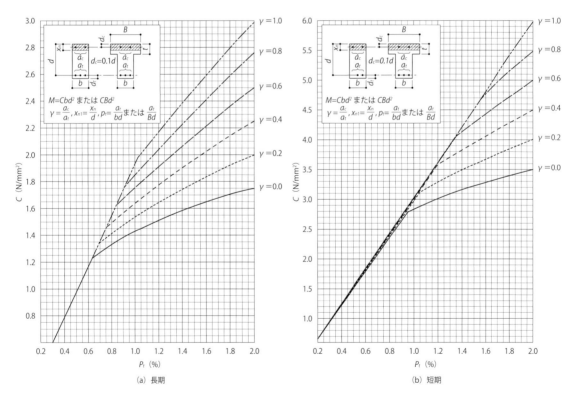

(a) 長期　　　(b) 短期

図4.8　RC梁の設計図表（F_c = 24 N/mm², SD345, n = 15）

● RC 複筋梁の許容曲げモーメントの式の誘導

応力中心間距離 j を中立軸から圧縮合力 C までの距離 u を用いて表すと

$$j = u + (d - x_n) \tag{1}$$

$$u = \frac{C_c \cdot \frac{2}{3} x_n + C_{cs} \cdot (x_n - d)}{C_c + C_s} = \frac{\frac{\sigma_c \cdot x_n \cdot b}{2} \cdot \frac{2}{3} x_n + \sigma_{sc} \cdot a_c \cdot (x_n - d)}{\frac{\sigma_c \cdot x_n \cdot b}{2} + \sigma_{sc} \cdot a_c} \tag{2}$$

式 (2) に σ_{sc} を代入して $x_n = x_{n1} \cdot d$, $a_c = \gamma \cdot p_t \cdot b \cdot d$ とすれば

$$\sigma_{sc} = n \cdot \sigma_c \cdot (x_{n1} - d_{c1}) / x_{n1}$$

$$j = \frac{(1 + \frac{1}{3} x_{n1}) x_{n1}^2 + 2 \cdot n \cdot \gamma \cdot p_t (x_{n1} + d_{c1})(1 - d_{c1})}{x_{n1}^2 + 2 \cdot n \cdot \gamma \cdot p_t (x_{n1} + d_{c1})} \tag{3}$$

ここで，x_{n1}^2 を代入して整理すると

$$x_{n1}^2 = 2n \cdot p_t (\gamma \cdot d_{c1} + 1) - 2n \cdot p_t (\gamma + 1) x_{n1}$$

$$j = \frac{(1 - x_{n1})(3 - x_{n1}) + \gamma(x_{n1} - d_{c1})(x_{n1} 3 - d_{c1})}{x_{n1}^2 + 2 \cdot n \cdot \gamma \cdot p_t (x_{n1} + d_{c1})} \tag{4}$$

コンクリートに作用する圧縮応力度が許容圧縮応力度 f_c に到達する場合 (M_1)

$$C = \frac{f_c \cdot x_n \cdot b}{2} + \frac{n \cdot f_c \cdot a_c \cdot (x_n - d_c)}{x_n} = \frac{f_c}{2 x_n} \cdot (x_{n1}^2 + 2 \cdot n \cdot \gamma \cdot p_t (x_{n1} - d_{c1})) \cdot b \cdot d^2$$

$$M_1 = C \cdot j = C_1 \cdot b \cdot d^2$$

$$C_1 = \frac{f_c}{2 x_n} \cdot \{(1 - \frac{1}{3} x_{n1}) x_{n1}^2 + 2 \cdot n \cdot \gamma \cdot p_t (x_{n1} - d_{c1})(1 - d_{c1})\}$$

引張鉄筋に作用する引張応力度が許容引張応力度 f_t に到達する場合 (M_2)

$$T = f_t \cdot a_t = f_t \cdot p_t \cdot b \cdot d$$

$$M_2 = T \cdot j = C_2 \cdot b \cdot d^2$$

$$C_2 = \frac{f_t \cdot p_t}{3(1 - x_{n1})} \cdot \{(1 - x_{n1})(3 - x_{n1}) + \gamma(x_{n1} - d_{c1})(x_{n1} 3 - d_{c1})\}$$

探究 **自分で RC 梁の設計図表を描いてみよう。**

RC 梁の設計図表は，表計算ソフトを利用すれば自分で描くことができる。利用する式は以下の 3 つである。

式①：中立軸比 x_{n1}

$$x_{n1} = n \cdot p_t \left\{ \sqrt{(1 + \gamma)^2 + \frac{2 \cdot (1 + \gamma \cdot d_{c1})}{n \cdot p_t}} - (1 + \gamma) \right\}$$

式②：コンクリートが先に許容圧縮応力度に達する場合の C_1

$$C_1 = \frac{f_c}{2 x_n} \cdot \left\{ (1 - \frac{1}{3} x_{n1}) x_{n1}^2 + 2 \cdot n \cdot \gamma \cdot p_t (x_{n1} - d_{c1})(1 - d_{c1}) \right\}$$

式③：引張鉄筋が先に許容引張応力度に達する場合の C_2

$$C_2 = \frac{f_t \cdot p_t}{3(1 - x_{n1})} \cdot \{(1 - x_{n1})(3 - x_{n1}) + \gamma(x_{n1} - d_{c1})(x_{n1} 3 - d_{c1})\}$$

また，上記の 3 つの式に用いるパラメータは以下のとおりである。

(1) 与条件として与えるパラメータ

・コンクリートの許容圧縮応力度（長期，短期）f_c (N/mm²)　・鉄筋の許容引張応力度（長期，短期）f_t (N/mm²)

・ヤング係数比 n　・有効せい d　・圧縮縁から圧縮鉄筋中心までの距離 d_{c1}

(2) 変動させるパラメータ

・引張鉄筋比 p_t（0 〜 0.02 まで 0.0005 刻み）・複筋比 γ（0 〜 1.0 まで 0.2 刻み）

作成手順は以下のとおりである。

手順 1：p_t および γ に応じて，x_{n1} を算定した表を作成する。

手順 2：p_t および γ に応じて，C_1 を算定した表を作成する。

手順 3：p_t および γ に応じて，C_2 を算定した表を作成する。

手順 4：C_1 と C_2 のうち小さい方の値を採用した表を作成し，グラフを描く。

4.1　曲げに対する梁の断面算定——安全に壊れる梁を設計するためには　　079

4.1.7 構造規定

曲げに対する RC 梁の断面算定においては，以下に示す**構造規定**が設けられている。詳細は，RC 規準 13 条を参照すること。

① 最小主筋量

『長期荷重時に正負最大曲げモーメントを受ける部分の引張鉄筋断面積は，$0.004bd$ または**存在応力**によって必要とされる量の 4/3 倍のうち，小さい方の値以上とする。』

→ 引張側断面のコンクリートにひび割れが生じると梁の剛性が低下する。この剛性低下が長期荷重時に急激に生じることを避けるために，最小主筋量を規定している。

② 複筋梁

『主要な梁は，全スパンにわたり複筋梁とする。ただし，軽量コンクリートを用いた梁の圧縮鉄筋断面積は，所要引張鉄筋断面積の 0.4 倍以上とする。』

→ 長期荷重時のクリープ変形の抑制や地震時における靭性の確保に効果的である。なお，あばら筋を配筋するため，主筋は必ず四隅に配置する。

③ 主筋径

『主筋は，異形鉄筋 D13 以上とする。』

→ コンクリートとの付着を確保するため，異形鉄筋を採用する。また，鉄筋自体の剛性が低いと施工時に変形が生じる等の問題が起こるため，主筋の最小径を規定している。

④ 主筋のあき

『主筋のあきは，25mm 以上，かつ，異形鉄筋の径（呼び名の数値 mm）の 1.5 倍以上とする。』

→ コンクリート打設時に，コンクリートの通過スペースを確保し，あばら筋端部の加工スペースを確保する。また，鉄筋の付着力を確保する役割もある。

⑤ 主筋の配置

『主筋の配置は，特別の場合を除き，2 段以下とする。』

→ 梁の有効せいは引張鉄筋の重心位置によって決定される。しかし，2 段を越える場合は最上段と最下段で鉄筋に生じる応力度の差異が大きくなるため，設計が複雑になる。

用語 構造規定
構造計算に当たって法令上遵守すべき規定のことである。

用語 存在応力
設計用荷重によって，各部材に発生する応力のことである。

● **主筋のあき**
鉄筋を平行に配置する場合，コンクリートがその間を通過して，密実に充填される必要がある。そのため，主筋相互の隙間のことを主筋のあきと呼び，その値を規定している。主筋のあきが小さい場合，粗骨材が通過できず，コンクリートの充填不良が生じる恐れがある。

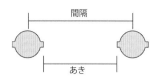

主筋の間隔とあき

● **2 段配筋の場合の有効せいの求め方**

右図に示す下端が引張を受ける RC 梁の有効せい d を求める。なお，主筋は 1 段目が D22（1 本あたりの断面積：387.1 mm²），2 段目が D19（1 本あたりの断面積：286.5 mm²）とする。

ここでは，引張鉄筋の重心位置を求めればよいので，圧縮縁を基準として引張鉄筋までの距離を求め，鉄筋断面積を乗じ，それらを総和する。そして，最後にそれを鉄筋断面積の合計で除すことにより有効せい d が得られる。

$d = (3 \times 630 \times 387.1 + 2 \times 550 \times 286.5)/(3 \times 387.1 + 2 \times 286.5) = 603$ mm

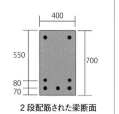

2 段配筋された梁断面

4.1.8 RC梁の曲げ設計例

図4.9に示す設計用曲げモーメント，断面形状および使用材料が与えられる時，A端の断面を設計せよ。なお，与条件は以下に示すとおりとする。

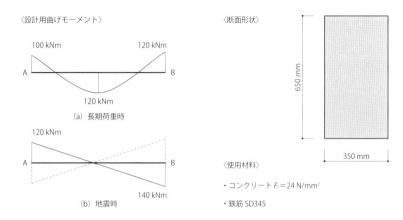

図4.9 設計用曲げモーメント，断面形状，使用材料

① 設計用曲げモーメントの確認

図4.10に短期荷重時の設計用曲げモーメントを示す。これより，A端の設計用曲げモーメントは以下のとおりである。基本的に梁上端が引張側となるが，短期においては地震時に発生する曲げモーメントの影響により，下端筋にも曲げモーメントが生じる。

- 長期：$M_L = 100$ kNm（上端）
- 短期：$M_S = 220$ kNm（上端），$M_S = 20$ kNm（下端）

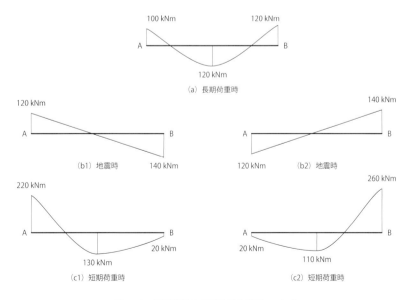

図4.10 短期荷重時の設計用曲げモーメント

② 上端筋の配筋

図4.8に示した設計図表を利用して設計を進めることにする。なお，計算上，梁の有効せいは $d = 0.9D = 585$ mm と仮定する。

【C の計算および p_t の読み取り】

長期　　$C = \dfrac{M}{bd^2} = \dfrac{100 \times 10^6}{350 \times 585^2} = 0.835$ N/mm^2　　→ $p_t = 0.43\%$

短期　　$C = \dfrac{M}{bd^2} = \dfrac{220 \times 10^6}{350 \times 585^2} = 1.837$ N/mm^2　　→ $p_t = 0.61\%$

【引張鉄筋断面積 a_t の計算】

長期　　$a_t = p_t \cdot b \cdot d = 0.0043 \times 350 \times 585 = 881$ mm^2

短期　　$a_t = p_t \cdot b \cdot d = 0.0061 \times 350 \times 585 = 1249$ mm^2

構造規定より　　$a_t = 0.004 \cdot b \cdot d = 0.004 \times 350 \times 585 = 819$ mm^2

以上より，上端筋は短期で決まる。使用する鉄筋径をD22（1本の断面積387 mm^2）とすれば，配筋は4-D22（$a_t = 1548$ mm^2）となる。

③ 下端筋の配筋

念のため，短期において梁下端に生じる曲げモーメントに対して検討する。

短期　　$C = \dfrac{M}{bd^2} = \dfrac{20 \times 10^6}{350 \times 585^2} = 0.167$ N/mm^2　　→ p_t：読み取り不能

C の値が小さいため，p_t を読み取ることができない。したがって，p_t が0.2%未満であることは明らかであり，a_t は410 mm^2 より小さくなる。ここで，主筋を4隅に配置することを想定し，下端筋としてD22を2本配筋すれば $a_t = 774$ mm^2 となり，必要な引張鉄筋断面積を満足する。また，上端が引張側となる場合，複筋比 γ=0.5 となるが，釣合鉄筋比以下になることも確認できる。以上より，下端筋の配筋は，2-D22（$a_c = 774$ mm^2）となる。

④ 配筋図

図4.11に主筋の配筋例を示す。

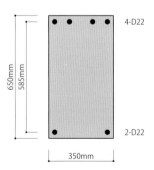

図4.11　配筋図（主筋のみ）

【別解】

今回の例題では，上端，下端ともに釣合鉄筋比以下となることが明らかである。そこで，式 (1.19) に示した略算式を用いて，計算によって引張鉄筋断面積 a_t を求める。

① 設計用曲げモーメントの確認
- 長期：$M_L = 100$ kNm（上端）
- 短期：$M_S = 220$ kNm（上端），$M_S = 20$ kNm（下端）

② 主筋の許容応力度の確認
- 長期：$f_t = 215$ N/mm^2
- 短期：$f_t = 345$ N/mm^2

③ 応力中心間距離の略算

$$d = 0.9D = 585 \text{ mm}$$

$$j = \frac{7}{8}d = \frac{7}{8} \times 585 = 512 \text{ mm}$$

④ 上端筋および下端筋の配筋

長期　$a_t = \dfrac{M}{f_t \cdot j} = \dfrac{100 \times 10^6}{215 \times 512} = 908$ mm^2

短期　$a_t = \dfrac{M}{f_t \cdot j} = \dfrac{200 \times 10^6}{345 \times 512} = 1132$ mm^2（上端）

　　　$a_t = \dfrac{M}{f_t \cdot j} = \dfrac{20 \times 10^6}{345 \times 512} = 113$ mm^2（下端）

計算によって求めた引張鉄筋断面積 a_t が計算例の結果とほぼ同様の値となっていることを確認してほしい。したがって，得られる配筋図は，図 4.11 と同じである。

探究　なぜ応力中心間距離の略算が成立するのか考えてみよう。

釣合鉄筋比以下の場合，次式が成立する。

$$j = C_2 \cdot b \cdot d^2 / T = \frac{d}{3(1-x_{n1})} \cdot \{(1-x_{n1})(3-x_{n1}) + \gamma(x_m - d_{c1})(x_{n1} - d_{c1})(x_{n1}3 - d_{c1})\}$$

ここで，上式に基づいて $j/d - p_t$ 関係を作成すると下図が得られる。図中には略算に用いる 7/8 のラインも示すが，釣合鉄筋比以下の範囲における下限値に該当することがわかる。応力中心間距離が大きいほど梁の許容曲げモーメントを大きく評価することを考えれば，略算式は工学的に安全側の判断となっていることがわかる。

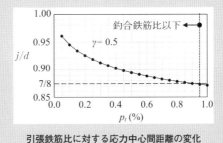

引張鉄筋比に対する応力中心間距離の変化

4.1.9 T型梁における床スラブの寄与

実際のRC造建物では，梁はスラブと一体化している．一般に，このような状態の梁は，その断面形状に基づいてT型梁（端部の場合はL型梁）と呼ばれる．T型梁では，スラブの影響により断面二次モーメントが増大するため，梁の剛性が高くなる．そこで，このようなスラブの効果を梁の剛性に反映させるため，スラブの協力幅 b_a および有効幅 B が算定される．図4.12にスラブの協力幅と有効幅の関係を示す．有効幅 B は梁幅 b とスラブの協力幅 b_a の和として求められ，b_a は次式によって求められる．

用語　ラーメン

ラーメンとは，ドイツ語でRahmenと表記され，枠や骨組の意味である．ラーメン構造とは，柱と梁を剛接合して一体化させたものである．

【ラーメン材および連続梁の場合】

$\dfrac{a}{\ell} < 0.5$ の場合　　$b_a = \left(0.5 - 0.6\dfrac{a}{\ell}\right) \cdot a$ 　　　　　(1.21)

$\dfrac{a}{\ell} \geq 0.5$ の場合　　$b_a = 0.1 \cdot \ell$ 　　　　　(1.22)

【単純梁の場合】

$\dfrac{a}{\ell} < 1.0$ の場合　　$b_a = \left(0.5 - 0.3\dfrac{a}{\ell}\right) \cdot a$ 　　　　　(1.23)

$\dfrac{a}{\ell} \geq 1.0$ の場合　　$b_a = 0.2 \cdot \ell$ 　　　　　(1.24)

ここで，ℓ：スパン長さ（m），a：材の側面から隣の材の側面までの距離（m）である．

T型梁の曲げに対する断面算定では，スラブが引張側になるか圧縮側になるかで考え方が変わる点に注意が必要である．スラブが引張側になる場合，スラブの効果を安全に対する余裕とみなし，スラブを無視した長方形梁として設計する．一方，スラブが圧縮側になる場合はスラブの有効幅を考慮した検討が必要となる．また，T型梁の場合，圧縮力に対してスラブも抵抗することから，長方形梁に比べてコンクリートに作用する圧縮応力度は小さくなる．したがって，釣合鉄筋比以下となる場合が多く，断面算定に際しては，式(1.19)に示した略算式を用いることが可能である．

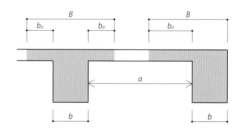

図4.12　T型梁の有効幅 B と協力幅 b_a

探究　T型梁における床スラブの寄与についてさらに考えてみよう。

　RC造建物の設計において，床スラブが構造性能に寄与する項目として，スラブの有効幅による梁の剛性の向上とその範囲にあるスラブ筋の抵抗による曲げ耐力の向上が考えられる。また，剛床仮定が成立するという点も床スラブが寄与する項目として考えてよいだろう。しかし，床スラブがもっとも構造性能に寄与するのは，RC造建物が終局状態に至る過程でその抵抗力を発揮することであることがわかってきた。

　例えば，解体予定の学校校舎を用いた実大実験[1]を対象として検討事例を紹介する（下図参照）。従来から一般的に用いられる手法によって事前に静的フレーム解析を実施した結果，実験結果の最大耐力を大きく下回る結果となった。そこで，実験後の損傷状況を確認したところ，床スラブに多数のひび割れが確認されたことから，梁の曲げ耐力の算定においてスラブを全幅有効とし，その範囲のスラブ筋をすべて計算に含めて再度解析的評価を試みている。その結果，解析結果は実験結果を良好に再現した。さらに，このような現象を詳細に確認するため，3次元FEM解析を実施したところ，スラブ全幅に渡ってスラブ筋に高い軸応力が発生することを確認している[2]。したがって，実際のRC造建物の耐力は，床スラブの抵抗が加味されることにより，設計で想定している保有水平耐力よりも大きくなる可能性が考えられる。

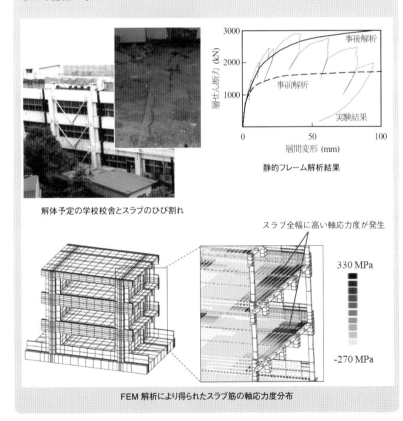

解体予定の学校校舎とスラブのひび割れ

静的フレーム解析結果

FEM解析により得られたスラブ筋の軸応力度分布

4.2 軸方向力と曲げに対する柱の断面算定
――安全に壊れる柱を設計するためには

4.2.1 RC柱の役割

図4.13に示すように，RC柱は，建物に作用する固定荷重や積載荷重を支持し，基礎を介してそれを地盤に伝達する役割を担う。当然ながら，下層階の柱ほど大きな軸方向力が作用することになり，最下階の柱は建物の全重量を支持することになる。また，水平荷重時においては，長期荷重時の軸方向力に加え，水平力によって柱に曲げモーメントとせん断力が生じることになる。さらに，柱には，変動軸力と呼ばれる付加軸力が作用する。特に，高層建物においては**変動軸力**の影響は大きく，過大な引張軸力による杭基礎の損傷や過大な圧縮軸力による1階柱脚の圧縮破壊など注意が必要である。

建物重量を支持するRC柱においては，**軸力支持能力の喪失**が建物自体の崩壊に結びつく。柱が軸支持能力を喪失する原因は，主として柱のせん断破壊であるため，せん断破壊が生じないように帯筋を密に配筋することが求められる。同時に，曲げ降伏が先行するようにRC柱を設計し，安全にRC柱を破壊させ，建物の崩壊を防ぐ配慮が必要である。

用語 変動軸力
地震荷重を受けるRC造建物では，水平力の変動に伴って曲げモーメント分布が変化し，柱に作用する軸力の変動が生じる。この軸力の変動は柱に接続する梁のせん断力の影響を受けるため，特に中高層建物の外柱において著しく，引張軸力が生じる場合もある。

用語 軸力支持能力の喪失
柱が軸力を支持する能力のことであり，大地震後の建物の崩壊を防ぐためには，柱が軸力を支持する能力を保持している必要がある。

耐震診断では，第2種構造要素の判断に軸力を支持する能力が関係する。第2種構造要素を判断する際には，水平力によって当該柱が破壊する場合に，それまで支持していた鉛直力を代わって支持可能な柱が隣接しているか確認する。

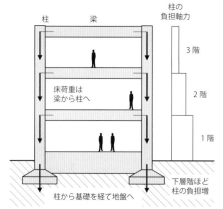

(a) 長期荷重時
・鉛直荷重を支持する。
・梁から伝わる床荷重を基礎に伝達する。

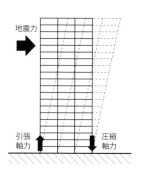

(b) 水平荷重時
・水平力に抵抗する。
・変動軸力に抵抗する。

図4.13 RC柱の役割

探究 大地震で柱が被害を受けるとどうなるのか考えてみよう。

例1. 熊本地震で1層柱がせん断破壊した歯科医院
帯筋が破断し，主筋が座屈して軸力支持能力を喪失した。

例2. San Fernando地震で被災したOlive View病院
帯筋が密に配筋されており，残留変形は大きいが崩壊を免れた。

4.2.2 軸方向力が支配的な RC 柱の抵抗機構

New RC プロジェクトをきっかけとして，我が国において超高層 RC 造建物が建設されるようになった。今では多くの超高層 RC 造建物が建設されており，なかでも「タワマン（タワーマンションの略称）」と呼ばれる超高層集合住宅の建設が盛んである。このような超高層 RC 造建物では，下層階の柱に非常に大きな軸方向力が作用するため，その挙動も軸方向力に支配される傾向にある。RC 造柱の基本的な抵抗機構を確認するという意味においても有意であるため，最初に軸方向力に対する RC 柱の抵抗機構を整理しておきたい。

図 4.14 に示すような中心軸圧縮力 N を受ける RC 柱について考える。この時，コンクリートと主筋が負担する圧縮力をそれぞれ N_c および N_s とすれば，次式が導かれる。

$$N = N_c + N_s \tag{2.1}$$

$$N_c = A_c \cdot \sigma_c = A_c \cdot \frac{N}{A_c + n \cdot A_s} = A_c \cdot \frac{N}{A_e} \tag{2.2}$$

$$N_s = A_s \cdot \sigma_s = A_s \cdot n \cdot \frac{N}{A_c + n \cdot A_s} = A_s \cdot n \cdot \frac{N}{A_e} \tag{2.3}$$

ここで，A_c：コンクリート断面積，A_s：主筋断面積，σ_c：コンクリートに生じる圧縮応力度，σ_s：主筋に生じる圧縮応力度，n：ヤング係数比である。また，$A_c + n \cdot A_s$ は**等価断面積** A_e であり，A_s にヤング係数比を乗じることによって主筋断面積をコンクリート断面積に置換している。これより，RC 柱に生じるひずみ度 ε は次式により求められる。

$$\varepsilon = \frac{N}{A_e \cdot E_c} = \frac{n \cdot N}{A_e \cdot E_s} \tag{2.4}$$

> **用語　等価断面積**
>
> RC 部材の断面において，コンクリート断面積 A_c に鉄筋の断面積 A_s を軸剛性が等価なコンクリート断面積に置き換えて加算した断面積である。等価断面積 A_e は，ヤング係数比 n を用いて，次式により算定できる。
>
> $$A_e = A_c + n \cdot A_s$$

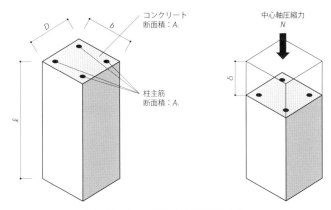

図 4.14　中心圧縮軸力を受ける RC 柱

> **探究　引張軸力を受ける RC 柱の抵抗機構について考えてみよう。**
>
> 引張軸力 N が作用する場合，コンクリートおよび主筋が負担する引張力をそれぞれ N_c および N_s として，ひび割れ発生前後について次式のように考えればよい。
>
> ・ひび割れ発生前，およびひび割れ発生後にひび割れがない部分
>
> $$N = N_c + N_s = A_c \cdot \frac{N}{A_e} + A_s \cdot n \cdot \frac{N}{A_e}$$
>
> ・ひび割れ発生後においてひび割れがある部分
>
> $$N = N_s = A_s \cdot \sigma_s$$
>
> ここで，σ_s：主筋に生じる引張応力度である。

4.2.3 軸方向力と曲げに対する RC 柱の抵抗機構

　軸方向力 N と曲げモーメント M およびせん断力 Q が同時に作用する RC 柱の主筋は，N と M に対する RC 柱断面の抵抗機構に基づいて算定される。ここで重要なことは，柱に作用する N と M の大きさのバランスである。**図 4.15** に示すように，柱の負担軸力の大きさによって柱の耐力・変形挙動に違いが表れるという点に注意が必要である。

(1) N と M が同時に作用する RC 柱断面に生じる応力度分布

　断面積 A，断面係数 Z を有する RC 柱断面に N と M が同時に作用した状態を考える。**図 4.16** に示すように，断面の応力度分布は，N による応力度 σ_N と M による応力度 σ_M の大小関係によって変化する。$\sigma_N > \sigma_M$ であれば，全断面圧縮状態となり，中立軸が断面外に存在することになる。一方，$\sigma_N < \sigma_M$ であれば，断面内に引張応力度が発生し，中立軸が断面内に存在する。

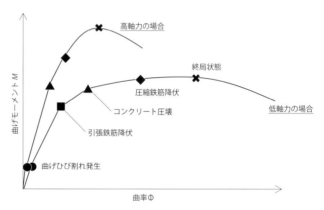

図 4.15　RC 柱の変形性能に及ぼす軸力の影響

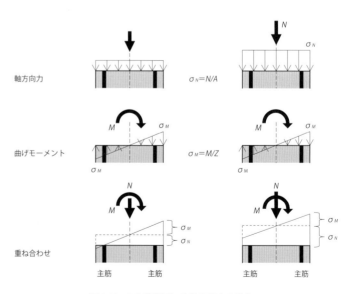

図 4.16　RC 柱断面に生じる応力度分布

(2) RC柱断面に生じる応力度分布と主要な抵抗要素

前述したように，断面に生じるNとMの大小関係によって，RC柱断面に生じる応力度分布が変化する。ここでは，これらの応力度分布を整理し，その抵抗機構について考えたい。ここで，NとMの大小関係を簡略的に表現するために，NとMの比である偏心距離eを次式により導入する。

$$e = \frac{M}{N} \tag{2.5}$$

これにより，断面に生じる2つの断面力NとMを容易に対応づけることが可能となり，MはNが材軸から距離eだけ離れて作用した場合の曲げモーメント（$= N \cdot e$）として表現できる。図4.17にRC柱に想定される4つの応力度分布を示す。これらは偏心距離eの大きさの違いによって分類できる。これら4つの応力度分布において想定される抵抗機構は，以下の3つである。

- コンクリートが先に許容圧縮応力度に達する。
- 引張鉄筋が先に許容引張応力度に達する。
- 圧縮鉄筋が先に許容圧縮応力度に達する。

しかし，一般的なRC柱においては，圧縮鉄筋が先に許容圧縮応力度に到達するケースは生じにくいため，以降の検討には含めない。なお，RC梁の場合と同様に，コンクリートの引張抵抗には期待しない。したがって，実際的にはコンクリートの圧縮抵抗および引張鉄筋の引張抵抗が主要な抵抗要素となる。

4つの応力度分布のうち，(a)では断面内に引張応力度が生じない。したがって，コンクリートの圧縮抵抗が主抵抗となる。また，(b)と(c)では断面内に引張応力度が生じるが，両者の違いは引張応力度の大きさである。引張応力度がわずかな(b)では圧縮側コンクリートの圧縮抵抗が，引張応力度が大きい(c)では引張鉄筋の引張抵抗がそれぞれ主要な抵抗要素となる。なお，(d)は一般的な事例ではないが，例えば超高層建物などに生じる地震時の変動軸力によって柱に過大な引張軸力が作用し，全断面に引張応力度が分布した状態として想定される。この場合，当然ながら引張鉄筋の引張抵抗が主要な抵抗要素となる。

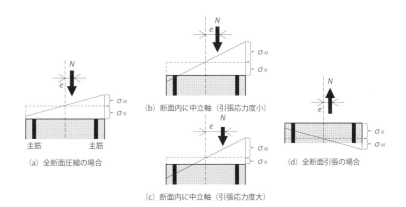

図4.17　RC柱断面に生じる応力度分布

4.2.4 軸方向力と曲げに対する RC 柱の断面算定

前述したように，RC 柱断面には 4 つの応力度分布が考えられ，それぞれ主要な抵抗要素が明確である。そして，主要な抵抗要素が先に許容応力度に達した時，RC 柱の軸方向力と曲げに対する許容耐力が算定される。許容耐力式は，これら 4 つの応力状態に対して断面内の力の釣り合いを考えることによって導くことができる。その結果として図 4.18 に示すような許容曲げモーメント M_A ― 許容軸方向力 N_A 関係が得られる。このグラフでは，縦軸が N_A，横軸が M_A を示しており，柱幅 b および柱せい D を用いて応力度の形式に基準化されている。また，中立軸比 $x_{n1} (= x_n/D)$ の値で区切られた 4 つの領域は，許容耐力の主要因と対応づけられる。なお，x_{n1b} は釣合鉄筋比の場合の中立軸比である。

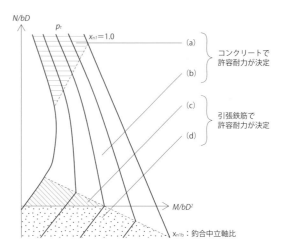

図 4.18　N_A－M_A 関係

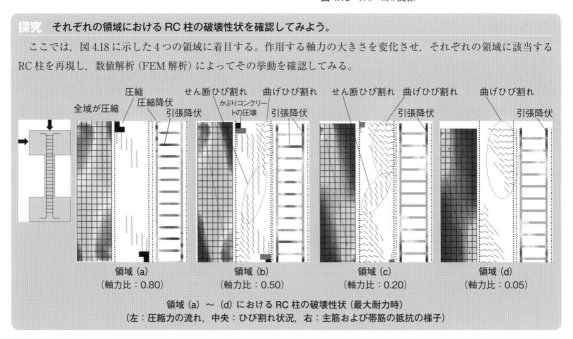

領域 (a) 〜 (d) における RC 柱の破壊性状（最大耐力時）
（左：圧縮力の流れ，中央：ひび割れ状況，右：主筋および帯筋の抵抗の様子）

● **RC柱の許容軸方向力および許容曲げモーメントの算定式の導出**

中立軸が断面外および断面内にある場合を想定し，下図のように設定する。

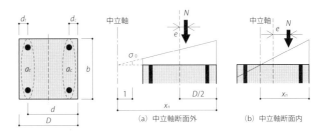

中立軸から距離 x にある応力度 σ を σ_0 とヤング係数比 n を用いて表すと，

$$\text{コンクリート}：\sigma = \sigma_0 x \quad \text{鉄筋}：\sigma = n\sigma_0 x \tag{1}$$

材軸方向の力の釣合いおよび中立軸に関するモーメントの釣合いより，

$$N = \int \sigma_0 x dA_c + \Sigma n\sigma_0 x \cdot a \tag{2}$$

$$M = N(e + x_n - \tfrac{D}{2}) = \int \sigma_0 x \cdot x dA_c + \Sigma n\sigma_0 x \cdot a \cdot x \tag{3}$$

ここで，A_c：圧縮コンクリート面積，a：鉄筋1本の断面積である。
上式において，中立軸に関する断面一次モーメント S_n および断面二次モーメント I_n を代入し，

$$N = \sigma_0 S_n \tag{4}$$

$$N(e + x_n - \tfrac{D}{2}) = \sigma_0 I_n \tag{5}$$

(4)～(5)式より，中立軸距離 x_n は以下のように表される。

$$e + x_n - \tfrac{D}{2} = \tfrac{I_n}{S_n} \tag{6}$$

これより，許容軸力および許容曲げモーメントは次式により求められる。

(a) 中立軸が断面外の場合

$$N = f_c \cdot \tfrac{S_n}{x_n} \tag{7}$$

$$M = e \cdot N = \left(\tfrac{I_n}{S_n} + \tfrac{D}{2} - x_n\right) \cdot f_c \cdot \tfrac{S_n}{x_n} \tag{8}$$

ここで，f_c：コンクリートの許容圧縮応力度である。

(b) 中立軸が断面内の場合

コンクリートが先に許容応力度に達する場合は，上記(7)式および(8)式と同じである。鉄筋が先に許容応力度に達する場合は，次式が与えられる。

$$N = f_t \cdot \tfrac{S_n}{n(d - x_n)} \tag{9}$$

$$M = e \cdot N = \left(\tfrac{I_n}{S_n} + \tfrac{D}{2} - x_n\right) \cdot f_t \cdot \tfrac{S_n}{n(d - x_n)} \tag{10}$$

ここで，f_t：鉄筋の許容引張応力度である。

さて，図4.19に示す設計図表は，以下の6つの式を組み合わせて作成されている。

(a) 中立軸が断面外の場合

$$\tfrac{N}{bD} = \tfrac{f_c}{x_{n1}}\{x_{n1} - 0.5 + (n-1)(x_{n1} - d_{c1})p_c + (n-1)(x_{n1} - d_1)p_t\} \tag{11}$$

$$\tfrac{M}{bD^2} = \tfrac{f_c}{2x_{n1}}\left\{\tfrac{1}{6} + (n-1)(x_{n1} - d_{c1})p_c g_1 - (n-1)(x_{n1} - d_1)p_t g_1\right\} \tag{12}$$

(b) 中立軸が断面内の場合

$$\tfrac{N}{bD} = f_c\left\{\tfrac{x_n}{2} + \tfrac{(n-1)(x_n - d_c)}{x_n}p_c - \tfrac{n(d_t - x_n)}{x_n}p_t\right\} \tag{13}$$

$$\tfrac{M}{bD^2} = f_c\left\{\tfrac{x_n}{2} + \left(\tfrac{1}{2} - \tfrac{x_n}{3}\right) + \tfrac{(n-1)(x_n - d_c)}{2x_n}p_c g_1 + \tfrac{n(d_t - x_n)}{2x_n}p_t g_1\right\} \tag{14}$$

$$\tfrac{N}{bD} = f_t\left\{\tfrac{x_n}{2} + \tfrac{(n-1)(x_n - d_c)}{x_n}p_c - \tfrac{n(d_t - x_n)}{x_n}p_t\right\}\tfrac{x_n}{d_t - x_n} \tag{15}$$

$$\tfrac{M}{bD^2} = f_t\left\{\tfrac{x_n}{2} + \left(\tfrac{1}{2} - \tfrac{x_n}{3}\right) + \tfrac{(n-1)(x_n - d_c)}{2x_n}p_c g_1 + \tfrac{n(d_t - x_n)}{2x_n}p_t g_1\right\} \tag{16}$$

ここで，p_c：圧縮鉄筋比，g_1：柱せいに対する等価断面の圧縮縁から重心までの距離の比である。

4.2.5 軸方向力と曲げに対する RC 柱の断面算定の手順

柱に作用する設計用断面力に基づいて断面算定を行う場合，図 4.18 に示したような許容曲げモーメント M_A―許容軸方向力 N_A 関係を利用する。その一例を図 4.19 に示す。具体的には次の手順で断面算定を行う。

手順 1　設計用の N と M から N/bD と M/bD^2 を求める。

手順 2　N/bD を縦軸にプロットし，水平方向に直線を引く。同様に，M/bD^2 を横軸にプロットし，鉛直方向に直線を引く。そして，縦軸および横軸から引いた直線の交点を求める。

手順 3　交点の位置に基づいて，p_t の値を求める。なお，p_t の軸はグラフ上部に示されている。

手順 4　次式により引張鉄筋断面積 a_t を求める。→ $a_t = p_t \cdot b \cdot D$

手順 5　鉄筋径に応じた主筋 1 本あたりの断面積 a を確認し，使用する鉄筋の径と鉄筋の本数 n を決定する。→ $n = a_t/a$ ※小数点以下切り上げ
なお，柱の場合，地震力が繰り返し作用することを考え，$p_t = p_c$（**圧縮鉄筋比**）として扱う。

用語　圧縮鉄筋比

曲げを受ける RC 部材において，圧縮側に配置される圧縮鉄筋の断面積の合計値を有効断面積で除した値である。柱の場合，地震時の繰り返し載荷を考慮して，引張鉄筋比と圧縮鉄筋比を等しくする。

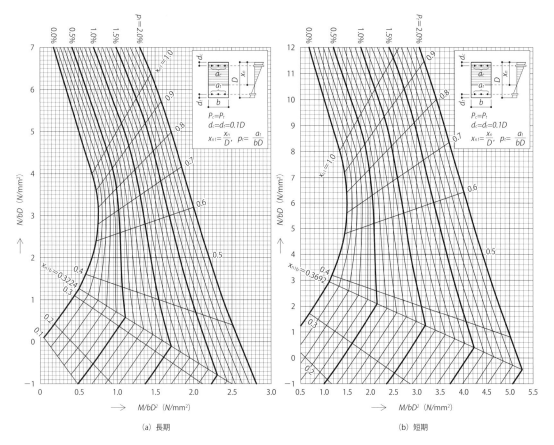

図 4.19　RC 柱の設計図表（$F_c = 24$ N/mm², SD345, $n = 15$）

4.2.6 構造規定

軸方向力と曲げに対する RC 柱の断面算定においては，以下に示す構造規定が設けられている。詳細は，RC 規準 14 条を参照すること。

① 柱に作用する軸方向力

『地震時に曲げモーメントが特に増大する恐れのある柱では，短期軸方向力を柱のコンクリート全断面積で除した値は $(1/3)\,F_c$ 以下とすることが望ましい。』

→ RC 造柱が負担する軸方向圧縮力が大きくなると，変形能力が小さくなり，脆性破壊となる危険がある。

② 長柱の座屈防止

『材の最小径とその**主要支点間距離**の比は，普通コンクリートを使用する場合は 1/15 以上，軽量コンクリートを使用する場合は 1/10 以上とする。ただし，**有効細長比**を考慮した構造計算によって，構造耐力上安全であることが確かめられた場合においては，この限りではない。』

→ 柱が細長いと座屈が生じる恐れがあるため，寸法に制限を設けている。所定の構造計算を行わずに断面寸法を仮定する場合には，この規定に注意する必要がある。

③ 最小主筋量

『コンクリート全断面積に対する主筋全断面積の割合は，0.8% 以上とする。ただし，コンクリートの断面積を必要以上に増大した場合には，この値を適当に減少させることができる。』

→ 施工に起因する RC 造柱内のコンクリートの密実さの違いや局部コンクリートの破壊および柱に作用する力の変動に対する安全性の確保のため，最小主筋量を規定している。

④ 主筋の径およびその配置

『主筋は，異形鉄筋 D13 以上，かつ，4 本以上とし，主筋は帯筋により相互に連結する。』

→ 帯筋を配筋するため，柱の 4 隅に主筋を配置する。また，帯筋をしっかり連結することにより，せん断補強の効果のほか，主筋の座屈防止や**コアコンクリート**に対する拘束効果が期待できる。

⑤ 主筋のあき

『主筋のあきは，25mm 以上，かつ，異形鉄筋の径（呼び名の数値 mm）の 1.5 倍以上とする。』

→ コンクリートの通過スペースや帯筋の加工スペースを確保するため。また，主筋の付着力を確保するため。

用語 主要支点間距離
構造耐力上主要な部材の相互間の距離である。梁であればスパン，柱であれば階高さと同義である。

用語 有効細長比
部材の細長さを表す無次元の指標を細長比といい，部材長さを断面二次半径で除すことで求められ，この値が大きいほど細長い部材だと言える。一方，有効細長比は，座屈長さを断面二次半径で除した値であり，この値が大きいほど部材が座屈する恐れがある。

用語 コアコンクリート
帯筋に包含されたコンクリートのことである。帯筋の横拘束が十分な場合，コンクリートの強度・靱性が向上する拘束効果が期待される。

4.2.7　RC 柱の軸方向力と曲げに対する断面算定の例題

図 4.20 に示す設計用軸方向力および曲げモーメント，断面形状および使用材料が与えられる時，柱の断面を設計せよ。

【設計用軸方向力および曲げモーメント】　　　　　　　【断面形状】

X 方向
　長期　　$N = 840$ kN　　　$M = 252$ kNm
　地震時　$N = \pm 100$ kN　$M = \pm 300$ kNm

Y 方向
　長期　　$N = 840$ kN　　　$M = 235$ kNm
　地震時　$N = \pm 150$ kN　$M = \pm 265$ kNm

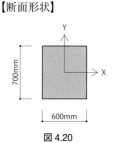

図 4.20

【使用材料】
・コンクリート：$F_c = 24$ N/mm^2　　・鉄筋：SD345　　・ヤング係数比：$n = 15$

① 設計用軸方向力および曲げモーメントの確認

長期に関しては，与えられている設計用軸方向力および曲げモーメントの値をそのまま利用すればよい。一方，短期においては，変動軸力を考慮して軸方向力の最大値 N_{max} と最小値 N_{min} を算出する。

・長期
　X 方向　$N_L = 840$ kN　　$M_L = 252$ kNm
　Y 方向　$N_L = 840$ kN　　$M_L = 235$ kNm

・短期
　X 方向　$N_{max} = 840 + 100 = 940$ kN　　$M_S = 252 + 300 = 552$ kNm
　　　　　$N_{min} = 840 - 100 = 740$ kN
　Y 方向　$N_{max} = 840 + 150 = 990$ kN　　$M_S = 235 + 265 = 500$ kNm
　　　　　$N_{min} = 840 - 150 = 690$ kN

② X 方向の断面算定

図 4.19 に示した設計図表を利用して断面算定を行う。具体的には，図 4.21 に示すように読み取ればよい。

【N/bD と M/bD^2 の計算および p_t の読み取り】

・長期　$N/bD = \dfrac{840 \times 10^3}{700 \times 600} = 2.0$ N/mm^2　　$M/bD^2 = \dfrac{252 \times 10^6}{700 \times 600^2} = 1.0$ N/mm^2
　　　　$\rightarrow p_t = 0.43\,\%$

・短期　$N_{max}/bD = 2.24$ N/mm^2　　$M/bD^2 = 2.19$ N/mm^2　$\rightarrow p_t = 0.52\,\%$
　　　　$N_{min}/bD = 1.76$ N/mm^2　　$M/bD^2 = 2.19$ N/mm^2　$\rightarrow p_t = 0.56\,\%$

【引張鉄筋断面積 a_t および圧縮鉄筋断面積 a_c の計算】

$$a_t = a_c = p_t \cdot b \cdot D = 0.0056 \times 700 \times 600 = 2352 \text{ mm}^2$$

● 方向の考え方

柱は地震時に 2 方向入力を受ける。そのため，柱の断面算定においても 2 方向 (X, Y) それぞれについて検討を行う必要がある。そのため，下図に示すように，各方向の入力に対して柱断面が抵抗する方向を把握しておく必要がある。

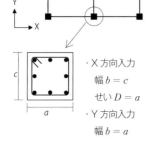

・X 方向入力
　幅 $b = c$
　せい $D = a$
・Y 方向入力
　幅 $b = a$
　せい $D = c$

柱の方向の考え方

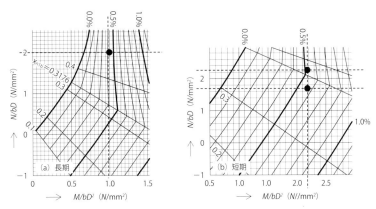

図 4.21 設計図表の読み取り

③ Y 方向の断面算定

【N/bD と M/bD^2 の計算および p_t の読み取り】

・長期 $N/bD = \dfrac{840 \times 10^3}{700 \times 600} = 2.0 \text{ N/mm}^2$　$M/bD^2 = \dfrac{235 \times 10^6}{700 \times 600^2} = 1.0 \text{ N/mm}^2$

　　→ $p_t = 0.18\%$

・短期 $N_{max}/bD = 2.36 \text{ N/mm}^2$　$M/bD^2 = 1.70 \text{ N/mm}^2$　→ $p_t = 0.29\%$

　　　$N_{min}/bD = 1.64 \text{ N/mm}^2$　$M/bD^2 = 1.70 \text{ N/mm}^2$　→ $p_t = 0.40\%$

【引張鉄筋断面積 a_t および圧縮鉄筋断面積 a_c の計算】

$a_t = a_c = p_t \cdot b \cdot D = 0.0040 \times 600 \times 700 = 1680 \text{ mm}^2$

④ 構造規定による最小主筋量の確認

$a_g = 0.0080 \times 600 \times 700 = 3360 \text{ mm}^2$

⑤ 配筋

使用する鉄筋径を D25（1 本あたりの断面積 507 mm^2）とすれば，X 方向，Y 方向および断面全体に対する配筋は**図 4.22** のようになる。断面全体としては 14-D25 となり，主筋量は 7098 mm^2 である。これは，構造規定による最小主筋量を上回る。

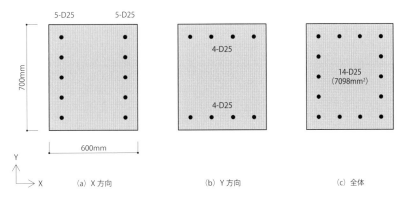

図 4.22 配筋図（主筋のみ）

4.3　梁・柱のせん断設計──せん断破壊しない梁・柱を設計するためには

4.3.1　梁と柱のせん断破壊とせん断補強筋の役割

　RC 梁や RC 柱は曲げ降伏が先行するように設計される。これは，前述したように，主筋の優れた変形性能に期待するとともに，脆性的なせん断破壊を防ぐという考え方に基づいている。図 4.23 (a) に RC 柱のせん断破壊実験の一例を示す。コンクリートにせん断ひび割れが発生した後，荷重の増大に伴って次第にせん断ひび割れが拡大する。そして，最大耐力に到達した後，急激に耐力低下が生じ，最終的に軸支持能力を喪失する。このようなせん断破壊を防止するために配筋されるのが，**せん断補強筋**（梁：あばら筋，柱：帯筋）である。図 4.23 (b) に示すように，コンクリートにせん断ひび割れが発生した後，ひび割れを横切るせん断補強筋が引張抵抗によってひび割れの拡大に抵抗する。したがって，せん断補強筋を密に配筋することによってせん断破壊を防止することが可能である。そして，梁・柱のせん断設計では，せん断補強筋の配筋を決定することが主目的となる。

用語　せん断補強筋
　RC 部材にせん断ひび割れが発生した場合に，せん断ひび割れの開口に抵抗する役割を担う。梁の場合はあばら筋，柱の場合は帯筋と呼ぶ。

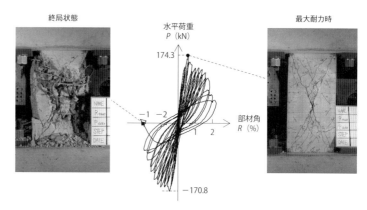

(a) RC 柱のせん断破壊実験の例

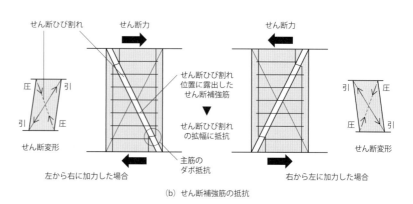

(b) せん断補強筋の抵抗

図 4.23　RC 柱のせん断破壊とせん断補強筋の抵抗

4.3.2 せん断ひび割れが発生するメカニズム

RC部材のせん断抵抗は，せん断ひび割れ発生前後で異なる。ひび割れ発生前の主要な抵抗は，コンクリートによるせん断抵抗であり，せん断補強筋の寄与は少ない。ここでは，図4.24 (a)に示すような単純支持されたRC梁を用いて，せん断ひび割れが発生するメカニズムを考えてみたい。なお，この場合，せん断ひび割れは，中立軸付近から斜め45度方向に発生し，載荷点および支点に向かって進展するという特徴がある。

せん断ひび割れの発生・進展の特徴を説明するために，中立軸上の微小要素に着目する。図4.24 (b)に示すように，中立軸上の要素では，垂直応力度 $\sigma_x = 0$ であり，せん断応力度 τ が最大値 τ_{max} となる。ここで，この微小要素の二軸応力状態を図4.24 (c)に示す。x 方向および y 方向の垂直応力度 σ_x および σ_y は0であり，せん断応力度 $\tau = \tau_{max}$ のみが作用する純せん断状態となる。この状態をモールの応力円で書き表すと図4.24 (d)のようになる。これより，最大主応力度 σ_1 は引張応力度であること，その大きさがせん断応力度 τ_{max} に等しいこと，最大主応力 σ_1 の主軸の方向が時計まわりに45度回転した位置にあることが確認できる。図4.24 (e)にこの微小要素を45度回転させた場合の主応力状態を示す。そして，引張応力度である σ_1 がコンクリートの引張強度を超えた時，その直交方向にせん断ひび割れが発生することになる。ここで，コンクリートの長期許容せん断応力度が $F_c/30$ と定められていることを思い出してほしい。これは，コンクリートのせん断強度を引張強度と等しい $F_c/10$ として評価し，それを安全率3で除していると解釈できるであろう。

以上，RC梁におけるせん断ひび割れの発生メカニズムについて説明したが，実際には中立軸位置以外では垂直応力度も作用することから，せん断ひび割れの角度が45度から変化することもある。また，柱の場合，軸力が作用するため，その影響によってせん断ひび割れの角度も変化する。

用語　モールの応力円

任意断面に働く垂直応力度 σ とせん断応力度 τ の関係を図示したものである。その際，垂直応力度は引張を正とし，σ 軸の右方向を正として描く。また，せん断応力度 τ は，反時計まわりのモーメントを生じる組み合わせを正とする。さらに，着目する断面が θ だけ回転した場合，モールの応力円上では 2θ 回転することになる。

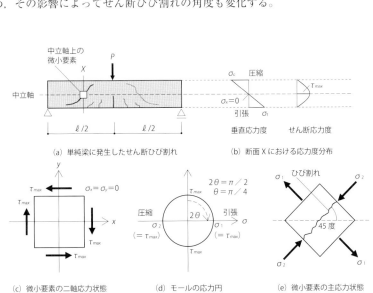

図4.24　せん断ひび割れの発生メカニズム

4.3.3 せん断力を伝達するメカニズム

RC部材にせん断ひび割れが発生すると，せん断補強筋がせん断力に抵抗するようになる。この時のせん断力に対する抵抗機構を整理するため，**図4.25(a)** に示すようなせん断ひび割れが進展した状態の単純支持されたRC梁について考える。なお，図中には主筋およびあばら筋の位置も図示しておく。ここで，図中の○で囲んだせん断ひび割れ周囲の詳細を**図4.25(b)** に示す。この部分には，3つの力が存在し，これらによってせん断力の伝達機構が形成される。1つ目は，せん断ひび割れが横切る位置にあるあばら筋に生じる引張力T_sである。2つ目は，主筋からコンクリートに伝達される付着力T_bである。T_bの大きさは主筋に作用する引張力の差分dTに等しい。3つ目は，コンクリート部分を伝わる斜め方向の圧縮力C_dである。これら3つの力によってせん断力を伝達する機構のことを**トラス機構**と呼ぶ。梁全体のトラス機構の簡略図を**図4.25(c)** に示す。併せて，**図4.25(d)** に逆対称曲げを受けるRC梁のトラス機構の例も示す。

トラス機構を形成するには，前述した3つの力の存在が必要不可欠である。しかし，主筋からの付着力やせん断補強筋の引張力が存在しない場合でもせん断力の伝達は可能であり，この時のせん断力伝達機構が**アーチ機構**である。**図4.26(a)** に示すように，単純支持されるRC梁の場合，載荷点と支点を結ぶ領域に**圧縮ストラット**が形成され，その鉛直成分がせん断力に相当する。**図4.26(b)** には，逆対称曲げを受けるRC梁のアーチ機構の例を示す。なお，実際には，RC部材のせん断力はトラス機構とアーチ機構に分担されて伝達される。

用語 トラス機構
RC部材において，引張力に抵抗する主筋とせん断補強筋をトラスの引張材とし，圧縮ストラットが形成されるコンクリートを圧縮材とした平行弦トラスを考えたせん断伝達機構である。

用語 アーチ機構
RC部材において，コンクリートに形成される圧縮ストラットによるせん断伝達機構である。

用語 圧縮ストラット
コンクリートに生じる圧縮束のことである。アーチ機構による耐荷力は，圧縮ストラットの角度によって決定される。

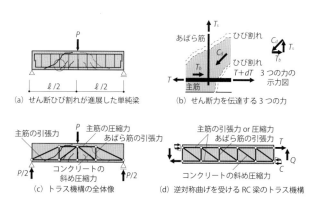

図4.25　RC梁のトラス機構

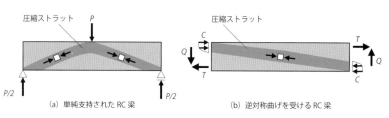

図4.26　RC梁のアーチ機構

4.3.4 せん断力による破壊パターン

せん断スパン比 (a/d) がおおむね 6 以下の梁に見られる主なせん断破壊形式の模式図を図 4.27 に示す。個々の破壊形式の特徴は，以下のとおりである。

① せん断圧縮破壊

曲げせん断ひび割れが載荷点近傍の曲げ圧縮域に到達し，曲げ圧縮域のコンクリートの圧壊によってアーチ作用を消失して破壊に至る。せん断スパン比が比較的小さい場合 ($a/d < 2.5$) やあばら筋が密な場合に生じやすい。

② せん断引張破壊（せん断付着破壊）

せん断ひび割れ発生後，異形鉄筋を用い，引張鉄筋比が大きい場合には主筋に沿って多数の細かい斜めひび割れ（付着割裂ひび割れ）が発生し，最終的にせん断耐力を失う場合がある。せん断スパン比が比較的小さい場合 ($1 < a/d < 2.5$) に生じやすい。

③ 斜め引張破壊

斜めせん断ひび割れが伸展し，梁上端まで到達して破壊に至る。せん断スパン比が比較的大きい場合 ($a/d > 2.5$) やあばら筋が少ない場合に生じやすい。

一方，柱のせん断破壊形式は，柱の長さ，作用軸力および配筋の影響によって変化するが，基本的な破壊形式は梁の場合と同様である。一般的な柱寸法の場合，帯筋量が少ない場合に斜め引張破壊を生じやすく，主筋量が多い場合にはせん断付着破壊が生じることがある。また，腰壁や垂れ壁が取りついて柱が短柱になる場合には，せん断圧縮破壊が生じやすく，脆性的な破壊傾向を示す。参考のため，図 4.28 に熊本地震で被災した RC 柱の破壊例を示す。

> **用語 せん断スパン比**
>
> RC 部材の有効せい d に対するせん断スパン a の比である。例えば柱の場合，下図に示すように d および a が決定される。また，せん断スパン比は，部材に生じる最大曲げモーメント M と最大せん断力 Q を用いて，$M/(Q \cdot d)$ で算定することができる。
>
>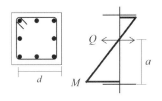
>
> せん断スパン比の考え方

> **● ディープビーム**
>
> せん断スパン比が 1.5 程度より小さい RC 梁のことをディープビームと呼ぶ。ディープビームは，RC 構造物の巨大化に伴って利用されるケースが増えているが，部材寸法が増大するにつれてせん断強度が低下する現象に注意が必要である。このような現象を寸法効果と呼ぶ。

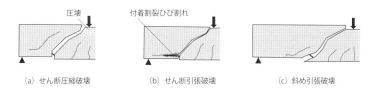

(a) せん断圧縮破壊　　(b) せん断引張破壊　　(c) 斜め引張破壊

図 4.27　RC 梁の主なせん断破壊形式

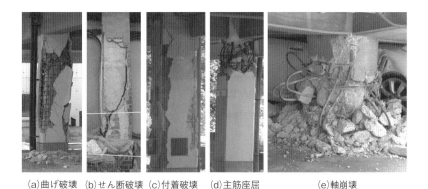

(a) 曲げ破壊　(b) せん断破壊　(c) 付着破壊　(d) 主筋座屈　　(e) 軸崩壊

図 4.28　熊本地震で確認された RC 柱の破壊形式

4.3.5 せん断破壊を防ぐためには

　RC部材のせん断破壊を防ぐための基本的な考え方は，曲げ降伏を先行させるということである。すなわち，個々の部材のせん断耐力よりも曲げ耐力の方が小さくなるように設計することを考えればよい。そして，RC部材のせん断耐力を高めるためには，せん断破壊に影響を及ぼす要因について知っておく必要がある。ここでは，せん断破壊に影響を及ぼす代表的な要因を以下に示す。

① **コンクリート強度**

　せん断破壊のきっかけはせん断ひび割れの発生である。したがって、コンクリートの引張強度が高ければ、せん断ひび割れは発生しにくくなる。

② **部材形状**

　部材形状が細長い方が曲げ変形しやすく，太く短い場合はせん断変形が卓越する。そのため，前者の方が曲げ破壊が先行する傾向にあり，後者の方がせん断破壊しやすい。このような部材形状を表す指標がせん断スパン比であり，せん断破壊の生じやすさも表している。

③ **せん断補強筋量**

　せん断補強筋はせん断ひび割れ発生後に大きく抵抗し始め，自身が降伏するまでせん断耐力を増加させる。基本的にはせん断補強筋量が増えるほどRC部材のせん断耐力も増大するが，ある程度以上になるとコンクリートが圧壊し，せん断補強筋の降伏を伴わない形でせん断破壊が生じることになる。

④ **主筋量**

　せん断ひび割れが主筋を横切る場合，主筋が局所的に大きく曲げられ，せん断力に抵抗する。このような**ダボ抵抗**を考えた場合，主筋量が多ければ部材のせん断耐力も増大すると考えられる。しかし，主筋量を増やした場合，部材の曲げ耐力も増大するため，せん断破壊を防止するという観点においては注意が必要である。

⑤ **鉄筋とコンクリートの付着**

　前述したように，鉄筋とコンクリートの付着が良好であれば，トラス機構が形成され，せん断力の伝達が可能となる。逆に，付着が劣化した場合，トラス機構が消失し，相対的にアーチ機構が主なせん断伝達機構となる。

⑥ **軸力の有無**

　圧縮軸力の増加に伴い，部材のせん断耐力もある程度まで増大する。しかし，せん断破壊の形式が変化し，変形性能が低下する場合もある。

用語　ダボ抵抗

　RC部材にせん断力が作用してせん断ひび割れが発生した時，せん断ひび割れ面にある主筋がせん断力に対して抵抗することをいう。

4.3.6 RC 梁のせん断設計

日本建築学会の RC 規準において，RC 梁のせん断設計は許容応力度設計に基づいており，長期・短期の許容せん断力 Q_A が設計用せん断力 Q_D を上回るようにあばら筋の配筋を決定する。また，その基本方針として，コンクリートのみでせん断力を負担するように設計することで余裕のある柱断面寸法を実現する。また，コンクリートのみで負担できないせん断力が生じる場合は，その超過分をあばら筋に負担させる。

用語 許容せん断力
コンクリートとせん断補強筋の許容応力度に基づいて求めた RC 部材のせん断耐力である。

(1) RC 梁の許容せん断力 Q_A

RC 梁の許容せん断力 Q_A は，長期・短期ともに次式によって算出する。

$$Q_A = b \cdot j \{ \alpha \cdot f_s + 0.5 \cdot {}_w f_t (p_w - 0.002) \} \tag{3.1}$$

$$\alpha = \frac{4}{\frac{M}{Q \cdot d} + 1} \text{ かつ } 1 \leq \alpha \leq 2 \tag{3.2}$$

ここで，b：梁幅，j：応力中心間距離，α：梁のせん断スパン比 M/Qd による割増係数，f_s：コンクリートの許容せん断応力度，${}_w f_t$：あばら筋の許容引張応力度，p_w：あばら筋比（1.2％以上の場合は 1.2％として扱う），M：設計用曲げモーメント，Q：設計用せん断力，d：有効せいである。また，上式を以下のように分解することができ，許容せん断力 Q_A におけるコンクリート負担分 Q_{AC} とあばら筋の負担分 Q_{Aw} を明確にできる。せん断設計においては，コンクリートのみでせん断力を負担できない場合に，$p_w > 0.2\%$ となるあばら筋を配筋する。

用語 設計用せん断力
想定した外力によって RC 部材に発生すると予想されるせん断力である。構造計算においては，RC 部材のせん断破壊を防ぐため，地震時のせん断力を割増している。

$$\begin{aligned} Q_A &= Q_{AC} + Q_{AW} \\ &= \alpha \cdot f_s \cdot b \cdot j + 0.5 \cdot {}_w f_t \cdot b \cdot j (p_w - 0.002) \end{aligned} \tag{3.3}$$

さて，ここで式中の**あばら筋比** p_w について説明を加えたい。あばら筋比 p_w は次式によって定義される。

用語 あばら筋比
RC 梁のあばら筋間隔の範囲にどの程度あばら筋が含まれるかを比で表したものである。この範囲に含まれるあばら筋断面積の合計値を梁幅とあばら筋間隔の積で除することにより求められる。

$$p_w = \frac{a_w}{b \cdot x} \tag{3.4}$$

ここで，a_w：1 組のあばら筋の断面積，b：梁幅，x：あばら筋間隔である。「1 組の」の意味を理解するためにこれらを図示すると，**図 4.29** のようになる。すなわち，梁幅 b とあばら筋間隔 x によって囲まれる範囲に存在するあばら筋断面積の割合があばら筋比である。

● **せん断補強筋の配筋**
RC 梁の場合には副あばら筋，RC 柱の副帯筋（中子筋）を用いることにより，せん断補強効果や横拘束効果を高める場合がある。配筋例を下図に示す。

副あばら筋および副帯筋

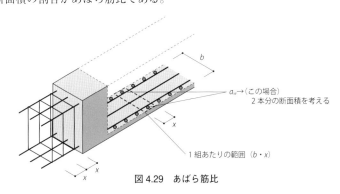

図 4.29　あばら筋比

(2) RC 梁の設計用せん断力 Q_D

梁の設計用せん断力 Q_D に関しては，特に短期設計用せん断力の算出に注意が必要である．地震力が作用する短期においては，構造物の安全性を確保するため，曲げ降伏を先行させることにより，せん断破壊が生じないように設計したい．そこで，梁の両端が曲げ降伏した状態を想定する．この状態では，部材両端の曲げモーメントが降伏モーメントに到達して最大となり，これ以降のせん断力は増大しないと考える．具体的には，**図 4.30** に示すように，次式によって短期設計用せん断力 Q_D が算出される．

$$Q_D = Q_L + \frac{\Sigma M_y}{\ell'} \tag{3.5}$$

ここで，Q_D：短期設計用せん断力，Q_L：長期荷重によるせん断力（ただし，単純梁として算定した値），ΣM_y：梁両端の降伏曲げモーメントの絶対値の和，ℓ'：梁の内法スパンである．ここで，梁の降伏曲げモーメント M_y は次式により求めてよい．

$$M_y = 0.9 \cdot a_t \cdot \sigma_y \cdot d \tag{3.6}$$

ここで，a_t：引張鉄筋断面積，σ_y：主筋の降伏強度，d：有効せいである．

なお，地震時に梁に作用するせん断力を割増すことによって，せん断力に対する設計の安全性を確保する考え方もある．この場合，次式に示すように，長期荷重時のせん断力 Q_L と割増しした地震時のせん断力 $\gamma \cdot Q_E$ の和によって短期設計用せん断力 Q_D を求めてもよい．

$$Q_D = Q_L + \gamma \cdot Q_E \tag{3.7}$$

ここで，γ：地震時のせん断力の割増係数（$\geqq 1.5$），Q_E：地震時に梁に生じるせん断力である．ただし，この方法では，梁が先に曲げ降伏することを保証していない．

● **なぜ曲げ降伏が保証されないか？**
地震時せん断力の割増係数は，部材の曲げ降伏時までせん断破壊させないという条件を適用しない代わりに，部材の設計用せん断力を割増すことによってせん断破壊を防止しようとするものである．したがって，割増係数の値によっては，結果として部材の曲げ降伏が生じる前にせん断破壊することもあり得る．しかし，その照査をしていない以上，それが保証されることはない．

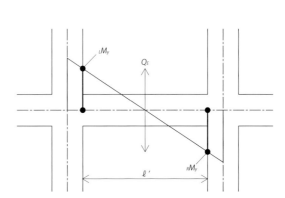

図 4.30 梁の短期設計用せん断力

4.3.7 RC 柱のせん断設計

梁の場合と同様に，日本建築学会の RC 規準においては，許容応力度設計に基づき，RC 柱の長期・短期の許容せん断力 Q_A が設計用せん断力 Q_D を上回るようにあばら筋の配筋を決定する。基本方針も同様であり，コンクリートのみでせん断力を負担するように設計し，コンクリートのみで負担できないせん断力は帯筋に負担させる。

(1) RC 柱の許容せん断力 Q_A

梁の場合と異なり，柱の許容せん断力 Q_A は，長期（Q_{AL}）と短期（Q_{AS}）で式を区別している。また，長期においては，コンクリートのみで設計用せん断力 Q_{DL} を負担する方針を明示しているが，これは長期荷重に対してせん断ひび割れの発生を許容しないという考え方である。一方，短期においては，せん断スパン比による割増係数 α を 1 とする。これは，太く短い柱ほど脆性的な破壊を引き起こしやすいというこれまでの知見に基づいている。

$$Q_{AL} = \alpha \cdot f_s \cdot b \cdot j \tag{3.8}$$

$$Q_{AS} = b \cdot j \{ f_s + 0.5 \cdot {}_wf_t (p_w - 0.002) \} \tag{3.9}$$

ここで，b：柱幅，j：応力中心間距離，α：柱のせん断スパン比 M/Qd による割増係数，f_s：コンクリートの許容せん断応力度，${}_wf_t$：あばら筋の許容引張応力度，p_w：帯筋比（1.2% 以上の場合は 1.2% として扱う）である。

> ● **2010 年版 RC 規準におけるせん断設計の考え方**
>
> 本書では，2010 年度以前の RC 規準に示されている従来のせん断設計法について記述している。しかし，2010 年度の改定によって性能設計の考え方が明示され，長期荷重に対する使用性の確保，中地震動に対する修復性の確保および大地震動に対する安全性の確保について検討するようになった。中地震動に対しては，従来の長期と短期の許容せん断力の中間的な数値になるように次式が規定された。
>
> $$Q_A = b \cdot j \{ \tfrac{2}{3} \cdot \alpha \cdot f_s + 0.5 \cdot {}_wf_t (p_w - 0.002) \}$$
>
> なお、大地震動に対する安全性の確保のための短期設計を行う場合は，その結果として中地震動に対する修復性がある程度確保されると考え，中地震動に対する短期設計を省略できる。

> ● **せん断スパン比による割増係数 α について**
>
> 我が国における RC 部材のせん断強度の評価は，1971 年にそれまでに国内外で行われた RC 梁に関する 1 方向単調加力時の実験資料（約 1200 個）を整理した結果に基づいている。ここでは，せん断ひび割れ応力度 τ_c および終局強度 τ_u を与える実験式（荒川式）と M/Qd の値で整理しており，次の傾向を確認している。
>
> ・$M/Qd < 3.0$ の範囲では，τ_c および τ_u が M/Qd の値によって変化する。
> ・$M/Qd \geqq 3.0$ の範囲では，τ_c および τ_u は M/Qd の値に関わらずほぼ一定値となる。
>
> また，τ_c および τ_u は有効せい d などの影響も受けるため，実験資料の下限せん断力を次式により近似した結果，係数 α_c および α_u が導かれている。
>
> $$Q_c = \tau_c \cdot b \cdot j = \alpha_c \cdot f_s \cdot b \cdot j \qquad \alpha_c = \frac{4.7}{\frac{M}{Qd} + 1.7}$$
>
> $$Q_u = \tau_u \cdot b \cdot j = \alpha_u \cdot f_s \cdot b \cdot j \qquad \alpha_u = \frac{3.12}{\frac{M}{Qd} + 0.12}$$
>
> ここで，f_s：コンクリートの長期および短期許容せん断応力度である。ただし，$M/Qd < 3.0$ の範囲において $\alpha_c \neq \alpha_u$ となるため，実験資料の関係性を近似可能で，かつ設計式としての簡便さを満足する式 (3.1) が提案された。

(2) RC 柱の設計用せん断力 Q_D

柱の設計用せん断力 Q_D は，当該柱を含むラーメンが曲げ降伏した状態を想定して求める。例えば，柱頭・柱脚で曲げ降伏している図 4.31 (a) の場合と梁端が曲げ降伏している図 4.31 (b) の場合を想定してみよう。前者の場合は，柱頭・柱脚の降伏曲げモーメント M_y から Q_{D1} を求め，後者の場合は柱に接続する梁の端部の降伏曲げモーメントの総和 ΣM_y を適切に柱に分配し，Q_{D2} を求めればよい。なお，降伏曲げモーメント M_y は，柱，梁のいずれも**フェイス位置**で評価する。そして，Q_{D1} と Q_{D2} のうち，小さい方の値を短期設計用せん断力として採用する。

> **用語　フェイス位置**
> RC 部材の表面位置のことである。例えば，部材スパンは部材を線材置換した際の節点位置で評価するのに対し，内法スパンは部材フェイス位置で評価する。

$$Q_D = \min(Q_{D1}, Q_{D2}) \tag{3.10}$$

$$Q_{D1} = (_T M_y + _B M_y)/h' \tag{3.11}$$

$$Q_{D2} = \{0.5(_R M_y + _L M_y) + _B M_y\}/h' \tag{3.12}$$

ここで，$_T M_y$：柱頭の降伏モーメント，$_B M_y$：柱脚の降伏モーメント，$_R M_y$，$_L M_y$：梁端の降伏モーメント，h'：柱の内法高さである。この時，柱の曲げ降伏モーメント M_y は次式を用いて求めることができる。

$N \leq 0.4 \cdot b \cdot D \cdot F_c$ のとき

$$M_y = 0.8 \cdot a_t \cdot \sigma_y \cdot D + 0.5 \cdot N \cdot D\left(1 - \frac{N}{b \cdot D \cdot F_c}\right) \tag{3.13}$$

$N > 0.4 \cdot b \cdot D \cdot F_c$ のとき

$$M_y = 0.8 \cdot a_t \cdot \sigma_y \cdot D + 0.12 \cdot b \cdot D^2 \cdot F_c \tag{3.14}$$

ここで，a_t：引張鉄筋断面積，σ_y：引張鉄筋の降伏点，D：柱の全せい，N：柱の短期に生じる軸方向力，b：柱幅，F_c：コンクリートの設計基準強度である。

なお，梁の場合と同様に，地震時のせん断力を 1.5 倍以上に割増し，長期荷重時のせん断力 Q_L と割増しした地震時のせん断力 $\gamma \cdot Q_E$ の和によって短期設計用せん断力 Q_D を求めてもよい。

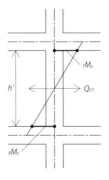 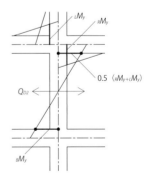

(a) 柱頭・柱脚で曲げ降伏する場合　　(b) 梁端で曲げ降伏する場合

図 4.31　柱の短期設計用せん断力

4.3.8 構造規定

　梁および柱のせん断補強筋については，**表4.2**に示す構造規定が設けられている。詳細は，RC規準15条を参照すること。なお，これらの規定において，径，間隔およびせん断補強筋比については，せん断ひび割れが生じた場合にせん断補強筋が有効に働くように定めたものである。また，配置については，主筋内部のコンクリートを十分に拘束することを目的としている。特に柱の帯筋においては，せん断補強の効果だけでなく，内部コンクリートの拘束や主筋の座屈防止の効果も期待できるため，帯筋の能力を十分に発揮させるように規定を定めている。

表4.2　せん断補強筋に関する構造規定のまとめ

項目		内容
径		・直径9mm以上の丸鋼またはD10以上の異形鉄筋
間隔	梁	・(1/2) D以下，かつ，250mm以下 ただし，250mm以下では施工上の問題が生じる基礎梁などでは，適切な措置を講じることにより，450mmを超えない範囲まで増大可能。
	柱	・100mm以下 ただし，柱の上下端より柱の最大径の1.5倍に等しい範囲外では，帯筋間隔を上記の1.5倍まで増大できる。また，径の大きい鉄筋や補強効果の高い鉄筋を用いる場合には，200mmを超えない範囲で上記の数値を増大できる。
せん断補強筋比		・0.2%以上
配置	共通	・主筋および主筋内部のコンクリートを十分に包含するように配置。 ・末端は135°以上に曲げて定着するか，または相互に溶接する。 地震被害例より，90°フックの場合に柱のせん断破壊が多数確認され，135°以上に曲げて定着することの重要性が指摘された。せん断力や圧縮力が増大する恐れのある柱では，鉄筋端部を溶接した閉鎖系帯筋や副帯筋を使用して靭性の確保に努める。

用語　90°フック

　帯筋の端部を90°に折り曲げて定着している状態をいう。近年の大地震で崩壊したRC造建物では，90°フックが採用されている場合が多い。大地震の際，90°フックが採用された柱では，十分に主筋の座屈を拘束できず，柱の軸力支持能力の喪失に至る場合が多い。

探究　せん断補強筋に関する構造規定の変遷について調べてみよう。

　せん断補強筋については，特に柱の帯筋間隔とフック形状が重要である。

　帯筋間隔については，1918年の警視庁建築取締規則案に初めて1尺（30.3cm）以下とする規定が登場し，1920年の市街地建築物法施行規則において制定されている。しかし，十勝沖地震にて柱のせん断破壊の被害が多数確認されたことから，1971年には建築基準法が改定され，その間隔は15cm以下（上下端では10cm）に改定された。その後，1981年の改訂によって新耐震設計法が導入され，帯筋間隔の規定も再強化された。この時，せん断補強筋比 $p_w = 0.2\%$ 以上とする規定が新設された。

　一方，帯筋のフック形状については，1950年に公布された建築基準法施行令において，鉄筋の末端にフックを設けて定着することが定められた。しかし，これは主筋の定着に関する規定であり，帯筋を対象としたものではないと考えられる。しかし，日本建築学会では，1933年に刊行したRC規準において帯筋の端部を135°フックとすることを規定し，推奨している。しかし，法的な規定ではないため，順守されるケースは少なかったようである。実際に，兵庫県南部地震における調査[3]や北海道での実態調査[4]において，帯筋両端が90°フックあるいは一方が135°フックで他方が90°フックとなっている事例が多数確認されている。そして，兵庫県南部地震の被害調査では，大破・崩壊したRC造建物の大多数がこのようなフック形状であった。そして，それ以降，帯筋端部を135°フックとすることが法的に規定された。

4.3　梁・柱のせん断設計——せん断破壊しない梁・柱を設計するためには　　105

4.3.9 せん断設計例

図 4.32 に示す曲げモーメントおよびせん断力が生じる RC 梁のあばら筋を算定せよ。なお，梁スパンは $\ell = 5.5$ m（内法スパン $\ell' = 4.9$ m）であり，図 4.33 に曲げ設計の結果得られた RC 梁断面を併せて示す．

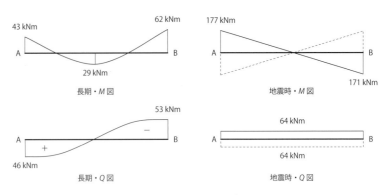

図 4.32　設計用せん断力と曲げモーメント

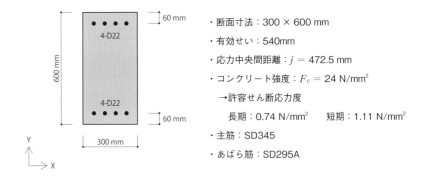

図 4.33　曲げ設計より得られた RC 梁断面（A, B 端共通）および与条件

① 設計用せん断力 Q_D の確認

短期設計用せん断力 Q_{DS} は，地震時せん断力に対し，割増係数として $\gamma=2.0$ を設定して求めることにする．なお，長期・短期ともに B 端の Q_D が A 端を上回るため，以降は B 端について計算を進めることにする．

・A 端　長期：$Q_D = 46$ kN　短期：$Q_D = 46 + 2.0 \times 64 = 174$ kN
・B 端　長期：$Q_D = 53$ kN　短期：$Q_D = 53 + 2.0 \times 64 = 181$ kN

② 許容せん断力 Q_A の確認

許容せん断力におけるコンクリート負担分 Q_{Ac} のみを用いて，Q_D をコンクリートだけで負担可能であるか検討する．また，Q_A の算定においては，$\alpha = 1$ を仮定する．

・長期　$Q_A = Q_{Ac} = \alpha \cdot f_s \cdot b \cdot j = 1 \times 0.74 \times 300 \times 472.5 = 104$ kN
・短期　$Q_A = Q_{Ac} = 1 \times 1.11 \times 300 \times 472.5 = 157$ kN

③ Q_D と Q_A の比較

・長期：$Q_D = 53$ kN $< Q_A = 104$ kN　→　最小補強筋量 $pw = 0.2\%$ で OK
・短期：$Q_D = 181$ kN $> Q_D = 157$ kN　→　Q_A の再検討が必要

ここで，短期において Q_A の再検討を行う前に，仮定した α 値について検討を試みる。その結果，以下のように $\alpha = 1$ の仮定は妥当であった。

$$\alpha = \frac{4}{\frac{M}{Q \cdot d} + 1} = \frac{4}{\frac{231 \times 10^6}{117 \times 10^3 \times 540} + 1} = 0.86$$

④ Q_A の再検討およびあばら筋の配筋

短期においては，コンクリートのみでせん断力負担しきれないため，超過分のせん断力 ΔQ をあばら筋に負担させる方針で計算を進める。

・あばら筋比　　$Q_{Aw} = \Delta Q_D = 0.5 \cdot {}_w f_t \cdot b \cdot j (p_w - 0.002)$

$$p_w = \frac{\Delta Q_D}{0.5 \cdot {}_w f_t \cdot b \cdot j} + 0.002 = \frac{24 \times 10^3}{0.5 \cdot 295 \cdot 300 \cdot 472.5} + 0.002 = 0.0032$$

・あばら筋間隔

あばら筋として D10（1本あたりの断面積 $a = 71.33$ mm²）を使用する。

$$p_w = \frac{a_w}{b \cdot x} \rightarrow x = \frac{a_w}{b \cdot p_w} = \frac{2 \times 71.33}{300 \cdot 0.0032} = 149 \text{ mm}$$

・配筋

以上の計算より，あばら筋は 2-D10 @ 100 とする。

探究　梁に作用する設計用せん断力 Q_D を再計算してみよう。

式 (3.5) を利用して，短期の Q_D を再計算してみる。

(1) 準備計算

長期荷重時のせん断力を単純梁として計算して求める。図 4.32 に示した設計用曲げモーメントは，下図のように単純梁の状態と周囲の拘束の影響に分解できる。そして，周囲の拘束の影響によって生じる曲げモーメントから梁に生じるせん断力を求めると，(62kNm − 43kNm) / 5.5m = 3.5 kN（負側）となる。これを図 4.32 に示した長期・Q 図から差し引くことにより，単純梁として計算した長期荷重によるせん断力を求めることができる。

(2) 降伏曲げモーメント M_y の算定

式 (3.6) を利用して，梁両端の降伏曲げモーメント M_y を次式により求める。

$$M_y = 0.9 \cdot a_t \cdot \sigma_y \cdot d = 0.9 \times 1548 \times 345 \times 540 = 260 \text{ (kNm)}$$

(3) 設計用せん断力 Q_D の算定

式 (3.5) を利用して，短期の Q_D を算定する。

$$Q_D = Q_L + \frac{\sum M_y}{\ell'} = 49.5 + \frac{2 \times 260}{4.9} = 156 \text{ (kN)}$$

以上より，短期の設計用せん断力 Q_D が求まり，$Q_D < Q_A$ となった。

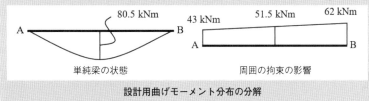

設計用曲げモーメント分布の分解

● 4章　参考文献

1) 横内基ほか：制震補強された既存校舎の弾塑性挙動に関する研究，コンクリート工学年次論文集，Vo.23，No.1，pp.1117-1122，2001

2) 惟義英ほか：実大実験により耐震性能を検証した既存 RC 造校舎の耐力・変形性能に関する 3 次元 FEM 解析，コンクリート工学年次論文集，Vo.28，No.2，pp.1003-1008，2006

3) 小谷俊介ほか：1995 年兵庫県南部地震による神戸市灘区及び東灘区における鉄筋コンクリート造共同住宅の被害，小谷研究室報告，1995.4

4) 荒川卓ほか：鉄筋コンクリート部材のせん断補強法の実態とその改善に関する研究，室蘭工業大学研究報告．理工編，Vol.9，No.1，pp.69-91，1976.12

鉄筋コンクリート部材の抵抗機構と断面算定

　　鉄筋コンクリート（RC）造建物には，梁と柱以外にも多くの部材が存在する。地震に対する主要な抵抗要素となる耐震壁，梁と柱が交差する柱・梁接合部，建築空間における人間活動の基本となる床スラブ，そして建物を支持する基礎構造。本章では，これらの RC 部材の抵抗機構について理解し，その断面算定の基本的な考え方を学習する。また，鉄筋とコンクリートを一体化するために必要な付着・定着・継手の考え方についても併せて学習し，RC 造建物の抵抗機構の全体像を捉えてほしい。

5.1 耐震壁の断面算定——効果的な耐震壁を設計するためには

5.1.1 耐震壁の役割

耐震壁は高い水平剛性を有しており，構造物に作用する水平力に対する抵抗が大きい。そのため，構造物の耐震性を向上させるうえで重要な部材である。図 5.1 に示すように，耐震壁は壁板と**付帯ラーメン**が一体となって構成されているため，その両者について適切な設計が求められる。また，様々な理由により，耐震壁に開口が求められるケースは多い。開口を有する耐震壁（有開口耐震壁）の場合には，開口が耐震壁の耐震性能に及ぼす影響について考慮する必要がある。また，耐震壁が建物全層にわたって配置された**連層耐震壁**においては，耐震壁の浮き上がりや曲げ降伏を想定したり，**境界梁**の影響を考慮したりする必要があるなど，高度な設計が必要となる。

用語 耐震壁

柱や梁に周囲を囲まれた壁であり，他の部位に比べて強度と剛性が高く，地震時の水平力に対して極めて高い抵抗性を有している。なお，建築基準法上は「耐力壁」という用語が規定されているが，これは耐震壁および構造的に寄与しているすべての壁のことを指す。

●耐震壁の水平剛性

耐震壁の水平剛性の高さは，その水平断面を見れば確認できる。下図に示すように，耐震壁は地震時に入力される水平力 P に対して強軸となり，極めて大きな断面二次モーメントを有することがわかる。このような耐震壁の強軸に対する抵抗を面内抵抗という。なお，反対に弱軸に対する抵抗は面外抵抗という。

耐震壁の水平断面

用語 付帯ラーメン

耐震壁を取り囲む周囲の柱や梁によるラーメン構造のことである。付帯ラーメンは，地震時の水平抵抗だけでなく，壁板にせん断ひび割れが生じた際の膨張を拘束する役割を担う。柱型拘束域および梁型拘束域という表現も用いられる。

用語 連層耐震壁

建物高さ方向に連なって配置した耐震壁のことである。連層耐震壁の高さが高くなると，曲げ変形や回転変形が生じやすくなる。また，耐震壁を連層で設ける場合，ピロティ構造のように一部の階だけ耐震壁を設けないと，その階の剛性と耐力が低下する恐れがあるので注意が必要である。

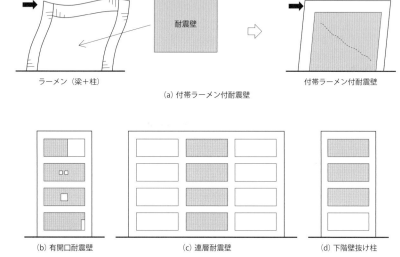

図 5.1 付帯ラーメン付耐震壁

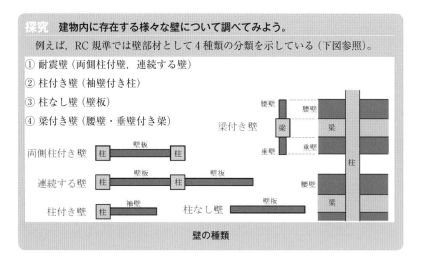

用語 境界梁

耐震壁に隣接する梁のことである。連層耐震壁が回転変形する際に，境界梁はそれを曲げ戻す作用をする。

● **耐震壁の基礎回転変形**

耐震壁は地震時に建物に作用する水平力を多く負担する。そのため，耐震壁の直下には大きな反力が発生する。特に連層耐震壁の場合は曲げ挙動が卓越するため，耐震壁直下では反力が偶力の形で存在し，曲げモーメントに抵抗するようになる。この時，圧縮側で地盤が変形し，引張側で杭が抜け出したり，基礎が浮き上がったりする場合には，建物が回転した状態になる。このような変形状態が基礎回転変形である。

5.1.2 耐震壁の抵抗機構

図5.2に耐震壁に想定される変形モードを示す。耐震壁には，曲げ変形，せん断変形および基礎回転変形の3つが想定される。耐震壁は連層耐震壁として用いられることが多く，図5.3に示すように，その水平力に対する抵抗機構は片持ち柱とみなした場合に近い。したがって，単層あるいは連層される耐震壁が少ない場合は，せん断スパン比が小さく，せん断抵抗が主たる抵抗になる。また，連層される耐震壁の数が多くなるにつれて，せん断スパン比が大きくなり，次第に曲げ抵抗の割合が増大する。このような耐震壁の抵抗機構の変化に応じてその破壊形式も様々であるが，おおむね曲げ破壊とせん断破壊に大別できる（図5.4）。

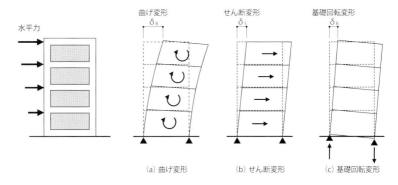

図5.2 耐震壁の変形

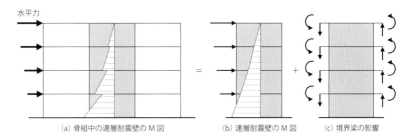

図5.3 連層耐震壁の変形に作用する力

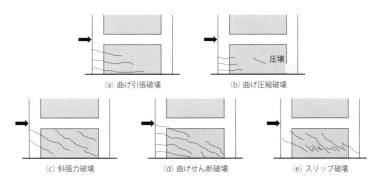

図5.4 耐震壁の破壊形式

(1) 耐震壁の曲げ抵抗機構

図5.5に耐震壁断面の曲げによるひずみ度分布と応力度分布を示す。耐震壁に水平力が作用した場合，抵抗するのは耐震壁の水平断面である。その形状は付帯柱を含めてI型であり，非常に大きな断面二次モーメントを有することがわかる。そのため，耐震壁は曲げ変形しにくく，せん断挙動が卓越する。しかし，連層耐震壁の場合，特に最下階の耐震壁に作用する曲げモーメントが大きくなるため，その曲げ挙動も生じやすくなる。一般的には，せん断スパン比が3以上になると曲げ破壊が先行する場合が多いようである。

曲げを受ける耐震壁の断面に生じるひずみ度分布と応力度分布を見ると，引張側の付帯柱の主筋だけでなく，壁縦筋も曲げモーメントによって生じる引張力に抵抗することがわかる。そして，柱主筋から徐々に内側の壁縦筋に向かって降伏が進んでいき，曲げ破壊に至る。

(2) 耐震壁のせん断抵抗機構—せん断ひび割れ発生前

耐震壁のせん断抵抗は，壁板にせん断ひび割れが発生する前後で異なる。せん断ひび割れ発生前は，主として壁板のコンクリートがせん断力に抵抗する。図5.6に示すように，1層の耐震壁に水平力が作用したとき，耐震壁に生じるせん断力 Q により壁板には大きなせん断応力度が作用する。このとき，壁板に生じる最大せん断応力度 τ_{max} ならびに耐震壁に作用する**平均せん断応力度** τ は次式により表される。

$$\tau_{max} = \kappa \frac{Q}{t \cdot \ell} \tag{1.1}$$

$$\tau = Q/t \cdot \ell \tag{1.2}$$

ここで，κ：**形状係数**（I型断面の場合，$1.0 \sim 1.2$），t：壁厚，ℓ：付帯柱の中心間距離である。

軸力が作用しない場合，壁板中央部分の微小要素の応力状態は，せん断応力度 τ のみが作用する純せん断応力状態に近いとみなすことができる。したがって，引張応力度が最大となる主応力方向は $45°$ 方向となり，壁板にも $45°$ 方向にせん断ひび割れが発生することになる。せん断ひび割れの発生はコンクリートの引張強度に基づくことから，図5.7に示すように，許容せん断応力度 f_s はコンクリートの設計基準強度 F_c と対応づけられている。

(3) 耐震壁のせん断抵抗機構—せん断ひび割れ発生後

一方，せん断ひび割れ発生後は，ひび割れ面に露出する壁筋と壁板に取りつく付帯柱の抵抗が主となる。図5.8にせん断ひび割れ周辺の力の釣合い状態を示す。$45°$ 方向に発生したせん断ひび割れ面に露出する壁筋1組に作用する引張力 T の合力と1組の壁筋に対応する範囲の壁板に作用する斜め引張応力度 σ_{45} の合力が釣り合う状態になる。

用語 平均せん断応力度

壁板に生じるせん断応力度分布は一様ではないが，それを一様に生じていると仮定して算出したせん断応力度である。

用語 形状係数

平均せん断応力度 τ よりも最大せん断応力度 τ_{max} は必ず大きな値となる。τ_{max} が τ よりどの程度大きくなるかは断面形状に依存するため，τ_{max} を τ で除して求めた比の値を形状係数という。

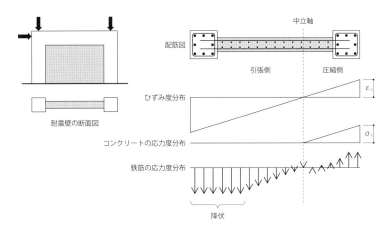

図 5.5 耐震壁の曲げによる応力度分布とひずみ度分布

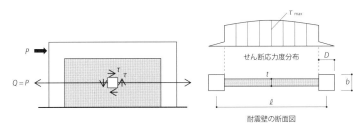

図 5.6 ひび割れ発生前の耐震壁のせん断抵抗

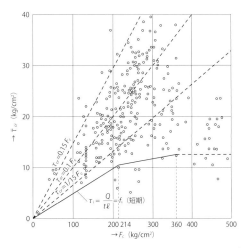

図 5.7 せん断ひび割れ強度とコンクリート強度の関係[1]

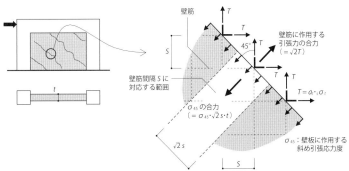

図 5.8 せん断ひび割れ発生後の耐震壁の抵抗機構

5.1 耐震壁の断面算定——効果的な耐震壁を設計するためには　113

5.1.3 無開口耐震壁の許容水平せん断力

● **なぜ Q_1 と Q_2 の大きいほうを採用するのか？**

Q_1 と Q_2 はそれぞれせん断ひび割れ発生前後の抵抗機構に基づいて算定されている。もし，せん断ひび割れの発生を許容しないのであれば，Q_1 のみ用いればよい。ただし，現状のせん断補強筋の最小規定や付帯柱の負担せん断力によって，多くの場合は $Q_2 > Q_1$ となる。また，過去の無開口耐震壁の実験において評価された終局強度に対して，Q_2 は余裕のある許容せん断力を算定する。そのため，せん断ひび割れの発生を許容するのであれば，値の大きな Q_2 を採用することも可能である。

耐震壁の断面算定は，主として短期荷重に対して実施する。RC 規準では，無開口耐震壁の許容水平せん断力 Q_A を①壁板にせん断ひび割れが発生する前の水平許容せん断力 Q_1 と②壁板にせん断ひび割れが発生した後の水平許容せん断力 Q_2 の 2 つに基づいて算定する。Q_1 ではせん断力に対してコンクリートの抵抗のみを考え，Q_2 では壁筋と付帯ラーメンの柱の抵抗を考えており，Q_1 と Q_2 のうち大きい方の値を Q_A として採用することができる。

$$Q_A = \max(Q_1, Q_2) \tag{1.3}$$

$$Q_1 = t \cdot \ell \cdot f_s \tag{1.4}$$

$$Q_2 = Q_w + \Sigma Q_c \tag{1.5}$$

ここで，t：壁板の厚さ，ℓ：付帯柱の中心間距離，f_s：コンクリートの許容せん断応力度である。また，壁板の許容せん断力 Q_w および付帯柱の許容せん断力 Q_c は次式により求められる。

$$Q_w = p_s \cdot t_w \cdot \ell' \cdot f_t \tag{1.6}$$

$$Q_c = b \cdot j \{1.5 f_s + 0.5 \, {}_w f_t (p_w - 0.002)\} \tag{1.7}$$

ここで，p_s：**壁筋比**，ℓ'：壁板の内法長さ，f_t：壁板の許容引張応力度，b：付帯柱の幅，j：付帯柱の応力中心間距離，${}_w f_t$：付帯柱のせん断補強筋の短期許容引張応力度である。なお，壁筋比 p_s は，次式により定義される。

$$p_s = \frac{a_t}{t \cdot s} \tag{1.8}$$

ここで，a_t：壁板のせん断補強筋 1 組の断面積，s：壁板のせん断補強筋の間隔である。

用語 壁筋比

壁板のせん断補強筋比のことであり，直交する 2 方向（縦筋，横筋）について算定する。これは，壁板のせん断ひび割れがおおよそ 45°方向に発生するためであり，縦筋と横筋の両方でせん断ひび割れの開口に抵抗することを想定している。

探究 水平力を受ける耐震壁に生じる力の流れやひずみの状態を確認しよう。

有開口耐震壁の開口低減率について検討した既往の研究事例[2] から，耐震壁に対する FEM 解析結果を紹介する。

耐震壁に対する FEM 解析結果

5.1.4　有開口耐震壁における許容水平せん断力の低減

建物の居住性を考えた場合，採光や通路確保のため，耐震壁に開口部を設ける要求が多くなる。有開口耐震壁の許容せん断力 Q_{A0} は，無開口耐震壁の許容せん断力 Q_A に低減率 γ を乗じることで求められる。

$$Q_{A0} = \gamma \cdot Q_A \tag{1.9}$$

低減率 γ は，開口の幅（γ_1），見付面積（γ_2）および高さ（γ_3）に応じてそれぞれ算出され，最終的にはそれらの最小値を低減率 γ として採用する。

$$r = \min(\gamma_1, \gamma_2, \gamma_3) \tag{1.10}$$

開口の幅および見付面積に関する低減率 γ_1 および γ_2 は，**開口幅比**および**等価開口周比**を用いて次式により求められる。なお，耐震壁の場合，原則として $\gamma_2 \geqq 0.6$ でなければならない。なお，式中の記号は**図 5.9 (a)** に示すとおりである。

$$\gamma_1 = 1 - 1.1 \times \frac{\ell_{op}}{\ell_o} \tag{1.11}$$

$$\gamma_2 = 1 - 1.1 \times \sqrt{\frac{h_{op} \cdot \ell_{op}}{h \cdot \ell_o}} \tag{1.12}$$

また，開口の高さによる低減率 γ_3 は，連層耐震壁に縦長の開口が全層に規則的に配置される場合を想定し，次式により求められる。なお，ピロティの直上階あるいは中間階の単層壁では (1.13) 式を用い，それ以外は (1.14) 式を用いる。また，開口上下の破壊が生じる可能性がない階では，γ_3 を 1 としてよい。

$$\gamma_3 = 1 - \frac{\Sigma h_{op}}{\Sigma h} \tag{1.13}$$

$$\gamma_3 = 1 - \lambda \cdot \frac{\Sigma h_{op}}{\Sigma h} \tag{1.14}$$

ここで，式中の記号は**図 5.9 (b)** および **(c)** に示すとおりである。また，λ：当該階から下の壁または基礎梁が変形しないと仮定することに伴う係数である。

> **用語　開口幅比**
> 耐震壁の幅 ℓ_0 に対する開口幅 ℓ_{op} の比（ℓ_{op}/ℓ_0）である。

> **用語　等価開口周比**
> 開口周比 γ_0 は，耐震壁の面積（$h \times \ell_0$）に対する開口面積（$h_{op} \times \ell_{op}$）の比を 1/2 乗して長さ比としたものであり，次式で算定される。
>
> $$\gamma_0 = \sqrt{\frac{h_{op} \cdot \ell_{op}}{h \cdot \ell_0}}$$
>
> なお，複数開口の場合，それを等価な 1 つの開口に置き換えるため，等価開口周比と呼ばれている。

> ● **係数 λ について**
> 開口がほぼ縦一列で特に検討しない場合は，次式により算定できる。
>
> $$\lambda = \frac{1}{2}\left(1 + \frac{\ell_{op}}{\ell_o}\right)$$

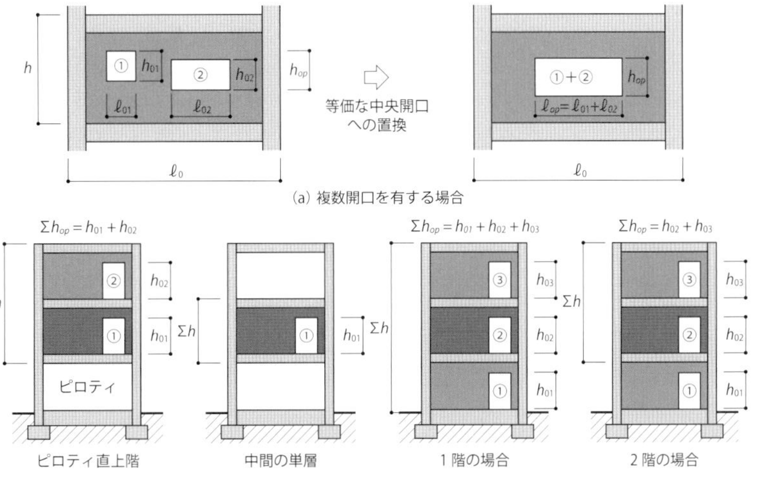

（a) 複数開口を有する場合

（b）(1.13) 式を利用する場合の例　　（c）(1.14) 式を利用する場合の例

図 5.9　開口寸法の取扱い

5.1　耐震壁の断面算定——効果的な耐震壁を設計するためには　　115

5.1.5 開口補強

耐震壁に開口を設ける場合，開口隅角部に発生する付加斜張力や周辺部材による付加曲げモーメントによって生じる局部応力によって誘発されるひび割れの伸展を防ぐための開口補強が必要である。図 5.10 (a) に示すように，開口補強は開口隅角部に対する①斜め補強，②鉛直補強および③水平補強の 3 種類である。

開口隅角部の斜め補強は，図 5.10 (b) に示すような付加斜張力 T_d に対する補強である。本来，壁板が抵抗する斜め 45°方向の引張応力度であるが，有開口耐震壁では開口部の存在によってそれを負担できず，開口隅角部に集中することになる。T_d は次式によって算定され，壁の縦筋と横筋で負担できない斜張力に対して斜め補強筋を配筋する。

$$T_d = \frac{h_0 + \ell_0}{2\sqrt{2}\,\ell} Q \tag{1.15}$$

一方，開口隅角部の鉛直補強および水平補強は，図 5.10 (c) に示すような開口部に生じる付加曲げモーメント M_v および M_h に対する補強である。鉛直方向の付加曲げモーメント M_v および水平方向の付加曲げモーメント M_h は次式により算定される。M_v は壁縦筋と開口周囲の斜め筋，M_h は壁横筋と開口周囲の斜め筋が負担するが，不足分に対しては鉛直補強筋あるいは水平補強筋を配筋して抵抗する。

$$M_v = \frac{Q}{2} \cdot \frac{h_0}{2} \tag{1.16}$$

$$M_h = \frac{h}{\ell} \cdot Q/2 \cdot \frac{\ell_0}{2} \tag{1.17}$$

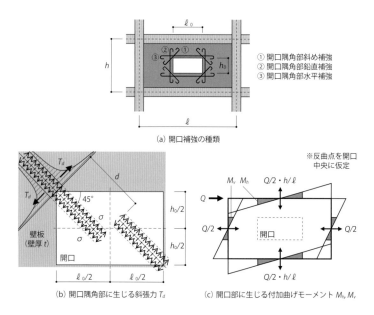

図 5.10 有開口耐震壁の開口補強

5.1.6 構造規定

耐震壁においては，以下に抜粋するような構造規定が設けられている。その他の規定も含めて，詳細は，「RC 規準」の 19 条を参照すること。

① 壁板の厚さ

「壁板の厚さは 120mm 以上，かつ壁板の内法高さの 1/30 以上とする。」

→ コンクリートの充填性や面外曲げ（座屈）に対する安定性を確保する。

② 壁板のせん断補強

「壁板のせん断補強筋比は，直交する各方向に関し，それぞれ 0.0025（0.25 ％）以上とする。」

→ せん断ひび割れ発生後の抵抗力を確保し，付帯ラーメンの損傷を防ぐ。また，せん断ひび割れを壁面全体に分散させ，応力集中を防止する。

③ 壁筋の複筋配置

「壁板の厚さが 200mm 以上ある場合には，壁筋を複筋配置とする。」

→ 壁板の面外に対する曲げ抵抗の確保とひび割れの阻止・分散を期待する。

④ 壁筋の径と間隔

「壁筋は，D10 以上の異形鉄筋を用いる。**見付け面**に対する壁筋の間隔は 300mm 以下とする。ただし，千鳥状に複配筋を行う場合は，片面の壁筋間隔は 450mm 以下とする。」

→ 壁筋の径は施工性を確保するために規定している。壁筋の間隔は，乾燥収縮ひび割れへの対応，せん断ひび割れ発生時の衝撃緩和，せん断ひび割れの進展抑制およびコンクリートの剥落防止のためである。

⑤ 壁部材の柱と梁の断面と配筋

「柱型拘束域および梁型拘束域の主筋は，柱および梁の構造規定に従う。特に検討をしない場合，梁型拘束域の主筋全断面積は梁型拘束域の断面積の 0.8％ 以上とする。」

→ 壁板に生じたせん断ひび割れの広がりを周辺の柱・梁で抑制し，壁全体に加わる鉛直荷重および曲げに対して安全を確保する。

⑥ 柱のせん断補強筋

「**柱型拘束域**および**梁型拘束域**のせん断補強筋は，柱および梁のせん断補強に関する構造規定に従う。」

→ 壁周囲の梁および柱の端部には大きなせん断力が生じるため，通常の梁および柱と同等のせん断補強が最低限必要である。

⑦ 開口に近接する柱の帯筋

「開口に近接する柱（開口端から柱端までの距離が 300mm 未満）のせん断補強筋比は，原則として 0.004（0.4％）以上とする。」

→ 開口に近接する柱は短柱と同様の形式となり，脆性的な破壊が生じる可能性がある。そのため，通常の柱の最小補強筋量を割増している。

用語 **見付け面**

耐震壁を正面から見たときに前方に見える面のことである。

用語 **柱型拘束域，梁型拘束域**

耐震壁の一部となる柱が柱型拘束域であり，連層耐震壁の最上層および最下層となる梁が梁型拘束域である。

5.2　柱・梁接合部── 柱・梁接合部の破壊を防ぐためには

5.2.1　柱・梁接合部の役割

図 5.11 に示すように，柱・梁接合部とは，柱と梁が接合している交差部のことである。RC 構造の場合，柱と梁は一体化しており，その接合部は剛接合となっている。したがって，柱と梁は接合部を介して相互に力（曲げモーメント，せん断力，軸方向力）を伝達することが可能であり，建物が水平力を受けた際には建物全体が変形し，建物全体で水平力に対して抵抗することができる。

柱・梁接合部の破壊が問題となった契機は，1995 年に発生した兵庫県南部地震（阪神・淡路大震災）である。この地震では，旧基準で設計された RC 造建物の被害が顕著であったが，接合部の被害は現行基準で設計された RC 造建物においても確認された。接合部の被害の多くはせん断破壊であったが，その要因として，材料（コンクリート，鉄筋）の高強度化が進むとともに，部材の塑性変形能力に期待する構造設計の普及により，柱・梁接合部の応力状態が次第に厳しい状態に変化してきたことが挙げられている。柱梁接合部の損傷によって柱・梁相互の力の伝達ができなくなり，骨組の一体性が失われることにより，建物の耐震性能が十分に発揮されない可能性があるため，柱・梁接合部の破壊を防ぐための配慮が必要である。

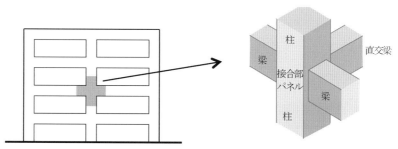

図 5.11　柱・梁接合部

探究　柱・梁接合部の被害例を調べてみよう。

例1. 兵庫県南部地震で被災した RC 造集合住宅

例2. 熊本地震で被災した市庁舎 十字型柱梁接合部の被害

例3. 熊本地震で被災した RC 造集合住宅 大梁が偏心接合した柱梁接合部の被害

5.2.2 柱・梁接合部に要求される性能

柱・梁接合部に対しては，接合部に生じる水平せん断力 Q_j によってせん断破壊しないことが求められる。水平力を受ける RC 骨組の柱・梁接合部の周辺には，図 5.12 (a) に示すような曲げモーメント分布が発生する。この状態に基づいて，柱・梁接合部に生じる Q_j を図示すると，図 5.12 (b) のようになる。Q_j は柱・梁接合部の水平切断面における力の釣り合いにより，次式により求められる。

$$Q_j = T + C_c' + C_s' - Q_c = T + T' - Q_c = \sum \frac{M_b}{j} - Q_c \tag{2.1}$$

なお，梁が接合部の片側にしか取り付かないト形接合部や L 形接合部では，上式において $C_c' + C_s' = 0$ として Q_j を求めればよい。

さて，RC 造建物においては，最終的に建物全層において梁端での曲げ降伏が先行する全体崩壊形の形成を想定する。そのため，柱せん断力 Q_c は，梁端の曲げモーメント M_b によって決定されることから，両者を関連付けておきたい。まず，図 5.12 (a) に着目し，梁端位置の M_b と柱芯位置の M_b' を幾何学的に対応付けると，次式が導かれる。

$$M_b' = \frac{\ell}{\ell - D} \cdot M_b \tag{2.2}$$

柱・梁接合部における曲げモーメントの釣り合いに基づけば，次式が得られる。

$$Q_c = \frac{\ell}{h \cdot (\ell - D)} \cdot \sum M_b = \frac{\sum M_b}{h \cdot (1 - D/\ell)} \tag{2.3}$$

最終的に，Q_j は次式により算出される。

$$Q_j = \sum \frac{M_b}{j} - \frac{\sum M_b}{h \cdot (1 - D/\ell)} = \sum \frac{M_b}{j}(1 - \xi) \tag{2.4}$$

$$\xi = \frac{j}{h \cdot (1 - D/\ell)} \tag{2.5}$$

● **柱・梁接合部の変形**

柱・梁接合部に作用する力を理解するためには，対応する変形状態を併せて確認しておきたい。

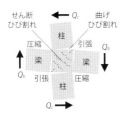

柱・梁接合部の変形とひび割れ

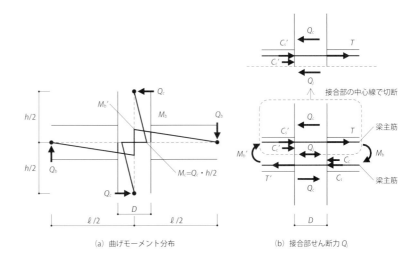

(a) 曲げモーメント分布　　(b) 接合部せん断力 Q_j

図 5.12　柱・梁接合部に生じる力

5.2.3 柱・梁接合部の設計の考え方

RC規準では，短期において，柱・梁接合部の許容せん断力 Q_{Aj} が設計用せん断力 Q_{Dj} を上回ることを確認することにより，せん断力に対する安全性を確保する。

柱・梁接合部の Q_{Dj} は，式 (2.4) において，梁端の曲げモーメント M_b が降伏曲げモーメント M_y に到達した状態を想定し，次式により算定される。

$$Q_{Dj} = \sum \frac{M_y}{j}(1-\xi) \tag{2.6}$$

なお，柱の設計において，地震時せん断力を1.5倍以上に割り増して設計用せん断力 Q_D を求めている場合には，次式により Q_{Dj} を求めても構わない。

$$Q_{Dj} = \frac{1-\xi}{\xi} \cdot Q_D \tag{2.7}$$

一方，柱・梁接合部の短期許容せん断力 Q_{Aj} は，次式により算出される。

$$Q_{Aj} = \kappa_A \cdot (f_s - 0.5) \cdot b_j \cdot D \tag{2.8}$$

ここで，κ_A：接合部の形状による係数（図 5.13），f_s：コンクリートの短期許容せん断応力度，b_j：接合部の有効幅，D：柱せいである。なお，b_j は次式により求めることができる。

$$b_j = b_b + b_{a1} + b_{a2} \tag{2.9}$$

ここで，b_b：梁幅，$b_{ai}(i=1, 2)$：$b_i/2$ または $D/4$ の小さい方（図 5.14）である。なお，Q_{Aj} の計算においては，接合部内のせん断補強筋の効果が含まれていない。これは，これまでの研究によって，接合部内のせん断補強筋は接合部のせん断強度にほとんど寄与せず，接合部コアコンクリートを拘束する横補強筋としての役割を担うと考えられているためである。

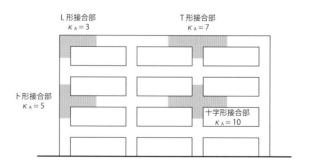

図 5.13　接合部の形状による係数

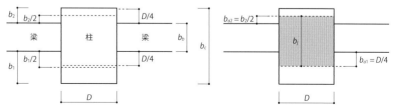

図 5.14　接合部の有効幅

5.2.4 構造規定

柱・梁接合部内の帯筋に関しては、以下に示す構造規定が設けられている。詳細は、RC 規準 15 条を参照すること。

① 帯筋の種類

「帯筋は、直径 9mm 以上の丸鋼または D10 以上の異形鉄筋を用いる。」

→ 梁、柱と共通としている。

② 帯筋比

「帯筋比は 0.2% 以上とする。」

→ 柱の帯筋比の規定と同じである。ただし、接合部内においては、梁主筋との兼ね合いにより、帯筋比から算定される帯筋間隔より狭い間隔で配筋せざるを得ない場合もある。

③ 帯筋間隔

「帯筋間隔は 150mm 以下とし、かつ、隣接する柱の帯筋間隔の 1.5 倍以下とする。」

→ これまでの慣例に従う形で決まっている。帯筋のせん断補強効果ではなく、接合部の帯筋によるコアコンクリートの拘束効果に期待している。

● DFRCC

高靱性繊維補強セメント複合材料のことであり、Ductile Fiber Reinforced Cementitious Composites の略である。

探究 柱・梁接合部の研究の最前線を覗いてみよう。

近年の柱・梁接合部に関する研究の進展は目覚ましい。ここでは、その一例を紹介する。

例 1. 柱・梁接合部の新たな破壊機構の発見と解明[3]

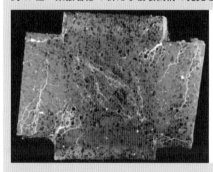

終局状態における内部ひび割れ

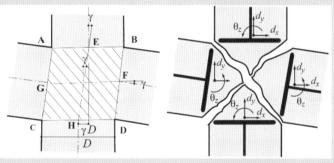

変形に関する従来の 1 自由度モデル（左）と新たな 9 自由度モデル（右）

例 2. 柱・梁接合部のヒンジリロケーション[4]

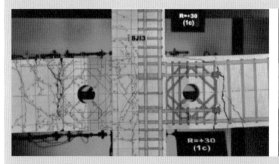

梁の塑性ヒンジ発生位置を柱面から離した位置に移動
梁端部に貫通孔を設けることができる可能性を検証

例 3. DFRCC を接合部パネルゾーンへ適用[5]

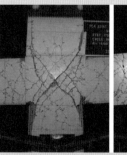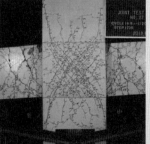

普通コンクリート（左）と DFRCC（右）の比較
DFRCC の方がひび割れを分散して損傷を抑制

5.3 床スラブ——床スラブの安全性と居住性を確保するためには

5.3.1 床スラブの役割

床スラブは，人が活動したり，物が積載されたりするなど，人間が建物内で活動するうえでもっとも重要な部分である。そのため，安全性を確保するだけでなく，快適な居住性の確保も重要である。

床のもっとも重要な役割は，人間や家具，設備などの積載物の安全を確保することである。積載物の重量は床スラブによって支持され，床スラブと一体化する梁に伝えられる。しかし，床スラブの厚さが薄い場合やスラブ筋の配筋が適切に行われていない場合，床スラブに過大なたわみやひび割れが生じる場合がある。これにより，安全性が低下するのはもちろんのこと，振動障害によって居住性が低下することもあるため，十分な注意が必要である。

また，床スラブは，その断面形状から，面内剛性が極めて高い。そのため，地震や風による水平力によって変形しにくいという特徴を有している。これにより，建物に作用した水平力は床スラブを介して柱や耐震壁といった耐震要素に分配される。建物にねじれ変形が生じておらず，また，スラブの面内変形が無視できるほど小さくて**剛床仮定**が成立する場合には，同一層内の鉛直部材の水平変形はすべて等しくなり，層間変形と等しくなる。そのため，構造計算に際しては，剛床仮定を適用することで骨組のモデル化を単純化し，骨組解析を実施することで応力解析を実施する場合が多い。

● **床スラブの振動障害**
床スラブの振動障害は大たわみを伴う場合に多い。また，空調関係の機械が振動の発生源となり，床スラブの共振が励起される場合もある。振動障害の程度の判定は対象が人間であることから，画一的な判断は困難であるが，RC規準では付録の中で振動評価基準を提示している。

用語 剛床仮定
地震力を受ける骨組において，水平力は床スラブを介して柱や壁に伝わるため，床スラブも水平面内に変形する。しかし，骨組の層間変位に比べて床スラブの変形がかなり小さい場合，これを無視する剛床仮定を採用し，応力解析を簡略化できる。なお，大きな吹き抜けが存在する場合など，剛床仮定が成立しない場合もあるため，その検証が必要である。

探究 いろいろな床スラブの種類について調べてみよう。

スラブの構造形式や種類は様々である。例えば，以下のようなものがある。

(1) フラットスラブ
RCスラブを支板付きの柱で支持する構造。梁が取りつかないため，空間を有効利用できる。

(2) ワッフルスラブ
直交格子状に小さなリブを配したRCスラブ。

(3) ボイドスラブ（中空スラブ）
厚いスラブに円筒型枠を埋込んで中空部をつくり，軽量化を図ったRCスラブ。床厚を確保しているため，剛性や強度および遮音性に優れている。

(4) 合成スラブ
デッキプレートとコンクリートとの合成スラブでは，デッキプレートが引張鉄筋の役割を担うため，鉄筋が不要である。また，耐火被覆も不要である。

(5) アンボンドPCスラブ
アンボンドPC鋼材を用いてスラブにプレストレスを与え，たわみやひび割れの発生を抑制する。

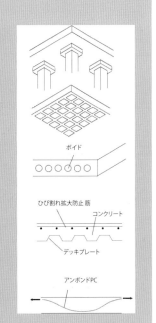

5.3.2 床スラブの最小厚さ

床スラブの設計にあたっては，最初に厚さを仮定する必要がある。図 5.15 に示すように，床スラブは大梁または小梁により周辺が固定されている場合が多い。一方，ひさしやバルコニーなどは，大梁を固定端とする片持ちスラブとして考える。床スラブの厚さ t は，このような周辺の支持条件に応じて次式のように最小値が定められている。

$$\text{周辺固定スラブ}：t = 0.02\left(\frac{\lambda - 0.7}{\lambda - 0.6}\right)\left(1 + \frac{w_p}{10} + \frac{\ell_x}{10000}\right)\ell_x \tag{3.1}$$

$$\text{片持ちスラブ}：t = \frac{\ell_x}{10} \tag{3.2}$$

ここで，λ：短辺有効スパン長さ ℓ_x と長辺有効スパン長さ ℓ_y の比 ($= \ell_y / \ell_x$)，w_p：積載荷重と仕上げ荷重の和である。

この規定は，スラブの剛性不足による過大なたわみ，ひび割れおよび振動障害の発生を防止するために設けられており，床スラブに生じる**長期たわみ**量を $\ell_x/250$ 以下に抑える方針である。これは，床スラブに起因する種々の障害に対する使用者の苦情の発生量と長期たわみ量 δ_L の関係に関する実態調査に基づいている。

用語　長期たわみ

曲げを受ける RC 部材のたわみは，荷重によって発生する弾性たわみに加え，経年によって生ずるコンクリートのひび割れ，クリープ，乾燥収縮などに起因する長期たわみが生じる。長期たわみは，弾性たわみに対する倍率で表され，最小スラブ厚さの規定はこれを 16 倍と設定したときの長期たわみが許容値以下となるように設定されている。

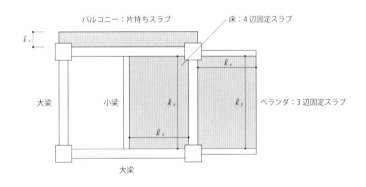

図 5.15　床スラブの支持条件

探究　床スラブの長期たわみの発生要因について調べてみよう。

RC 規準では，床スラブの長期たわみの計算法として，次式を示している。

$$\text{長期たわみ} = (K_1 + K_2 + K_3) \times \text{弾性たわみ}$$

ここで，K_1：ひび割れによる倍率，K_2：クリープによる倍率，K_3：乾燥収縮による倍率である。また，上式は予想平均たわみを算定するが，最大たわみはその 1.5 倍程度になると考えられる。

上式に示したように，床スラブの長期たわみの要因として，ひび割れ，クリープおよび乾燥収縮の 3 つが考えられる。また，床スラブは二方向で支持されているためたわみが生じにくい状況にあるが，支持部にひび割れが生じると，スラブ筋が抜け出し，固定度が低下してしまう。これにより，たわみが 1.2～1.3 倍になる可能性も指摘されている。そのため，端部筋の抜け出しによるたわみ倍率を考慮した長期たわみ算定式も提案されている。

その他，スラブ筋の配筋施工誤差の影響も無視できない。端部の上端筋が設計上の位置よりも下に下がっており，所定の有効せいを確保できていない事例も報告されている。

5.3.3 床スラブの設計

(1) 交差梁理論による曲げモーメントの評価

床スラブの設計では，主としてスラブに作用する長期荷重が設計対象であり，それによって生じる曲げモーメントに対して曲げ設計を実施する。なお，せん断力に対しては，等分布荷重を受ける一般のスラブ断面に作用するせん断応力が小さいため，検討しない場合が多い。ただし，集中荷重が作用する場合などは，**パンチングシア**によって破壊する恐れがあるため，別途検討が必要となる。

床スラブに生じる曲げモーメントは，**交差梁理論**に基づいて略算される。図5.16 に示すような短辺 ℓ_x，長辺 ℓ_y を有する周辺固定スラブに等分布荷重 w が作用している場合を考える。交差梁理論では，これを両端が固定された単位幅を有する梁としてモデル化する。この時，スラブ断面の曲げ剛性 EI は一定である。また，等分布荷重 w は，短辺方向と長辺方向にそれぞれ w_x と w_y に分かれて作用すると考える。短辺方向の梁と長辺方向の梁のたわみはそれぞれ，次式で表される。

$$\text{短辺方向}: \delta_x = \frac{1}{384} \cdot \frac{w_x \cdot \ell_x^4}{EI} \tag{3.3}$$

$$\text{長辺方向}: \delta_y = \frac{1}{384} \cdot \frac{w_y \cdot \ell_y^4}{EI} \tag{3.4}$$

ここで，両方向の梁のたわみが等しいことから，分布荷重 w は次式に基づいて w_x と w_y に分けて表現される。

$$\text{短辺方向}: w_x = \frac{\ell_y^4}{\ell_x^4 + \ell_y^4} \cdot w \tag{3.5}$$

$$\text{長辺方向}: w_y = \frac{\ell_x^4}{\ell_x^4 + \ell_y^4} \cdot w \tag{3.6}$$

> **用語 パンチングシア**
> 押抜きせん断のことであり，床スラブなどの薄い平板上に集中荷重が作用する際に発生しやすい。
>
> **用語 交差梁理論**
> スラブを直交する二方向の交差する梁に置き換え，両方向の荷重分担率を決める方法である。RC 規準では，四方向固定スラブの弾性たわみを略算する実用的な方法としてこの手法を採用しており，理論解を近似する解が得られることが確認されている。

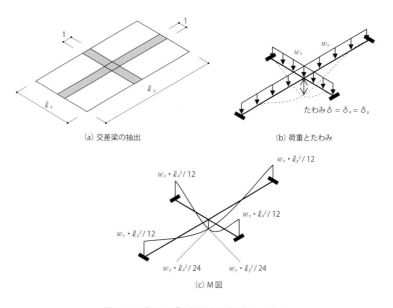

図 5.16 床スラブに想定する曲げモーメント

(2) スラブ筋の算定

RC 規準では，図 5.16 (c) に示した曲げモーメントに対して，さらに既往の研究成果に基づく知見を反映させ，図 5.17 に示すような設計用曲げモーメントを定めている。

床スラブの曲げ設計では，梁の曲げ設計の考え方を利用し，スラブ筋を算定する。なお，床スラブの場合，釣合い鉄筋比以下となる場合が大部分であることから，床スラブの必要鉄筋量は次式を利用して求めることができる。

$$a_t = \frac{M}{f_t \cdot j} \tag{3.7}$$

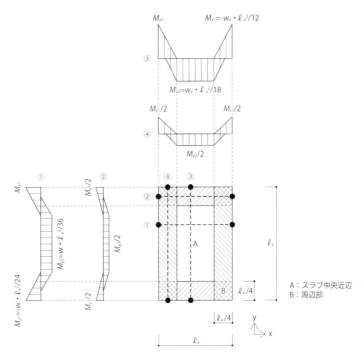

図 5.17 床スラブの設計用曲げモーメント

探究　床スラブの短辺方向と長辺方向の配筋について考えてみよう。

床スラブの配筋を考える場合，短辺方向と長辺方向のどちらが大きな曲げモーメントとなるか把握しておく必要がある。図 5.17 からも確認できるが，交差梁理論の交点のたわみが同量である点から，スパンが短く剛な短辺方向に大きな曲げモーメントが発生すると考えれば理解しやすいだろう。

次に，短辺方向に生じる曲げモーメントに抵抗する断面について考える。それは，下図に示すように，スラブを長辺方向に切断した際に見える断面である。したがって，スラブの配筋を考える際には，この断面において有効せいが大きくなるように配筋する必要がある。

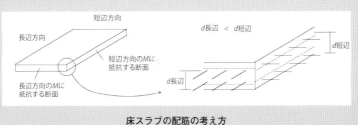

床スラブの配筋の考え方

5.3.4 構造規定

スラブの配筋においては，以下に示す構造規定が設けられている．詳細は，RC 規準 18 条を参照すること．

① スラブ筋の配筋

「スラブの引張鉄筋は，D10 以上の異形鉄筋あるいは鉄筋の径が 6mm 以上の溶接金網を用い，正負最大曲げモーメントを受ける部分にあたっては，その間隔を下表に示す値とする．」

表 5.1 床スラブの配筋

		普通コンクリート	軽量コンクリート
短辺方向		200mm 以下 径 9mm 未満の溶接金網では 150mm 以下	200mm 以下 径 9mm 未満の溶接金網では 150mm 以下
長辺方向		300mm 以下，かつスラブ厚さの 3 倍以下 径 9mm 未満の溶接金網では 200mm 以下	250mm 以下 径 9mm 未満の溶接金網では 200mm 以下

→ スラブ筋に D10 だけでなく D13 を混用することにより，施工時の配筋の乱れを防止でき，施工性を高めることができる．

② スラブ筋比

「スラブ各方向の全幅について，鉄筋全断面積のコンクリート全断面積に対する割合は 0.2% 以上とする．」

→ 床スラブに発生する温度応力および収縮応力に対する配筋の規定である．なお，ひび割れ幅を 0.3mm 以下に制御するためには，0.4% 以上のスラブ筋比が望ましい．

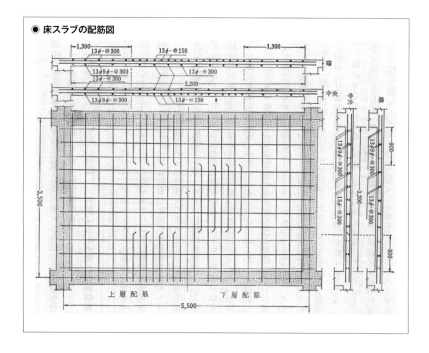

● 床スラブの配筋図

5.3.5 小梁付き床スラブ

床スラブの面積が大きい場合や形状が細長い場合，曲げモーメントによるたわみが過大になることが考えられる。このような場合，図5.18に示すように小梁を設けて床のたわみを抑制することが多い。小梁は両端を大梁で支持されており，大梁を介して床スラブの荷重を柱に伝達する。また，柱と接続していないため，地震力などの水平力に対しては抵抗しない。

小梁は，その役割から長期荷重に対してのみ設計する。小梁によってスラブを小さく分割することになるが，小梁であっても床スラブの固定度は大梁と同等でなければならない。また，設備計画上の要求から，小梁のせいを低く抑える場合があるが，曲げ剛性が十分でない場合，小梁に過大なたわみが生じやすい。さらに，隣接する大梁とのたわみ差によって，大梁とスラブの接合面に顕著なひび割れが発生することも懸念される。このように，スラブの固定度を確保したり，スラブの障害を防止したりするためには，小梁の曲げ剛性を適切に確保する必要がある。

小梁の設計に際しては，大梁のねじれ剛性により小梁の応力が影響を受ける場合は注意が必要である。しかし，連続する小梁でスパン長さが等しく，各スパンがほぼ等しい荷重を受ける連続小梁の最大正負曲げモーメントは，図5.19により算定することができる。

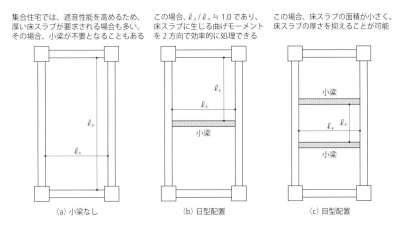

図5.18 小梁の配置

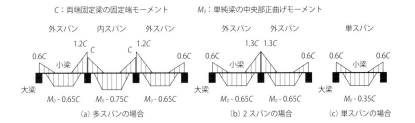

図5.19 小梁の設計用曲げモーメント

5.4 基礎構造——建物を安全に支持するためには

5.4.1 基礎構造の役割

　地球上の建物は、すべて地盤の上に建設される。したがって、地盤には、建物の全重量を支持することが求められる。しかし、地盤は無限に強いわけではなく、その支持力には限界値（地耐力）が存在する。仮に、地盤に対して地耐力を超えるような過度の力が作用した場合、図 5.20 に示すように、地盤には有害な沈下が生じてしまう。特に、地盤の一部が沈下する不同沈下が生じると、沈下量の差によって建物にも有害な変形差が生じ、ひび割れの発生や床の傾斜などの障害を引き起こす。また、建物が一様に沈下したとしても、ガス管や上下水道配管など地中に埋設された設備配管の損傷などが発生することが想定される。したがって、建物が建設される地盤の地耐力を適切に評価したうえで、建物の全重量を効果的に地盤に伝達し、沈下することなく地盤が支持できるように対応する必要がある。そして、その役割を担うのが建物の基礎構造である。

　建物は、最下階の柱脚部分を境界として、それより上部を上部構造、それより下の基礎構造を下部構造と呼ぶ。図 5.21 に示すように基礎構造の一例を示す。基礎構造は、基礎スラブと杭を総称したものであり、建物重量等の鉛直荷重と地震力等の水平荷重を地盤に伝え、建物を支持する極めて重要な役割を担う。

(a) ピサの斜塔　　　(b) 断層上の集合住宅　　　(c) 液状化

図 5.20　不同沈下の例

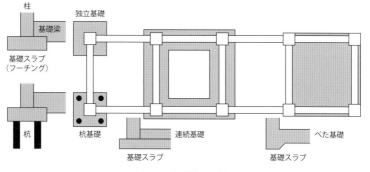

図 5.21　基礎構造の例

5.4.2 基礎構造の種類

　基礎構造は，図 5.22 に示すように，その支持形式によって直接基礎と杭基礎に大別される。直接基礎は，建物から伝達される荷重を支持地盤に直接伝達する基礎であり，支持地盤が比較的浅い場合に採用される。一方，杭基礎は支持地盤が深く，基礎から地盤へ直接的に荷重を伝達できない場合に採用される。

　直接基礎は，基礎スラブの形式によって，フーチング基礎と連続基礎に分類される。フーチング基礎は，柱の脚部に設けられた基礎スラブ（フーチング）を介して，上部構造からの荷重を支持地盤に伝達する。一方，べた基礎は，建物底部の基礎スラブ全体で建物を支持する。

　杭基礎は，支持形式によって支持杭基礎と摩擦杭基礎に分けられる。支持杭基礎は，基礎スラブに取り付けた杭を深いところにある支持地盤まで到達させ，上部構造からの荷重を伝達する。一方，摩擦杭基礎は，支持地盤まで杭を到達させないで，杭周摩擦力で支持する。また，杭基礎は，杭の製造方法によって，既成杭と場所打ちコンクリート杭に大別される。既成杭は工場で製造され，打ち込み工法，圧入工法および埋込み工法によって施工される。一方，場所打ちコンクリート杭は，あらかじめ削孔された地盤中の孔内に鉄筋かごを挿入し，コンクリートを打設することによって現場で造成される。

　これらの基礎構造の選定にあたっては，構造計画の初期段階から地盤条件を十分に把握し，敷地条件，施工方法および経済性などを十分に考慮して，上部構造の計画と共に総合的に判断する必要がある。

図 5.22　基礎構造の種類

> **探究**　基礎構造が問題となった事例について調べてみよう。
>
> 　2015 年に横浜市に建つマンションの傾斜問題が発覚した。マンションの住民が隣り合う 2 棟の手すりの高さがずれていることに気付いたが，そのずれはわずか 2.4cm であった。
> 　これに端を発し，調査によって杭が支持層まで達していないことや杭の長さが不足していたこと，さらに杭の強度が不足していたことが明らかとなった。これにより，くい打ちデータの改ざんが行われていたことが明らかとなり，横浜市は傾いた棟が中規模の地震や建物自体の重さに耐えられない可能性があるとして，建築基準法に違反するため事業主や施工主などに是正勧告している。最終的には，全棟建て替えが決定したものの，事業主が施工会社に損害賠償を求める訴訟を起こすなど問題解決には至っていない。

5.4.3 独立基礎の設計

(1) 基礎底面積の算定

独立基礎は，基礎スラブを介して建物から伝達される力を地盤に伝達する。つまり，地盤と接する基礎スラブの底面が地盤に力を伝達する役割を担い，その接地圧が地盤の地耐力 f_e 以下であれば，有害な地盤の沈下を防ぐことができる。

図 5.23 に示すように，独立基礎の場合，基礎スラブに対して柱から軸力 N が伝達されるほか，基礎の自重 W_b および埋め戻し土の重量 W_e を考慮して，地盤反力 F を次式により算定する。なお，W_b と W_e を求める場合，基礎の比重 (24.0) と土の比重 (16.0) を均した比重 (20.0) を用いて基礎・土重量 W_{be} を求めることができる。

$$F = N + W_b + W_e = N + W_{be} \tag{4.1}$$

$$W_{be} = \frac{20 \cdot h \cdot N}{f_e - 20 \cdot h} \tag{4.2}$$

ここで，h：基礎底面までの土の深さである。

次式に示すように，接地圧 σ_e は地盤反力 F を基礎スラブ底面積 A_b で除すことにより算定できる。設計では，それが地盤の許容地耐力 f_e 以下となるように A_b を決定すればよい。また，算定した A_b から基礎スラブの幅 ℓ および ℓ' を決定する。

$$\sigma_e = \frac{F}{A_b} \leq f_e \tag{4.3}$$

$$A_b \geq \frac{F}{f_e} \tag{4.4}$$

$$A_b = \ell \cdot \ell' \tag{4.5}$$

なお，基礎スラブの底面積 A_b を決定する際には，建物の不同沈下を防ぐため，他の基礎と比較し，接地圧 σ_e の差が小さくなるように配慮する。

● W_{be} について

基礎・土重量 W_{be} の算定式は以下のように誘導される。

$$W_{be} = 20 \times h \times A_b$$

ここで，基礎スラブの底面積 A_b を以下のように設定する。

$$A_b = \frac{F}{f_e} = \frac{N + W_{be}}{f_e}$$

よって，

$$W_{be} = 20 \times h \times \frac{N + W_{be}}{f_e}$$

$$W_{be} - \frac{20 \times h \times W_{be}}{f_e} = \frac{20 \times h \times N}{f_e}$$

$$W_{be}\left(1 - \frac{20 \times h}{f_e}\right) = \frac{20 \times h \times N}{f_e}$$

$$W_{be} = \frac{20 \times h \times N}{f_e - 20 \times h}$$

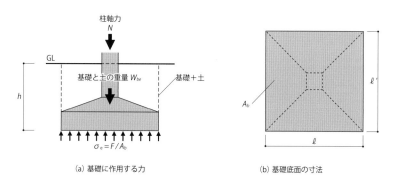

(a) 基礎に作用する力　　(b) 基礎底面の寸法

図 5.23　基礎底面積の算定方法

(2) 基礎スラブの曲げ設計とせん断設計

基礎スラブの断面算定では，曲げおよびせん断に対して検討を実施する。基礎スラブの曲げ設計では，曲げ破壊が想定される柱フェイス位置に着目する。また，せん断設計では，簡易的にせん断破壊面も曲げ破壊と同じ柱フェイス位置に設定されることが多い。

図 5.24 に示すように，基礎スラブの破壊面に生じるせん断力 Q_F および曲げモーメント M_F は次式により算定される。なお，ここでは柱軸力 N のみ考える点に注意する。

$$Q_F = \frac{N}{A_b} \cdot \ell' \cdot \left(\frac{\ell-a}{2}\right) \tag{4.6}$$

$$M_F = Q_F \cdot \left(\frac{\ell-a}{4}\right) = \frac{N}{A_b} \cdot \ell' \cdot \frac{(\ell-a)^2}{8} \tag{4.7}$$

まず，せん断力 Q_F に対しては，次式により基礎スラブの許容せん断力 Q_A を算定し，$Q_A \geq Q_F$ となることを確認する。

$$Q_A = f_s \cdot \ell' \cdot j \tag{4.8}$$

ここで，f_s：コンクリートの許容せん断応力度，j：応力中心間距離である。なお，式 (4.8) ではせん断補強筋の効果は考えておらず，せん断ひび割れの発生を許容していない。したがって，$Q_A \leq Q_F$ となる場合には，基礎スラブを厚くして Q_A を増大させる必要がある。

一方，曲げモーメント M_F に対しては，許容曲げモーメント M_A が次式により算定できることから，$M_A \geq M_F$ となるように引張鉄筋断面積 a_t を算定すればよい。

$$M_A = a_t \cdot f_t \cdot j \tag{4.9}$$

$$a_t \geq \frac{M_F}{f_t \cdot j} \tag{4.10}$$

ここで，f_t：主筋の許容引張応力度である。

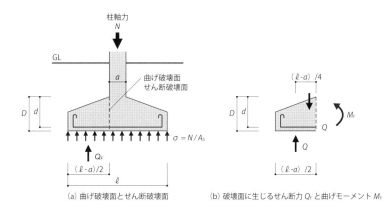

図 5.24 基礎スラブの断面算定の考え方

(3) パンチングシアに対する検討

基礎スラブが薄く，柱軸力が過大の場合，柱が基礎スラブを貫通してしまうような破壊が生じることがある。これをパンチングシア破壊と呼ぶ。このような破壊形式は，海外で採用されることが多いフラットスラブ構造で多く発生しており，建物が部分的に崩壊する事例も報告されている（図 5.25）。

図 5.26 に示すように，基礎スラブのパンチングシア破壊は，柱から 45° の放射状に破壊面が形成される。そのため，破壊面の中央位置を検定断面としてパンチングシア破壊に対する安全性を検討する。パンチングシア Q_P は，検定断面の外側の基礎スラブが受ける接地圧として，次式により算定される。

$$Q_P = \frac{N}{A_b} \cdot (A_b - A_0) \tag{4.11}$$

$$A_0 = (a+d)(a'+d) - d^2\left(1 - \frac{\pi}{4}\right) \tag{4.12}$$

これに対し，基礎スラブのパンチングシアに対する許容せん断力 Q_{PA} は次式により算定され，$Q_{PA} \geq Q_P$ となることを確認する。

$$Q_{PA} = 1.5 \cdot b_0 \cdot j \cdot f_s \tag{4.13}$$

$$b_0 = 2(a+a') + \pi d \tag{4.14}$$

ここで，f_s：コンクリートの許容せん断応力度，j：応力中心間距離である。

図 5.25 パンチングシア破壊したフラットスラブ構造[6]

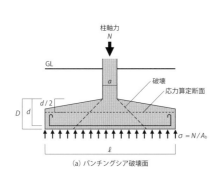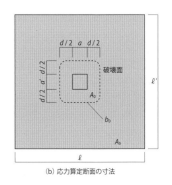

(a) パンチングシア破壊面 　　　　　　(b) 応力算定断面の寸法

図 5.26 パンチングシア破壊の検討

5.4.4　その他の基礎の設計

(1) 連続基礎

　連続基礎では，曲げモーメントは基礎梁で負担し，接地圧は基礎スラブが負担する。したがって，独立基礎と同様に (4.3) 式によって基礎スラブの負担面積 A_b が算定される。また，基礎スラブは基礎梁を固定端とする片持ちスラブと考え，次式により単位長さあたりの断面力を算定する。

$$Q_F = \frac{N}{A_b} \cdot \left(\frac{\ell-b}{2}\right) \tag{4.15}$$

$$M_F = Q_F \cdot \left(\frac{\ell-b}{4}\right) = \frac{N}{A_b} \cdot \frac{(\ell-b)^2}{8} \tag{4.16}$$

ここで，b：基礎梁の幅である。一方，基礎梁については，柱を支点とする連続梁として扱い，鉛直荷重と地震荷重によって生じる断面力に対して設計する。

(2) べた基礎

　べた基礎は，地盤から一様な分布荷重を受ける四辺固定スラブとして考え，建物重量と基礎自重を足し合わせた全重量 W に対して次式を確認する。

$$\sigma_e = \frac{W}{A_b} \leq f_e \tag{4.17}$$

なお，建物全重量の作用位置が底面の重心と一致しない場合や荷重が均等に作用しない場合，接地圧が一様分布とならないので，杭基礎の採用を検討する。

(3) 杭基礎

　フーチングの設計については，独立基礎と同様の考え方でよい。ただし，杭基礎の場合，地盤からの分布荷重ではなく，杭からの集中荷重を受けるため，柱軸力 N と杭本数 n から杭反力 R_n を求め，次式により R_n が杭 1 本あたりの耐力 R_A 以下であることを確認する。

$$R_n = \frac{N}{n} \leq R_A \tag{4.18}$$

　基礎スラブは，杭から集中荷重を受ける片持ちスラブとして，次式により断面力を算定する。

$$Q_F = m \cdot R_n \tag{4.19}$$

$$M_F = \sum_{i=1}^{m} R_n \cdot \ell_i \tag{4.20}$$

ここで，m：柱面外側に存在する杭本数，ℓ_i：柱面から i 番目の杭までの距離である。また，パンチングシアの検討では，次式によりパンチングシア Q_P を算定し，(4.13) 式から求まる Q_{PA} と比較し，$Q_{PA} \geqq Q_P$ を確認する。

$$Q_P = i \cdot R_n \tag{4.21}$$

ここで，i：パンチングシア検定柱面より外側にある杭本数である。なお，フーチングが薄い場合には，杭頭から 45° の放射状に生じる破壊面を想定し，次式により Q_{PA} を算定し，杭反力 R_n と比較して安全性を確認する。

$$Q_{PA} = 1.5 \cdot b_0 \cdot j \cdot f_s = 1.5 \cdot \pi \cdot (D_p + d) \cdot j \cdot f_s \tag{4.22}$$

ここで，D_p：杭径である。

5.4　基礎構造——建物を安全に支持するためには　　133

5.5 付着・定着・継手 ── 鉄筋とコンクリートを一体化させるためには

5.5.1 付着・定着・継手の役割

RCが成立する前提条件は，鉄筋とコンクリートの間で力の伝達が行われることである．図5.27に示すように，このような力の伝達を確保するために必要となるのが，付着，定着および継手である．

RC造建物に荷重が作用した際，部材中のコンクリートと鉄筋（主筋）が相対的にずれようとする．このとき，両者のずれを防ぎ，一体性を確保するために必要なのが付着である．一方，鉄筋が引張力に対して抵抗するためには，部材の端部や接合部においてしっかりと固定されていなければならない．そのために必要なのが定着であり，定着が不十分である場合，鉄筋が部材から抜け出してしまう可能性がある．また，工場で生産される鉄筋は，運搬等の理由から最大長さが決められている．したがって，部材長が長い場合，部材の途中で鉄筋を継いでやる必要があり，これを継手と呼ぶ．

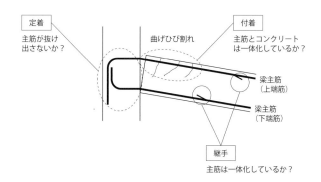

図5.27 付着・定着・継手

探究 付着・定着・継手が不良な場合に何が起きるか調べてみよう．

例えば，鉄筋の継手不良がRC部材の構造性能に及ぼす影響を検討した既往の研究[7]では，下図に示すように，継手部が破断に至るまでは継手不良の影響は認められないが，継手部の破断が早期に発生して耐力低下が生じることを明らかにしている．

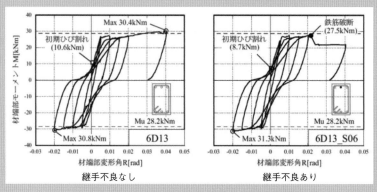

鉄筋の継手不良がRC部材の構造性能に及ぼす影響

5.5.2 付着の検討

(1) 検討の方針

付着に関する検討は，曲げ材の引張鉄筋に対して行う。スパン内で最大曲げモーメントが生じる断面などを**付着検定断面**とし，そこから鉄筋端部までの**付着長さ**の領域内において付着応力度の算定を行う。そして，使用限界，損傷限界および安全限界という3つの限界状態を考え，長期荷重に対する使用性の確保，短期荷重に対する損傷制御および大地震動に対する安全性の確保を設計目標として検討する。

付着長さ l_d は，付着作用によって鉄筋の引張力を周囲のコンクリートへ伝達する範囲であり，スパン内で最大曲げモーメントが生じる断面（通常は部材端部）から鉄筋の端部までの長さとして考える。鉄筋端部に標準フックを設ける場合には，フック開始点までの長さとなる。図5.28 (a) ～ (c) に示すように，スパン内で複数の鉄筋が**カットオフ**される場合には，カットオフ筋が計算上不要となる断面を求め，それを残りのカットオフ筋の付着検定断面として付着長さ l_d を求める。一方，通し筋の場合，部材両端の塑性ヒンジならびにせん断ひび割れの発生状況に応じて付着長さ l_d が定められている。特に，両端に塑性ヒンジが形成され，同時にせん断ひび割れが発生するケースでは，「テンションシフト」と呼ばれる現象を考慮する。図5.28 (d) に示すように，部材有効せいの範囲では鉄筋に生じる応力度が部材端と同程度に増大することから，有効せい d を付着長さに加えている。言い換えれば，部材端から d の範囲では付着を十分に確保できない可能性があるということである。

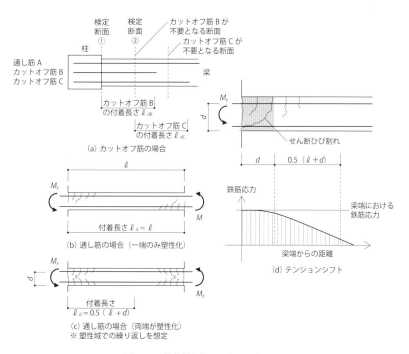

図5.28 付着長さとテンションシフト

(2) 付着の検定

　付着長さ ℓ_d の範囲において付着応力度を算出し，許容付着応力度と比較する。付着応力度は，長期荷重時，短期荷重時および大地震時について算定する。なお，長期荷重時および短期荷重時には，引張鉄筋の曲げ付着応力度 τ_{a1} あるいは平均付着応力度 τ_{a2} を算出する。この時，τ_{a1} が許容付着応力度 f_a を超えることが想定されるが，その場合には τ_{a2} に関して検討を行えばよい。これは，τ_{a1} に基づく検討は局所的な付着応力度に関する検討であり，$\tau_{a1} > f_a$ となっても，部材としての曲げ・せん断に対する耐力が必ずしも損なわれないことが確認されているためである。また，大地震時においては，引張鉄筋の降伏時の平均付着応力度 τ_y を算定する。

① 長期荷重時（使用性の確保）

　長期荷重時においては，次式によって曲げ付着応力度 τ_{a1} および平均付着応力度 τ_{a2} を算出することができ，それらが許容応力度以下であることを確認すればよい。

$$\tau_{a1} = \frac{Q_L}{\Sigma\phi \cdot j} \leq {}_L f_a \tag{5.1}$$

$$\tau_{a2} = \frac{{}_L\sigma_t \cdot d_b}{4(\ell_d - d)} \leq 0.8{}_L f_a \tag{5.2}$$

ここで，Q_L：長期荷重時せん断力，ϕ：鉄筋の周長，j：応力中心間距離，${}_Lf_a$：長期許容付着応力度，${}_L\sigma_t$：長期荷重時の鉄筋存在応力度（標準フックを設ける場合は 2/3 倍），d_b：鉄筋径，d：有効せいである。なお，(5.2) 式では，有効付着長さを $\ell_d - d$ として，テンションシフトを考慮している。対象とする部材にせん断ひび割れが発生しない場合には，テンションシフトを考慮する必要がないため，有効付着長さを ℓ_d としてよい。

② 短期荷重時（損傷の制御）

　短期荷重時においては，長期荷重時と同様に，次式によって曲げ付着応力度 τ_{a1} および平均付着応力度 τ_{a2} を算出する。なお，大地震時における安全性の確保の検討を行う場合は，本検討を省略できる。

$$\tau_{a1} = \frac{Q_L + Q_E}{\Sigma\phi \cdot j} \leq {}_S f_a \tag{5.3}$$

$$\tau_{a2} = \frac{{}_S\sigma_t \cdot d_b}{4(\ell_d - d)} \leq 0.8{}_S f_a \tag{5.4}$$

ここで，Q_E：地震荷重時せん断力，${}_Sf_a$：短期許容付着応力度，${}_S\sigma_t$：短期荷重時の鉄筋存在応力度（標準フックを設ける場合は 2/3 倍）である。(5.3) 式では，軸力の大きさに関わらず断面の応力中心間距離 j を一定としているため，せん断力が大きくなる場合には過大な付着応力度となる場合も想定される。

③ 大地震時（安全性の確保）

大地震時の検討では，次式によって引張鉄筋が降伏する時の平均付着応力度 τ_y を求める。なお，短期荷重時の検討を行い，併せて付着割裂破壊に対する安全性の検討を別途行う場合には，本検討を省略してもよい。

$$\tau_y = \frac{\sigma_y \cdot d_b}{4(\ell_d - d)} \leq K \cdot f_b \tag{5.5}$$

$$K = 0.3\left(\frac{C+W}{d_b}\right) + 0.4 \leq 2.5 \tag{5.6}$$

$$W = 80\frac{A_{st}}{s \cdot N} \leq 2.5 d_b \tag{5.7}$$

ここで，σ_y：鉄筋の降伏強度（標準フックを設ける場合は2/3倍），K：鉄筋配置と横補強筋による修正係数，f_b：付着割裂の基準となる強度（**表 5.2**），C：鉄筋間のあきまたは最小かぶり厚さの3倍のうち小さい方の数値（≤ 2.5），W：付着割裂面を横切る横補強筋の効果を表す換算長さ（$\leq 2.5 d_b$），A_{st}：付着割裂面を横切る1組の横補強筋全断面積，s：横補強筋間隔，N：付着割裂面における鉄筋本数である。なお，A_{st} および N は**図 5.29**のように求めればよい。

大地震時においては，K と f_b の積で表される付着割裂強度を考慮している。異形鉄筋を用いる場合，鉄筋表面のふしが周辺コンクリートとかみ合うことによって付着抵抗を発揮する。しかし，ふしが周辺コンクリートを押し広げる状況になるため，**図 5.30**のような付着割裂ひび割れが発生し，付着抵抗力が失われる場合がある。この場合，部材の耐力や剛性が低下するとともに，エネルギー吸収能力が著しく低下する脆性的な破壊形式を示すため，付着割裂破壊は設計上避けるべきであると考えられている。

表 5.2 付着割裂の基準強度 f_b (N/mm²)

	上端筋	その他の鉄筋
普通コンクリート	$0.8 \times (F_c / 40 + 0.9)$	$F_c / 40 + 0.9$
軽量コンクリート	普通コンクリートに対する値の0.8倍	

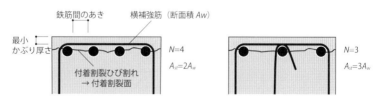

図 5.29 付着割裂面における N と A_{st} の考え方

図 5.30 付着割裂ひび割れ

(3) 構造規定

　付着に関しては，以下の構造規定が定められている。主に，テンションシフトを考慮して部材有効せい d を加えることや，予期せぬ荷重に対応するために通し配筋とすべき鉄筋量を定めている（RC 規準 16 条）。

① カットオフ鉄筋

「カットオフ鉄筋は，計算上不要となる断面を超えて部材有効せい d 以上延長する。」

② 負曲げモーメント引張鉄筋（上端筋）

「負曲げモーメント引張鉄筋（上端筋）の 1/3 以上は反曲点を超えてさらに梁有効せい d 以上延長する。ただし，短期応力の存在する部材では，1/3 以上の鉄筋は部材全長に連続して，あるいは継手をもって配する。」

③ 正曲げモーメント引張鉄筋（下端筋）

「正曲げモーメント引張鉄筋（下端筋）の 1/3 以上は部材全長に連続して，あるいは継手をもって配する。」

④ 付着長さの最小値

「引張鉄筋の付着長さは 300mm を下回ってはならない。」

⑤ 束ね筋

「束ね筋は断面の等価な 1 本の鉄筋として取り扱う。」

⑥ 標準フック

「柱および梁（基礎梁を除く）の出隅部分および煙突においては鉄筋の末端に必ず標準フックを設ける。」

● 標準フック

　標準フックは，下図に示す形状と下表に示す寸法を有するフックである。

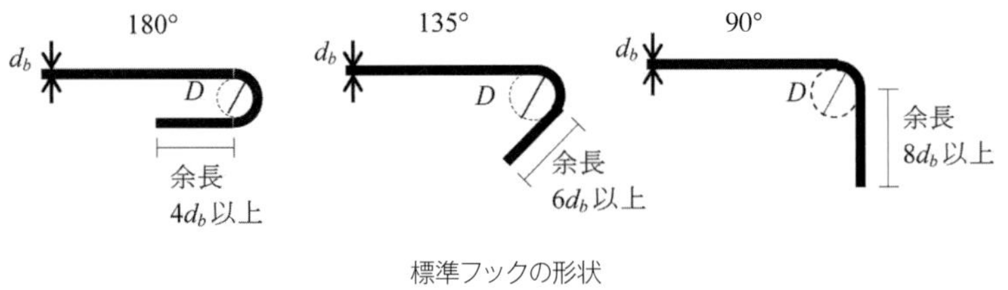

標準フックの形状

標準フックの寸法

折り曲げ角度	鉄筋の種類	鉄筋の径による区分	鉄筋の折曲げ内法直径 D
180° 135° 90°	SR235 SR295 SD295A SD295B SD345	16 ϕ 以下 D16 以下	$3d_b$ 以上
		19 ϕ D19 〜 D41	$4d_b$ 以上
	SD390	D41 以下	$5d_b$ 以上
90°	SD490	D25 以下	
		D29 〜 D41	$3d_b$ 以上

5.5.3 定着の検討

(1) 検討の方針

梁の主筋を柱内で定着する場合など，曲げ補強筋を部材同士の接合箇所（仕口）で定着する場合は，次式に示すように必要定着長さ ℓ_{ab} 以上の定着長さ ℓ_a を確保する。

$$\ell_a \geq \ell_{ab} \tag{5.8}$$

(2) 定着長さ

図 5.31 に示すように，定着長さ ℓ_a は，仕口面から鉄筋端までの直線長さとするが，標準フックや信頼できる機械式定着具を設ける場合には，仕口面からの投影定着長さ ℓ_{dh} を ℓ_a として採用してよい。標準フックの余長 ℓ_e は，鉄筋を 90° に折り曲げた場合は鉄筋径 d_b の 8 倍以上，135° の場合は $6d_b$ 以上，180° の場合は $4d_b$ 以上とする。なお，標準フックでは，折り曲げ部の内法直径の最小値や鉄筋側面からコンクリート表面までの側面かぶり厚さが定められている。

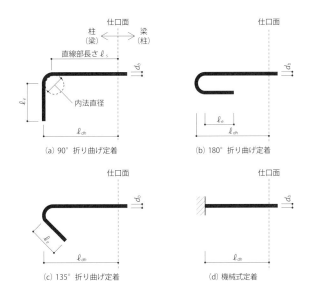

図 5.31 投影定着長さと余長

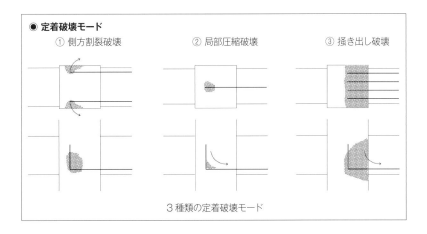

(3) 必要定着長さ

必要定着長さ ℓ_{ab} は，次式により求めることができる。

$$\ell_{ab} = \alpha \frac{S \cdot \sigma_t \cdot d_b}{10 \cdot f_b} \tag{5.9}$$

ここで，α：横補強筋で拘束されているコア内に定着する場合は 1.0，それ以外の場合は 1.25，S：側面かぶり厚さによる必要投影定着長さの修正係数，σ_t：仕口面における鉄筋の存在応力である。

一方，梁および柱主筋が柱梁接合部内を貫通する通し配筋の場合は，主筋の付着を確保することが重要である。梁の塑性変形能力に期待した純ラーメン架構において，接合部内を通し配筋された梁筋の付着劣化により，架構の復元力特性に剛性の低下やエネルギー吸収能力の低下が生じる。そのため，次式によって柱せいに対する梁の主筋径の比を制限し，付着劣化を防止している。

$$\frac{d_b}{D} \leq 3.6 \frac{1.5 + 0.1 F_c}{f_s} \tag{5.10}$$

ここで，D：通し配筋される部材の全せい，F_c：コンクリートの設計基準強度，f_s：鉄筋の短期許容応力度である。

(4) 構造規定

定着に関しては，以下の構造規定が定められている（RC 規準 17 条）。

① 直線定着長さ

「引張応力を受ける鉄筋の直線定着長さは原則として 300mm 以上とする。」

② 投影定着長さ

「投影定着長さは，$8d_b$ かつ 150mm 以上とする。直線定着の場合は 300mm 以上とする。」

③ 梁または柱主筋の定着

「梁主筋の柱への定着，柱主筋の梁への定着にあっては，投影定着長さは仕口部材断面全せいの 0.75 倍以上を基本とし，接合部パネルゾーン側へ折り曲げることを基本とする。」

④ 機械式定着具

「機械式定着具は横補強筋で拘束されたコア内で用いることを原則とする。」

⑤ 特殊な定着箇所

「特殊な定着箇所においては，応力が無理なく伝達されるようなディテールとする。」

⑥ 圧縮応力のみ受ける鉄筋の定着

「圧縮応力のみ受ける鉄筋の仕口への定着は，原則として投影長さを $8d_b$ 以上とする。」

⑦ 溶接金網の定着

「部材固定端における溶接金網の定着では支持部材表面から最外端の横筋までの長さを横筋間隔に 50mm を加えた長さ以上かつ 150mm 以上とする。」

5.5.4 継手

継手には，図5.32に示すような方法がある。曲げ補強鉄筋の重ね継手長さは，以下の規定を満足する必要がある。

・重ね継手長さは200mmおよび鉄筋径の20倍を下回ってはならない。
・長期および短期荷重においては，引張鉄筋と圧縮鉄筋に対して次式を満足することを確認する。

$$\frac{\sigma_t \cdot d_b}{4\ell} \leq f_a \quad \text{（引張鉄筋）} \tag{5.11}$$

$$\frac{\sigma_c \cdot d_b}{4\ell} \leq 1.5 f_a \quad \text{（圧縮鉄筋）} \tag{5.12}$$

ここで，ℓ：継手の重ね長さ，σ_t：引張鉄筋の継手部分の最大存在応力度（標準フックを設ける場合は2/3倍），σ_c：圧縮鉄筋の継手部分の最大存在応力度，f_a：許容付着応力度（鉄筋位置に関わらず上端筋に対する値を利用）である。

・大地震時においては，次式によって安全性を検討する。

$$\frac{\sigma_y \cdot d_b}{4\ell} \leq K \cdot f_a \tag{5.13}$$

ここで，σ_y：引張鉄筋の継手部分の降伏強度（標準フックを設ける場合は2/3倍），K：鉄筋配置と横補強筋による修正係数である。係数Kの算定では，鉄筋間のあきの最小値は相互の鉄筋が密着しない場合でも密着した継手と考えてC値（鉄筋間のあきまたは最小かぶり厚さの3倍のうち小さい方の数値（≤2.5））を求め，鉄筋本数Nは想定される付着割裂面における全鉄筋本数から継手組数を引いた値とする。

また，継手に関しては，以下の構造規定が定められている（RC規準16条）。

① 鉄筋径による重ね継手の制限
「D35以上の鉄筋には原則として重ね継手を用いない。」

② 鉄筋継手個所の原則
「鉄筋の重ね継手は部材応力ならびに鉄筋応力の小さい個所に設けることを原則とする。」

③ 重ね継手個所の原則
「重ね継手は曲げひび割れが継手筋に沿って生じるような部位に設けてはならない。」

④ 溶接金網の重ね継手
「溶接金網の重ね継手では最外端の横筋間で測った重ね長さを横筋間隔に50mmを加えた長さ以上かつ150mm以上とする。」

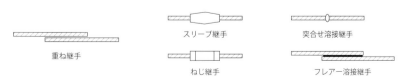

図5.32　重ね継手

● 5章　参考文献

1) 富井政英ほか：コンクリートの許容せん断応力度案と耐震壁の断面設計の関係　第1報, 日本建築学会九州支部研究報告, 1号1, 1969.3

2) 増田久美子ほか：耐震診断におけるそで壁付柱と有開口耐震壁の評価方法に関する解析的研究（その2）有開口耐震壁の低減率の提案, 日本建築学会大会学術講演梗概集, 構造IV, pp.605-606, 2009.7

3) 塩原等：鉄筋コンクリート柱梁接合部：見逃された破壊機構, 日本建築学会構造系論文集, Vol.73, No.631, pp.1641-1648, 2008.9

4) 石川裕次ほか：RCヒンジリロケーション接合部の実用化, コンクリート工学, Vol.52, No.7, pp.573-581, 2014.7

5) 佐野直哉ほか：パネルゾーンにDFRCCを用いたPCa柱梁接合部の構造性能, 日本建築学会技術報告集, Vol.22, No.50, pp.109-114, 2016.2

6) Wood JGM：Pipers Row Car Park, Wolverhampton：Quantitative Study of the Causes of the Partial Collapse on 20th March 1997, SS&D Contract Report to HSE, 2002

7) 堀田久人ほか：鉄筋の継手不良がRC部材の構造性能に及ぼす影響に関する実験的研究, コンクリート工学年次論文集, Vol.31, No.2, pp.607-612, 2009

保有水平耐力計算の概要

　4章と5章では，鉄筋コンクリート（RC）造建物の許容応力度設計法に基づく断面算定法を学習してきた。しかし，大地震時においては，RC造建物をほぼ無被害とする許容応力度設計法は合理的ではない。現在では，ある程度の損傷は許容し，人命を保護するために建物を倒壊・崩壊させないことを目標とする考え方が採用されている。本章では，このような耐震設計法の考え方の1つである保有水平耐力計算法について学習する。RC造建物の耐震性を確保するための理論的背景について理解してほしい。

6.1　保有水平耐力計算の考え方──なぜ保有水平耐力計算が必要なのか

6.1.1　保有水平耐力計算の重要性

　3章において構造計算による安全確認の体系に触れたが，改めて保有水平耐力計算の重要性について確認しておきたい。**図6.1 (a)** に示すように，大地震に対して許容応力度設計を実施した場合，柱の断面が過度に大きくなり，生活空間を確保することが難しくなる恐れがある。これは，部材に生じる断面力を弾性範囲にとどめるため，建物に作用する外力の大きさに応じて断面も大きくなるからである。一方，保有水平耐力計算を適用すると，部材の塑性化を考慮するため，柱の断面を小さく抑えられ，良好な生活空間を確保できる。しかし，**図6.1 (b)** に示すように地震後の様子に着目すると，許容応力度設計の場合はほとんど無被害であるのに対し，保有水平耐力計算を適用した建物では，倒壊は免れるものの建物全体に多くのひび割れが残留する。したがって，保有水平耐力計算とは，建物に生じる損傷をある程度許容することにより，建物耐用年限中に1回発生するかもしれない程度の大地震に対して，合理的で経済的な建物を実現するための耐震設計法であるといえる。

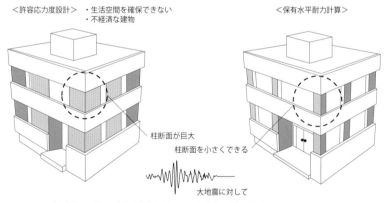

(a) 大地震に対して許容応力度設計あるいは保有水平耐力計算が適用されたRC造建物の例

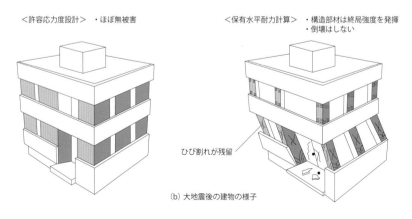

(b) 大地震後の建物の様子

図6.1　大地震に対する許容応力度設計と終局強度設計の比較

6.1.2 保有水平耐力の意味

保有水平耐力の意味を理解するために、地震力を作用させた1層1スパン骨組を利用して、①設計用応力、②部材の終局強度、③崩壊過程および④保有水平耐力の関係について確認したい。

図 6.2 (a) は、1層1スパン骨組に水平力 P が作用したときの曲げモーメント図（以下、M 図）である。この時、骨組は弾性状態にある。また、**図 6.2 (b)** および**図 6.2 (c)** は、骨組中の柱および梁が終局強度に至った場合の M 図である。なお、部材耐力は、端部の曲げ終局強度で決まるものとする。なお、図中の○印は**塑性ヒンジ**（または、**降伏ヒンジ**）を表しており、曲げモーメント一定のまま、回転変形だけが増加する状態である。

ここで、**図 6.2 (a)** の状態から水平力を漸増させ、各部材端部が降伏する順番（崩壊過程）について考える。**図 6.2 (d)** に部材の降伏順序を示す。このような単純な骨組の場合、降伏順序は、**図 6.2 (a)** と**図 6.2 (b)** および (c) を比較して、「弾性応力／終局強度」が1.0に近い位置から順に決定される。まず、柱 CD の節点 D が降伏して塑性ヒンジが形成される。この節点ではこれ以降曲げモーメントが増大しないため、残った3つの節点で曲げモーメントが増大し、順次塑性ヒンジが形成されることになる。ここで、梁と柱が接合する節点 B と C に注意が必要である。節点 B では、梁よりも柱の曲げ強度の方が低い。したがって、塑性ヒンジは柱側に形成され、梁は降伏しない。同様に、節点 C では、塑性ヒンジが梁側に発生する。

最終的に全節点で部材が降伏すると**図 6.2 (e)** に示す状態になり、骨組がこれ以上水平力を負担することができず、変形のみが増大する状態となる。このような不安定な状態を**崩壊形**に達する（**メカニズム**もしくは**崩壊機構**が形成される）という。そして、この時に柱に生じるせん断力の和が**保有水平耐力**である。

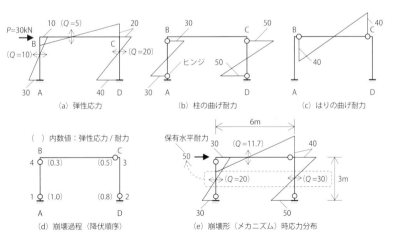

図 6.2 崩壊過程と保有水平耐力（単位：モーメント (kNm)，せん断力 (kN)）

用語 塑性ヒンジ

塑性ヒンジは、鉄筋の降伏状態を維持しているので、全塑性モーメント M_p を維持しつつ、回転変形が自由な状態を指します。

一方、回転端（ピン支持部）やピン接合部（例えば3ピン構造）では、回転変形は自由であり、同時にモーメントはゼロとなります。

①ピンの場合

抵抗がないためにブラブラな状態

②塑性ヒンジの場合

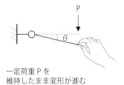

一定荷重 P を維持したまま変形が進む

用語 崩壊形

骨組に外力が作用し、塑性ヒンジが各部に形成されると、次第に骨組の剛性が低下し、変形が増大していく不安定な状態になる。そして、崩壊を引き起こすだけの塑性ヒンジが形成された状態を崩壊形と呼ぶ。崩壊形には、全体崩壊形や部分崩壊形がある。

用語 保有水平耐力

骨組が崩壊形を形成した際に各階の柱や壁などが負担する水平せん断力の和である

6.1.3 ヒンジ位置と崩壊形

大地震によって RC 造建物に入力されるエネルギーは，塑性ヒンジが形成された箇所の塑性変形によって吸収されると考えてよい。したがって，ヒンジを計画する位置や数によって RC 造建物の崩壊形やエネルギー吸収能力が異なり，保有水平耐力も異なる。図 6.3 に代表的な崩壊機構の種類を示す。崩壊形はおおむね以下の 5 つに大別される。

(a) 梁曲げ破壊型の全体崩壊形（図 6.3 におけるヒンジの数：$N = 22$）
- 原則，基礎梁を除いた全階の梁両端と最下階柱脚にヒンジを計画する。
- 最上階では，梁両端ではなく，柱頭にのみヒンジを許容してもよい。
- 靭性能に優れ，もっとも推奨される崩壊形である。

(b) 梁曲げ破壊型の部分崩壊形（$N = 14$）
- 大半の階において梁両端や柱頭・柱脚にヒンジを計画する。
- (a) より崩壊層が少ない。

(c) 曲げ破壊型の部分崩壊形（$N = 8$）
- (b) よりさらに崩壊層が少ない。
- いわゆるピロティ建物は本崩壊形に含まれる。

(d) 壁せん断破壊型の部分崩壊形（$N = 4$）
- 耐震壁のせん断破壊を許容した部分崩壊形。
- 柱のせん断破壊が先行しないこと，落階しないことが条件となる。

(e) 局部崩壊形（$N \geqq 0$）
- せん断破壊により鉛直支持能力が消失する。落階の可能性がある。
- もっとも避けるべき崩壊形である。

● 梁曲げ破壊型の特徴
- 梁には軸方向力（軸力）が作用しないため，柱と異なり，大きな靭性能を確保しやすい。
- 柱が降伏する場合と異なり，梁端部が降伏しても，直ちに倒壊に至ることはない。

● ヒンジの数
- 数が少ないと，1 ヒンジ当たりの変形が大きくなる。
- 数が多いと，大地震により建物に生じるエネルギーをたくさん吸収できる。

● ヒンジの位置
倒壊を避けるためにも，梁に多くのヒンジを設けることが望ましい。

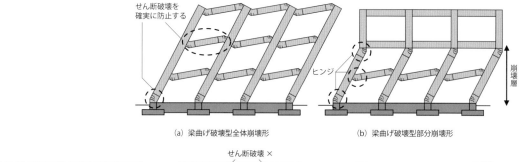

図 6.3 崩壊機構の種類

6.1.4 RC造建物の保有水平耐力の確認フロー

図6.4に全体崩壊形あるいは部分崩壊形の保有水平耐力の確認フローを示す。確認項目は、おおむね次のように分けられるであろう。各項は次項以降で解説する。

① **崩壊形の計画**
前述した崩壊機構の中から計画する崩壊機構を仮定する。

② **部材の曲げ終局強度の計算**
ヒンジ位置を決定するために、全部材端部の曲げ終局強度を計算する。

③ **崩壊形の確認** および ④ **崩壊形形成時の部材応力の計算**：
節点振分法によりヒンジ位置を確定する。その結果、仮定した崩壊形が確認されれば④へ進む。一方、計画と異なる場合は、①へ戻り断面情報の修正も含めて再検討を行う。また、得られた崩壊形形成時のモーメント図を基に各部材に生じる軸力およびせん断力を計算する。

⑤ **保有水平耐力の計算**
仮想仕事法により各階ごとに保有水平耐力を計算する。

⑥ **保証設計**
各部材応力や層の保有水平耐力を用いて、「余裕度」という考え方のもと、仮定した崩壊形が確実に形成されることを確認し、崩壊機構を保証する。

⑦ **必要保有水平耐力の計算**
部材応力を用いて構造特性係数 D_s を求め、形状係数 F_{es} との積から各階ごとの必要保有水平耐力を計算する。

⑧ **保有水平耐力の確認**
各階ごとに「保有水平耐力>必要保有水平耐力」となることを確認する。

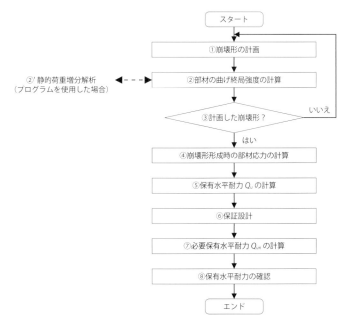

図6.4 手計算による保有水平耐力の確認フロー

6.2 部材の終局強度──部材の終局強度はどのように算定するのか

6.2.1 RC梁の曲げ終局強度

図6.5(a)に単筋ばりの曲げ終局状態を示す。ここで言う終局状態とは、圧縮側コンクリートの最外縁のひずみが、圧縮強度時のひずみを越えた時（図中の○印；$\varepsilon_{cc,u}$に達した時）を指す。一般に$\varepsilon_{cc,u}$は0.003と定義される。また、これに対応する応力度は、1軸の$\sigma-\varepsilon$関係から$\sigma_{cc,u}$となる。なお、このとき引張鉄筋はすでに降伏している。

図6.5(b)に力の釣合を図示する。M_{bu}は偶力の関係により、大きさが等しく逆向きの力CおよびTと応力中心間距離jの積として表される。また、Cは終局時の応力度分布から求められるストレスブロックの体積と等しく、Tは引張鉄筋に生じた降伏応力度σ_yに断面積a_tを乗じて求められる。

以上より、引張鉄筋比が釣合鉄筋比以下である場合の曲げ終局強度は、次式により求められる。

$$M_{bu} = 0.9 \cdot a_t \cdot \sigma_y \cdot d \tag{2.1}$$

ここで、M_{bu}：梁の曲げ終局強度、a_t：引張鉄筋全断面積、σ_y：引張鉄筋の降伏点強度の1.1倍、d：有効せいである。4章に示した許容曲げモーメントの算定と異なる点は、応力中心間距離jを有効せいdの0.9倍として求める点と引張鉄筋の降伏強度を規格値の1.1倍とする点である。

● **鉄筋の降伏強度の評価について**

規格強度を守って生産された鉄筋は、平均すると規格強度の1.1倍の強度を有していることがわかっている。そのため、曲げ終局モーメントを求める場合に限り、鉄筋の降伏強度を規格値の1.1倍とすることができる。ただし、SD490は除く。

探究 応力中心間距離が大きくなる理由を考えてみよう。

許容応力度設計においては、曲げ材の応力中心間距離jを$7d/8$で略算した。つまり、有効せいの0.875倍である。これに対し、終局強度の算定では有効せいの0.9倍としてjを評価する。これには、以下の点が影響している。
・曲げひび割れの進展により、圧縮領域が減少するため、圧縮合力位置が上昇する。
・引張力を負担する主筋位置は動かない。

なお、影響は大きくないが、jが小さくなる要因も存在する。
・圧縮側のコンクリートの応力度分布が非線形となるため、圧縮合力の作用位置が中立軸の方に少しだけ近づく。

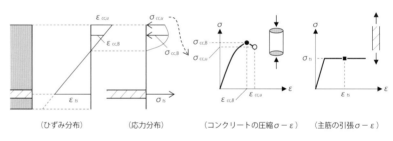

(a) 単筋ばりの曲げ終局状態

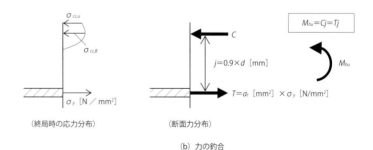

(b) 力の釣合

図6.5 単筋ばりの曲げ終局状態

6.2.2 RC 柱の曲げ終局強度（略算法）

理論式はやや煩雑であるため，ここでは日本建築学会「鉄筋コンクリート構造保有水平耐力計算規準（案）・同解説」に掲載されている略算式を紹介する。

略算式①：
$N_{\max} \geq N > N_b$

$$M_{cu} = \{0.5 a_g \cdot \sigma_y \cdot g_1 \cdot D + 0.024(1+g_1)(3.6-g_1) \cdot b \cdot D^2 \cdot F_c\} \cdot \frac{N_{\max} - N}{N_{\max} - N_b} \tag{2.2}$$

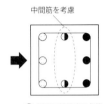

- **主筋間距離比 g_1 について**

主筋間距離 g_1 を評価する際には、中間筋の影響を考慮する。

$N_b \geq N \geq 0$

$$M_{cu} = 0.5 a_g \cdot \sigma_y \cdot g_1 \cdot D + 0.5 \cdot N \cdot D\left(1 - \frac{N}{b \cdot D \cdot F_c}\right) \tag{2.3}$$

$0 > N \geq N_{\min}$

$$M_{cu} = 0.5 a_g \cdot \sigma_y \cdot g_1 \cdot D + 0.5 \cdot N \cdot g_1 \cdot D \tag{2.4}$$

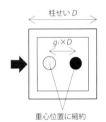

ここで，M_{cu}：柱の曲げ終局強度，a_g：主筋全断面積，σ_y：引張鉄筋の降伏応力度の1.1倍，g_1：主筋間距離比，D：柱せい，F_c：コンクリートの圧縮強度，N：作用軸力，N_b：**釣合軸力**である。また，$0 < N \leq N_b$ の範囲では，略算式①をさらに簡略化した次式（略算式②）が多用されている。

$$M_{cu} = 0.8 \cdot a_t \cdot \sigma_y \cdot D + 0.5 \cdot N \cdot D \cdot \left(1 - \frac{N}{b \cdot D \cdot F_c}\right) \tag{2.5}$$

ここで，a_t：引張鉄筋全断面積である。式（2.2）～式（2.4）を図示すると，**図 6.6** のようになる。なお，加力方向によって曲げモーメントの符号が＋と－で入れかわるため，左右対称のグラフが描ける。また，軸力は圧縮を正としている。

用語 釣合軸力

コンクリートと鉄筋が同時に終局強度に至る時の軸力であり，N_b と表記する。

- **引張鉄筋断面積の評価について**

略算式②による終局強度の算定においては、中間筋の影響は無視している。

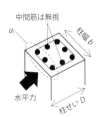

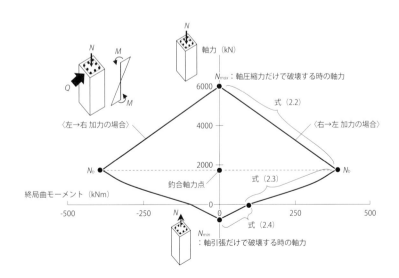

図 6.6 柱の曲げ終局強度式の可視化

6.2.3 RC柱の曲げ終局強度計算例

4.2節の例題において許容応力度設計により曲げ設計した柱断面について，X方向の曲げ終局強度を算定する。

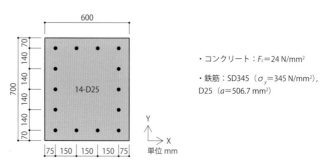

図6.7 断面形状，主筋の配筋および使用材料

(1) N_{max}, N_b, N_{min} の算出

N_{max} はRC柱が軸圧縮力のみにより破壊されるときの軸力を求めればよい。4.2節に示した式(2.1)より，

$$N_{max} = Nc + Ns$$
$$= (700 \times 600 \times 24) + (14 \times 506.7 \times (1.1 \times 345))$$
$$= 10080 + 2692 = 12772 \text{ (kN)}$$

N_b は，次式により求めればよい。なお，g_1 の求め方は図6.8に示すとおりである。

$$N_b = 0.22(1 + g_1) \cdot b \cdot D \cdot F_c$$
$$= 0.22 \times (1 + 0.6) \times 700 \times 600 \times 24 = 3548 \text{ (kN)} \quad (2.6)$$

N_{min} は，すべての主筋が軸方向に引張降伏していると考え，次式から求める。

$$N_{min} = -a_g \cdot \sigma_y$$
$$= -(14 \times 506.7) \times (1.1 \times 345) = -2694 \text{ kN} \quad (2.7)$$

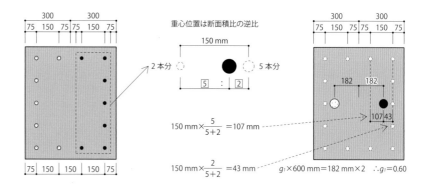

図6.8 主筋の重心位置を示す係数 g_1 の求め方

（2） 作用軸力 N に応じた M_{cu} の計算

式 (2.2) ～式 (2.4) を利用し，具体的な数値を代入して計算すればよい。ここでは，3 パターンの作用軸力を想定し，それぞれ M_{cu} を算定してみたい。

a. $N = 0.4N_{\max} = 5109$ (kN) の場合

$N_{\max} \geqq N > N_b$ となるため，式 (2.2) を利用する。

$0.5 a_g \cdot \sigma_y \cdot g_1 \cdot D = 484.6$ (kNm)

$0.024(1+g_1)(3.6-g_1) \cdot b \cdot D^2 \cdot F_c = 696.7$ (kNm)

$\dfrac{N_{\max} - N}{N_{\max} - N_b} = 0.83$

$M_{cu} = (484.6 + 696.7) \times 0.83 = 980$ (kNm)

b. $N = 0.2N_{\max} = 2555$ (kN) の場合

$N_b \geqq N \geqq 0$ となるため，式 (2.3) を利用する。

$0.5 \cdot N \cdot D \left(1 - \dfrac{N}{b \cdot D \cdot F_c}\right) = 572$ (kNm)

$M_{cu} = 484.6 + 572 = 1056.6$ (kNm)

c. $N = -0.2N_{\max} = -2554$ (kN) の場合

$0 > N \geqq N_{\min}$ となるため，式 (2.4) を利用する。

$M_{cu} = 484.6 - 459.7 = 24.9$ (kNm)

ここで，b. の場合において，a_t の考え方に注意し，式 (2.5) に示した略算式②を利用する。

$M_{cu} = 0.8 \times 5 \times 506.7 \times 1.1 \times 345 \times 600 + 572 = 1033.5$ (kNm)

最後に，参考のため，本例題において，作用軸力 N を変動させて $N - M_{cu}$ 関係を図示すると**図 6.9** のようになる。$N_b \geqq N \geqq 0$ の範囲において，略算式①と略算式②の値がおおむね一致することが確認できる。

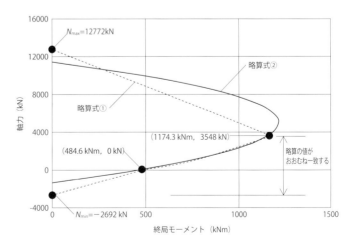

図 6.9　柱の曲げ終局強度と作用軸力の関係

6.2.4 RC 梁のせん断終局強度（荒川式）

RC 梁のせん断終局強度 Q_{su} は，実験式あるいは理論式を用いて算出することができる。実務設計においては，式の簡便さと予測精度の高さが評価され，次式に示す荒川式が多用されている。ただし，設計基準強度 $F_c = 60$ N/mm² 以上の高強度コンクリートを使用している場合には適用に際して，注意が必要である。

$$Q_{su\_mean} = \left\{ \frac{0.068 \cdot p_t^{0.23} \cdot (F_c+18)}{M/(Q \cdot d)+0.12} + 0.85\sqrt{p_w \cdot \sigma_{wy}} \right\} \cdot b \cdot j \tag{2.8}$$

$$Q_{su\_min} = \left\{ \frac{0.053 \cdot p_t^{0.23} \cdot (F_c+18)}{M/(Q \cdot d)+0.12} + 0.85\sqrt{p_w \cdot \sigma_{wy}} \right\} \cdot b \cdot j \tag{2.9}$$

ここで，p_t：引張鉄筋比（%），F_c：コンクリートの圧縮強度（N/mm²），M/Q：梁のシアスパン（mm），d：有効せい（mm），p_w：せん断補強筋比，σ_{wy}：せん断補強筋の降伏強度（N/mm²），b：梁幅（mm），j：応力中心間距離（mm）である。なお，梁のシアスパン比 $M/Q \cdot d$ については，$M/Q \cdot d<1$ の時は $M/Q \cdot d=1$ として，$M/Q \cdot d>3$ の時は $M/Q \cdot d=3$ として評価する。

さて，式 (2.8) および式 (2.9) は，式の形式は同じであり，式中の係数のみが異なっている。一般的に，前者を荒川 mean 式，後者を荒川 min 式と呼ぶ。これらの違いは，図 6.10 に示す RC 梁のせん断試験結果との対応から確認できる。すなわち，荒川 mean 式はこれらの試験結果の平均曲線に対応しており，荒川 min 式はその下限曲線に対応する。

> **用語 荒川式**
>
> 荒川卓博士によって提案されたせん断ひび割れ強度およびせん断終局強度の実験式のことである。2 点載荷によって梁中央部分に逆対称曲げモーメントを生じさせる大野式加力を採用して 90 体の梁の実験を行って実験式を導いている。さらに，過去 20 年間の国内外の合計 1499 体の実験データを収集して検証し，実験結果の平均値および下限値を推定する式を提案している。荒川式は，日本における RC 部材のせん断耐力の評価やせん断設計など構造設計および耐震診断などの実務に広く採用されている。

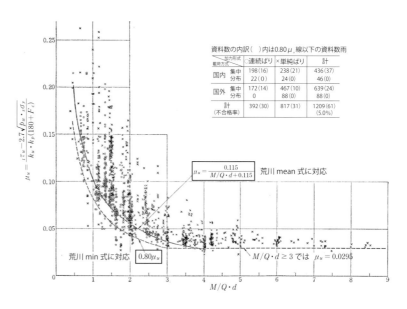

図 6.10 梁のせん断試験結果と荒川式の関係 [1]

6.2.5 RC梁のせん断終局強度（荒川式）の計算例

4.3.9節にて設計したRC梁断面を対象として、荒川式を用いてせん断終局強度を計算する。なお、計算に必要な条件は図6.11に示すとおりである。

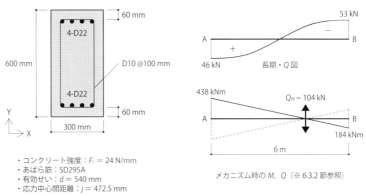

図6.11　RC梁断面および断面力図

① せん断スパン比 (M/Qd) の確認

せん断スパンの評価において、曲げモーメントMには、メカニズム時の梁両端の節点モーメントを比較して、大きい方の値を代入する。また、せん断力Qには、メカニズム時のせん断力Q_Mと長期におけるせん断力Q_Lの値の和を代入する。なお、Q_Lの値は、梁両端の値を比較して、大きい方の値とする。もし、加力方向によって、断面力図が対称にならない場合は、加力方向ごとにせん断スパン比を求め、大きい方の値を採用する。

$$\frac{M}{Q \cdot d} = \frac{438}{(104+53) \times 0.54} = 5.16 > 3.0$$

よって、$M/Qd = 3.0$ とする。

② 引張鉄筋比 p_t (%) およびせん断補強筋比 p_w

$$P_t = \frac{a_t}{b \cdot d} = \frac{4 \times 387.1}{300 \times 540} = 0.0096 = 0.96\%$$

$$P_w = \frac{a_w}{b \cdot x} = \frac{2 \times 71.33}{300 \times 100} = 0.0048$$

③ 荒川式によるせん断終局強度 Q_{su} の計算

$$Q_{su\_mean} = \left\{ \frac{0.068 \times 0.96^{0.23} \times (24+18)}{3.0+0.12} + 0.85\sqrt{0.0048 \times 295} \right\} \times 300 \times 472.5$$
$$= 271.9 \text{ (kN)}$$

$$Q_{su\_min} = \left\{ \frac{0.053 \times 0.96^{0.23} \times (24+18)}{3.0+0.12} + 0.85\sqrt{0.0048 \times 295} \right\} \times 300 \times 472.5$$
$$= 243.5 \text{ (kN)}$$

6.2.6 RC 柱のせん断終局強度（広沢式）

梁とは異なり，鉛直部材である RC 柱には軸力が作用する。以下に示す RC 柱のせん断終局強度式は広沢式と呼ばれ，荒川 mean 式に軸力の影響を加味した式として提案されている。荒川式を準用した広沢式も計算が簡便であるため，実務設計や耐震診断・改修設計などに幅広く用いられている。なお，広沢式も $F_c=60$ (N/mm^2) を超える場合は，適用に際して注意が必要である。

$$Q_{su} = \left\{ \frac{0.068 p_t^{0.23} \cdot (F_c+18)}{M/(Q \cdot d)+0.12} + 0.85\sqrt{p_w \cdot \sigma_{wy}} + 0.1\sigma_0 \right\} \cdot b \cdot j \quad (2.10)$$

ここで，σ_0：平均軸応力度 (N/mm^2) であり，次式により算出する。

$$\sigma_0 = \frac{N}{b \times D} \quad (2.11)$$

ここで，N：作用軸力 (N)，b：柱幅 (mm)，D：柱せい (mm) である。ただし，σ_0 が $0.4F_c$ を越える場合は，$\sigma_0=0.4F_c$ として計算する。

図 6.12 に広沢式の計算結果と実験結果の比較を示す。両者を比較すると，せん断終局耐力の実験値は広沢式による計算値よりも 30% 程度大きな値を示す傾向にある。言い換えれば，広沢式により得られるせん断終局耐力の計算値は，実際の RC 柱のせん断終局耐力を 30% 程度過少評価することが確認できる。したがって，同式は RC 柱のせん断終局耐力に関して，安全側の予測値を与える式であると評価できる。

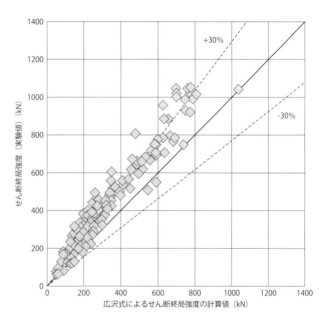

図 6.12　実験値と広沢式（計算値）との比較[2]

6.2.7 RC部材のせん断終局強度(理論式)

(1) トラス・アーチ理論に基づく理論式

荒川式や広沢式のように,多数のRC梁および柱の実験結果に基づいて作成された実験式だけでなく,RC部材の抵抗機構を反映して構築された理論式も存在する。理論式の場合,想定した抵抗機構の適用範囲において応用可能であるが,式の構成が比較的煩雑であるという側面も持ち合わせている。そのため,現在は,荒川式や広沢式の適用範囲外となる高強度コンクリートを使用したRC梁および柱部材が用いられる高層RC造建物の設計に活用されている。

RC部材のせん断終局強度に関する理論式は,トラス機構が負担するせん断力V_tとアーチ機構が負担するせん断力V_aの組み合わせにより,以下のように表される。

$$Q_s = V_t + V_a$$
$$= b \cdot j_t \cdot p_w \cdot \sigma_{wy} \cdot \cot\varphi + \sigma_a \cdot b \cdot D/2 \cdot \tan\theta \tag{2.12}$$

ここで,b:部材幅,j_t:主筋径の中心間距離,p_w:せん断補強筋比,σ_{wy}:せん断補強筋の降伏応力度,φ:トラス機構における圧縮力の伝達角度,σ_a:圧縮ストラット内を伝わる圧縮応力度,θ:圧縮ストラットの角度,D:部材せいである。また,式(2.12)を適用するにあたっては,①せん断補強筋は降伏しており,②圧縮応力度を伝えるコンクリートが**有効圧縮強度**に到達していると仮定する。これより,圧縮応力度σ_aは次式により求められる。

$$\sigma_a = (1-\beta) \cdot \nu \cdot \sigma_B \tag{2.13}$$

$$\beta = \frac{p_w \cdot \sigma_{wy} \cdot (1+\cot^2\varphi)}{\nu \cdot \sigma_B} \tag{2.14}$$

ここで,ν:有効係数,σ_B:コンクリートの圧縮強度である。なお,降伏ヒンジを計画しない場合,$\nu = \nu_0$ として算定する。

$$\nu_0 = 0.7 - \sigma_B/200 \tag{2.15}$$

最終的に,式(2.12)は以下のように整理される。

$$Q_s = b \cdot j_t \cdot p_w \cdot \sigma_{wy} \cdot \cot\varphi + (1-\beta)\nu \cdot \sigma_B \cdot b \cdot D/2 \cdot \tan\theta \tag{2.16}$$

● **部材の変形(損傷)と共に変化する$\cot\varphi$と有効係数**

降伏ヒンジを計画しない部材(せん断破壊先行部材)では,次式により$\cot\varphi$を算定する。
$\cot\varphi = \min(2.0, \ j_t/(D\cdot\tan\vartheta), \ \sqrt{\nu\sigma_B/(p_w\sigma_{wy})-1.0})$ ただし$\nu=\nu_0$とする。

一方,降伏ヒンジを計画する部材(曲げ破壊先行部材)では,ヒンジ領域か非ヒンジ領域かで算定方法が異なる。

① 非ヒンジ領域の場合:降伏ヒンジを計画しない部材と同じ式を利用して算定する。
  ただし,νはヒンジ領域の回転角R_pに応じて以下により算定する。

  $0 < R_p \leq 0.05$ の場合 $\nu = (1.0 - 15R_p)\nu_0$
  $0.05 < R_p$ の場合 $\nu = 0.25\nu_0$

② ヒンジ領域の場合:以下により$\cot\varphi$を算定する。
  $0 < R_p \leq 0.02$ の場合 $\cot\varphi = 2.0 - 50R_p$
  $0.02 < R_p$ の場合 $\cot\varphi = 1.0$

● **理論式の歴史的背景について**

せん断終局強度の理論式が開発された背景には,倉本・南らの研究[3]や市之瀬の研究[4]の存在がある。これらの研究を学習する前に,せん断終局強度式の歴史的な背景を解説した参考文献[5]を一読することをお勧めする。

用語 有効圧縮強度

RC部材に損傷が進むと,せん断ひび割れの進展により,圧縮ストラットの応力伝達能力が低下することが知られている。そして,有効圧縮強度とは,ひび割れたコンクリートの圧縮伝達能力の低下を考慮した実質的に有効な圧縮強度を意味している。

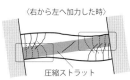

曲げひび割れと圧縮ストラット

(2) トラス機構

図6.13に両端ヒンジを形成する梁についてトラス機構の考え方を示す。ここで，図中の斜材はコンクリートの斜め圧縮力，鉛直材はせん断補強筋の引張力，水平材は主筋の圧縮力あるいは引張力を表している。なお，これらのトラス材は，実際に存在する多様な力の流れを代表して表している。例えば，実際にヒンジ領域に作用する圧縮力は，ひび割れ間隔ごとに異なる向きや大きさを有しているが，それを斜材1本で表現している。

図6.14に圧縮力の伝達角度φで切断したトラス機構の左半分における力の釣合いを図示する。トラス機構の負担せん断力V_tは，切断面に存在するせん断補強筋が負担する引張力と考えてよい。ここで，切断面を上から見下ろした水平投影図を用いて力の釣合いを考える。切断面の水平投影長さは，$j_t/\tan\varphi$であり，図中の「●」印は切断面に存在するせん断補強筋の断面を表している。V_tを求めるにあたっては，まず，1組あたりのせん断補強筋による抵抗力を求め，それに水平投影面積あたりのせん断補強筋の組数を乗じて水平投影面積あたりのせん断補強筋の抵抗力を算出すればよい。

$$V_t = a_w \cdot \sigma_{wy} \cdot \frac{j_t}{\tan\varphi} \cdot \frac{1}{S} = b \cdot j_t \cdot p_w \cdot \sigma_{wy} \cdot \cot\varphi \tag{2.17}$$

$$p_w = \frac{a_w}{b \cdot S} \tag{2.18}$$

ここで，a_w：せん断補強筋の1組の断面積，S：せん断補強筋間隔である。

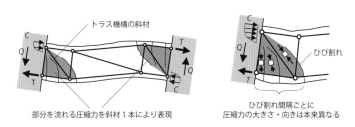

図6.13　トラス機構の考え方

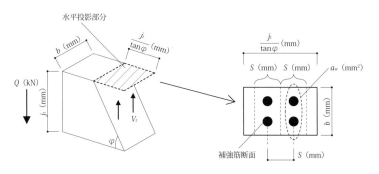

図6.14　トラス機構の切断面における力の釣合い

(3) アーチ機構

図 6.15 (a) にアーチ機構における力の釣合いを示す。ここでは，圧縮ストラットの角度を θ とする。また，圧縮ストラットの見つけ幅をアーチ機構の負担せん断力 V_a が最大となる場合を考えて部材せい D の 1/2 とすれば，圧縮ストラットの幅は $D/2\cos\theta$ と表される。アーチ機構の負担せん断力 V_a は，圧縮ストラットを流れる圧縮力 C_a の鉛直成分であるから，図 6.15 (b) に示すように，C_a を次式により算定する。

$$C_a = \sigma_a \cdot b \cdot \frac{D}{2\cos\theta} \tag{2.19}$$

図 6.15 (c) に圧縮力 C_a の鉛直成分の求め方を示す。今，圧縮ストラットの向きは水平面に対して角度 θ だけ傾いているので，V_a は次式となる。

$$V_a = \left(\sigma_a \cdot b \cdot \frac{D}{2\cos\theta}\right) \cdot \sin\theta = \sigma_a \cdot b \cdot D/2 \cdot \tan\theta \tag{2.20}$$

ここで，$\tan\theta$ は幾何学的関係より，部材せい D と部材内法スパン L を用いて次式により求めることができる。

$$\tan\theta = \sqrt{\left(\frac{L}{D}\right)^2 + 1} - \frac{L}{D} \tag{2.21}$$

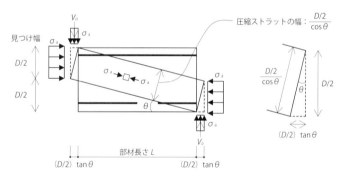

(a) アーチ機構における釣合い図

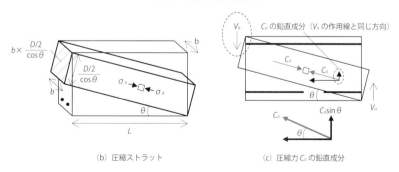

(b) 圧縮ストラット　　(c) 圧縮力 C_a の鉛直成分

図 6.15　アーチ機構の考え方

6.2.8　はりのせん断終局強度計算例（理論式）

　6.2.5 節においてせん断終局強度を実験式により求めた RC 梁を対象として，理論式を用いてせん断終局強度を算定する。なお，この梁は降伏ヒンジを計画する部材とし，ヒンジ領域を計算対象とする。また，梁の内法スパンを 4900 mm とする。

① トラス機構における圧縮力の伝達角度 $\cot\varphi$ の算定

　ここでは，$R_p = 0.02$ の場合について計算する。

　　$\cot\varphi = 2.0 - 50 \times 0.02 = 1.0$

② アーチ機構における圧縮ストラットの角度 θ の算定

　　$L/D = \frac{4900}{600} = 8.166... \quad \to 8.1$

　　$\tan\theta = \sqrt{8.1^2 + 1} - 8.1 = 0.0614... \quad \to 0.06$

③ アーチ機構における係数 β の算定

　ここでは，非ヒンジ領域の $\cot\varphi$ を求め，係数 β を算定する。

　　$\cot\varphi = \min\left(2.0,\ j_t/(D \cdot \tan\theta),\ \sqrt{\nu\sigma_B/(p_w\sigma_{wy}) - 1.0}\right)$

　　$j_t = 600 - 60 \times 2 = 480$ mm

　　$j_t/(D \cdot \tan\theta) = 480/(600 \times 0.06) = 13.3$

　　$v_0 = 0.7 - 24/200 = 0.58$

　　$v = (1.0 - 15R_p)\, v_0 = (1.0 - 15 \times 0.02) \cdot 0.58 = 0.4$

　　$\sqrt{\nu \cdot \sigma_B/(p_w \cdot \sigma_{wy}) - 1.0} = \sqrt{0.4 \times 24/(0.0048 \times 295) - 1} = 2.42$

　　以上より，$\cot\varphi = \min\{13.3,\ 2.42,\ 2.0\} = 2.0$

　　$\beta = \{(1 + \cdot \cot^2 \varphi) \cdot p_w \cdot \sigma_{wy}\} \cdot ((v \cdot \sigma_B))$

　　　$= \{(1 + \times 2.0^2) \times 0.0048 \times 295\} \times ((0.4 \times 24)) = 0.7$

④ せん断終局強度の計算

　　$Q_s = b \cdot j_t \cdot p \cdot \sigma_{wy} \cdot \cot\varphi + (1 - \beta) v_0\, \sigma_B \cdot b \cdot D \cdot 2 \cdot \tan\varphi$

　　　$= 300 \times 480 \times 0.0048 \times 295 \times 1.0$

　　　　　　　$+ (1 - 0.7) \times 0.58 \times 24 \times 300 \times (600/2) \times 0.06$

　　$= 201600 + 22550.4 = 224150.4 = 224 \,(\text{kN})$

　計算の結果，荒川式による計算結果よりやや低い終局せん断力の値となった。これは，ヒンジ領域の回転角として $R_p = 0.02$ を設定したためである。なお，$R_p = 0.01$ を設定した場合，$Q_s = 336 \,(\text{kN})$ となり，荒川式による計算結果を上回る。したがって，計算結果にはヒンジ領域の変形の影響が大きく反映されることがわかる。なお，ヒンジ領域の変形がさらに進行すると，最終的には $\beta = 1.0$ となり，アーチ機構が負担するせん断力 V_a は 0 となる。そのため，$Q_s = V_t = 201.6 \,(\text{kN})$ となる。

探究 保有水平耐力計算の注意点を考えてみよう。

　保有水平耐力計算を含む構造設計は，現在，一貫構造計算プログラムを利用して行われる場合が多い。しかし，構造設計者がプログラムの内容を理解していないという「ブラックボックス問題」が指摘されている。また，建物のモデル化に関する構造設計者の理解不足の問題も否定できない。

　例えば，簡易な標準建物モデルに対して一般的な複数の一貫構造計プログラムを使用した計算結果の比較[6]では，計算された保有水平耐力に顕著な差が生じた。その原因として，梁の曲げ強度算定におけるスラブ筋の評価方法，柱の曲げ強度算定における軸方向力の評価方法，部材のせん断強度の算定における算定式や M/Qd の設定方法の相違を挙げている。そして，これらの違いは，建物の崩壊形にも影響を及ぼす結果となった点に注意が必要である。

　また，下図に示す7階建てのRC造事務所ビルを対象として，複数の構造設計者が実施した保有水平耐力計算結果の比較[7]が興味深い。この事例では，計算上の共通な与条件が設定される一方，各部材のモデル化は設計者の判断に委ねられた。その結果，1階の層せん断力 – 層間変形関係は大きく異なっており，特に耐震壁を含む構面では耐力差が顕著であった。また，純フレームにおいては，耐力上昇域の剛性と耐力に差が生じた。そして，このような差が生じた要因を整理し，以下の4点を挙げている。

① 梁の曲げ終局強度に及ぼす梁の主筋配置およびスラブ筋考慮の有無の影響
② 基礎の支持条件の相違
③ 耐震壁の直交梁の効果の影響
④ 耐震壁のモデル化の相違

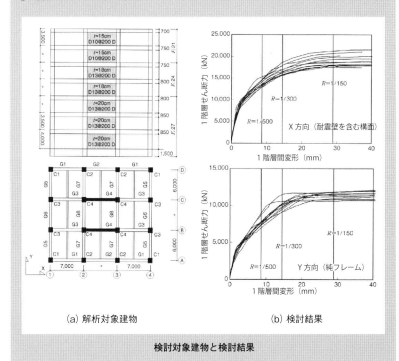

(a) 解析対象建物　　　　(b) 検討結果

検討対象建物と検討結果

6.3 保有水平耐力──保有水平耐力はどのように算定するのか

6.3.1 保有水平耐力の算定方法

保有水平耐力とは，地震外力によって建物に塑性ヒンジが発生し，崩壊機構が形成された時の各階の層せん断力のことである。最終的に形成される複雑な崩壊機構を求める保有水平耐力の算定方法はいくつか存在するが，手計算可能な略算法としては節点振り分け法と仮想仕事法が挙げられる。また，構造計算において一貫構造計算プログラムの利用が一般的となった現在においては，精算法である増分解析法が主流であるといえる。

本章では略算法について触れるが，節点振り分け法は，もっとも計算が簡便な略算法である。計算の前提として，すべての節点に塑性ヒンジが形成する全体崩壊形を仮定するため，外力分布を仮定せずに保有水平耐力を求めることができる。したがって，外力分布は計算の結果として得られることになり，崩壊形に依存してしまう。そのため，得られた外力分布が実際の地震時の外力分布と異なる場合，算定された保有水平耐力の信頼性は低くなる。また，節点振り分け法では，計算結果として得られる外力分布に対して，架構のどの箇所でも全塑性モーメントを超えない**静的許容状態**となることから，**下界定理**に基づく方法であるといえる。一方，仮想仕事法は，架構に対していくつかの**動的許容状態**を仮定して保有水平耐力を計算する**上界定理**に基づく手法であり，仮定する動的許容状態の選定が不適切である場合，得られる保有水平耐力は真の値よりも過大になってしまう場合がある。特に，架構の層数が多くなると，設定可能な動的許容状態が急増するので注意が必要である。また，節点振分け法と異なり，最初に外力分布を設定する必要がある。

精算法である増分解析法については専門書に譲るが，コンピューターの利用が前提であり，図 6.16 に示す計算手順に従う。荷重の増分に対して各部材の応力増分を計算し，剛性変化の判定を行う。剛性変化があった場合，その部材の接線剛性を変更して全体剛性マトリクスを再計算し，再度荷重を漸増する。こうした処理を繰り返して最終的に崩壊メカニズムに至る過程をシミュレートし，保有水平耐力を得る。なお，増分解析法には，3 次元解析によって様々な骨組形状に対応でき，各増分レベルでの変形が具体的に得られる利点がある。

用語 静的許容状態

下界定理においては，力の釣合条件と降伏条件を満足することを前提としており，この時の構造物における力の釣合状態を静的許容状態という。ただし，節点振分け法では，崩壊形として全体崩壊形のみを仮定する。対象とする骨組が全体崩壊形を形成しない場合，真の保有水平耐力を得られない。

用語 上界定理と下界定理

保有水平耐力を算定する際には，以下の 3 つの条件を満足する真の崩壊形を得て，真の保有水平耐力を求める必要がある。

・力の釣合条件
　外力と内力が釣り合っている。
・崩壊機構条件
　崩壊形が形成されている。
・降伏条件
　断面力が部材耐力値を超えない。

これらの 3 条件に対して，上界定理では力の釣合条件と崩壊機構条件の 2 つを満足させた状態を設定し，真の値を求めていく。一方，下界定理では，力の釣合条件と降伏条件の 2 つを満足させた状態を設定し，真の値を求めていく。なお，釣合条件に問題がある場合は，上下界定理は適さない。

用語 動的許容状態

上界定理においては，力の釣合条件と崩壊機構条件を満足することを前提としており，この時の構造物における力の釣合状態を動的許容状態という。ただし，仮想仕事法では，様々な崩壊形を仮定するが，それが降伏条件を満足するとは限らず，断面力が部材耐力を上回る場合，真の保有水平耐力を得られない。

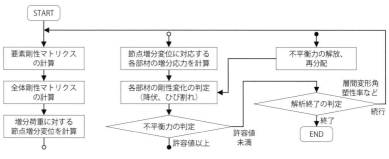

図 6.16　増分解析の流れ

6.3.2 節点振分け法

図6.17に水平力を受ける骨組に生じる曲げモーメント分布を示す。ここで，骨組中の十字形柱梁接合部に注目すると，柱頭・柱脚の節点モーメントの和と梁端の節点モーメントの和が釣り合う。節点振分法では，このような節点モーメントの釣合いに基づいて，梁と柱から成る架構の各節点における終局曲げモーメントの合計値の大きさを比較し，小さい方の側に塑性ヒンジが形成されると考える。ここで，節点モーメントとは，部材フェイス位置の終局モーメントに基づいて求めた節点位置のモーメントである。例えば，図6.18に示すように，梁の方が柱よりも節点モーメントの合計が小さい場合，梁に塑性ヒンジを発生させ，梁の節点モーメントの合計を上下の柱へ振分ける。なお，節点モーメントの分配方法としては，①1/2ずつ分配，②剛比に応じて分配 ③1次設計用応力に基づいて分配という3つの方法が一般的である。

最後に，節点振分け法により求めた崩壊形とそれに対応する曲げモーメント図に基づいて，全部材のせん断力と軸力を求める。そして，各層の柱せん断力Q_cの和として保有水平耐力が算定される。

● **節点モーメント**

架構を部材芯で線材に置換する場合，部材の終局モーメントは節点位置ではなく，梁と柱のフェイス位置で評価される。例えば，下図に示す梁の場合，フェイス位置の終局モーメントM_{bu}に基づいて節点モーメントM_{bu}'を求める必要がある。

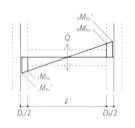

節点モーメントの求め方

● **節点振分法の問題点**

節点振分け法では，上下階への分配率が問題となる。特に，最上階と最下階では，分配が大きく偏るために過大評価となる。

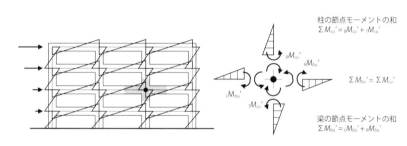

図6.17 節点モーメントの釣合い

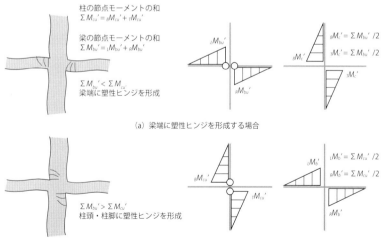

図6.18 塑性ヒンジの形成と節点モーメントの分配例

6.3.3 仮想仕事法

(1) 崩壊形の設定

仮想仕事法では，節点振り分け法と異なり，あらかじめ外力分布を仮定して各階の保有水平耐力を求める。この解法では，①塑性ヒンジの回転角 θ が全部材で同一である，②外力と内力の仕事は等しいという2つの条件を利用する。

図 6.19 (a) に全体崩壊形（梁破壊型）の概略図を示す。図 6.19 (b) には，この崩壊形に対応した塑性ヒンジ図を示す。この場合，塑性ヒンジは1階の柱脚および梁端に形成され，エネルギー吸収能力に富む理想的な崩壊形となる。また，すべての節点において塑性ヒンジが形成されるという点では，前述の節点振り分け法で想定する崩壊形と同様である。しかし，図 6.19 (c) に示すような上層と下層で回転角が異なる場合など，2種類以上の回転角が生じる全体崩壊形では前述の条件①を満たさないため，仮想仕事法を適用することはできない。そのため，この場合は節点振分法により保有水平耐力を求めることになる。

また，仮想仕事法では，図 6.20 に示すような部分崩壊形も想定する。そして，仮定したすべての崩壊形について保有水平耐力を算出し，得られた解のうち最小値となった崩壊形の場合の保有水平耐力を真の値として採用することになる。

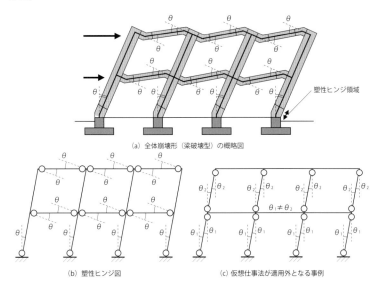

図 6.19　全体崩壊形

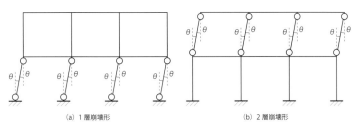

図 6.20　部分崩壊形

(2) 保有水平耐力の算定

図 6.21 に全体崩壊形の場合を例として,仮想仕事法における外力と内力のなす仕事の求め方を示す。外力分布は,荷重係数 α_i と崩壊荷重 P_u によって記述される。α_i は A_i 分布に基づくなどして求めた各階の層せん断力係数 C_i および各階総重量 ΣW_i の積である層せん断力 Q_i から求めた外力 P_i の比に等しい。

外力の仕事 W_o は,外力 $\alpha_i \cdot P_u$ と外力作用位置の水平変位 δ_i の積を総和することにより求められる。なお,δ_i は幾何学的関係から,各階高さ h_i と塑性ヒンジの回転角 θ との積で求められる。一方,内力の仕事 W_i は,塑性ヒンジの終局モーメント M_u と θ の積を総和することにより求められる。

最終的に,仮想仕事法では次式に基づいて崩壊荷重 P_u を算定し,各層せん断力を求めることによって保有水平耐力を得る。

$$W_o = W_i \tag{3.1}$$

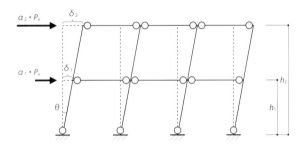

(a) 外力の仕事量 W_0

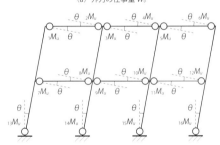

(b) 内力の仕事量 W_0

図 6.21 外力の仕事量と内力の仕事量

● **内力の仕事量の算定と節点モーメント**

内力の仕事量の算定では,塑性ヒンジが生じる位置での内力の仕事 $M_u' \cdot \theta'$ を考えるべきである。しかし,節点と塑性ヒンジ領域の変形の間には,以下の関係が成立するため,節点モーメントを用いることが可能である。

$$-2M_u' \cdot \theta' + 2M_u \cdot \theta = 0$$

6.3.4 節点振分け法と仮想仕事法による保有水平耐力計算例

節点振分け法と仮想仕事法の特徴をより理解するために，図 6.22 (a) に示す 2 層 2 スパンの架構を例題として，両方法により保有水平耐力を算出する。

(1) 節点振分け法に基づく保有水平耐力の算出

節点ごとに梁の節点モーメントの和 ΣM_b と柱の節点モーメントの和 ΣM_c の大小関係を比較し，図 6.22 (b) に示すような塑性ヒンジ発生位置を想定する。また，節点モーメントの分配方法として 1/2 ずつ分配する方法を採用する。図 6.22 (c) に得られたメカニズム時の曲げモーメント分布を示す。ここで，得られた曲げモーメント分布に基づいて柱に生じるせん断力 Q_c を求め，それらを総和した層せん断力 ΣQ_c を求める。図 6.22 (d) に柱のせん断力 Q_c と力の釣合いにより求められる外力分布を示す。最終的に，例題架構の各層の保有水平耐力は次のように計算される。

【2 層の保有水平耐力 Q_{u2}】

$$Q_{u2} = 1.5 \cdot \frac{M_p}{h} + 3 \cdot \frac{M_p}{h} + 1.5 \cdot \frac{M_p}{h} = 6 \cdot \frac{M_p}{h}$$

【1 層の保有水平耐力 Q_{u1}】

$$Q_{u1} = 2.5 \cdot \frac{M_p}{h} + 3 \cdot \frac{M_p}{h} + 2.5 \cdot \frac{M_p}{h} = 8 \cdot \frac{M_p}{h}$$

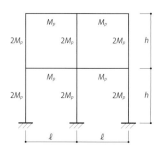

(a) 例題：2 層 2 スパン架構

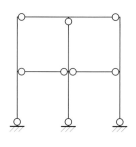

(b) 塑性ヒンジ発生位置

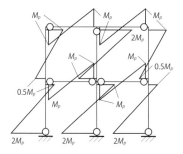

(c) メカニズム時の曲げモーメント分布

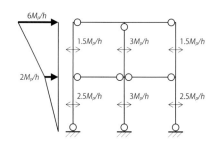

(d) 柱のせん断力と外力分布

図 6.22 節点振分け法

(2) 仮想仕事法に基づく保有水平耐力の算出

仮想仕事法の場合，事前に外力分布を設定し，崩壊形を仮定する必要がある。ここでは，図 6.23 (a) に示す 2 種類の外力分布を考える。なお，A_i 分布に基づいて設定した外力分布では，架構の 1 次固有周期を 0.2 秒とし，各層の重量を一定とした。また，仮定する崩壊形は，図 6.23 (b) 〜 (d) に示す 3 種類とする。

A_i 分布に基づく外力分布を設定した場合，各崩壊形における外力の仕事 W_o と内力の仕事 W_i および各層の保有水平耐力 Q_u は以下のように求められる。

【全体崩壊形】

$$W_0 = \Sigma P_i \times \delta_i = 1.5P \times \delta_2 + P \times \delta_1 = 1.5P \times 2\theta h + P \times \theta h = 4P\theta h$$

$$W_i = 4 \times 2M_p\theta + 6 \times M_p\theta = 14M_p\theta$$

よって，$4P\theta h = 14M_p\theta \qquad P = \dfrac{7}{2}(M_p/h)$

$_{2F}Q_u = 1.5P = \dfrac{21}{4}(M_p/h) \qquad _{1F}Q_u = 1.5P + P = 2.5P = \dfrac{35}{4}(M_p/h)$

【1 層崩壊形】

$$W_0 = \Sigma P_i \times \delta_i = 1.5P \times \delta_2 + P \times \delta_1 = 1.5P \times \theta h + P \times \theta h = 2.5P\theta h$$

$$W_i = 6 \times 2M_p\theta = 12M_p\theta \qquad \text{よって，} 2.5P\theta h = 12M_p\theta \qquad P = \dfrac{24}{5}(M_p/h)$$

$_{2F}Q_u = 1.5P = \dfrac{36}{5} \times M_p/h \qquad _{1F}Q_u = 1.5P + P = 2.5P = 12(M_p/h)$

【2 層崩壊形】

$$W_0 = \Sigma P_i \times \delta_i = 1.5P \times \delta_2 = 1.5P\theta h$$

$$W_i = 4 \times 2M_p\theta + 2 \times M_p\theta = 10M_p\theta$$

よって，$1.5P\theta h = 10M_p\theta \qquad P = \dfrac{20}{3}(M_p/h)$

$_{2F}Q_u = 1.5P = 10 \times M_p/h \qquad _{1F}Q_u = 1.5P + P = 2.5P = \dfrac{50}{3}(M_p/h)$

仮想仕事法は上界定理に基づく方法であるため，各崩壊形に対して得られた保有水平耐力のうち，最小値となった全体崩壊形の場合の保有水平耐力を真の値として採用することになる。

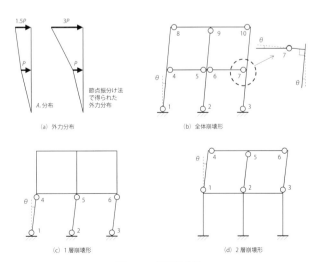

図 6.23 仮想仕事法

(3) 節点振分け法と仮想仕事法の比較

2層2スパン架構を対象として，節点振分け法および仮想仕事法により保有水平耐力を算定する．両手法により得られた保有水平耐力を**表6.1**に示す．両者に差が生じた原因は，**図6.23 (a)** に示したとおり，仮想仕事法において設定した外力分布と節点振分け法の外力分布が異なるためである．そこで，改めて節点振分け法の計算結果から得られる外力分布を設定し，仮想仕事法で保有水平耐力を求める．なお，計算は全体崩壊形の場合のみ行う．

【全体崩壊形】

$$W_0 = \Sigma P_i \times \delta_i = 3P \times \delta_2 + P \times \delta_1 = 3P \times 2\theta h + P \times \theta h = 7P\theta h$$
$$W_i = 4 \times 2M_p\theta + 6 \times M_p\theta = 14M_p\theta$$
$$よって，7P\theta h = 14M_p\theta \quad P = 2(M_p/h)$$
$$_{2F}Q_u = 3P = 6 \times M_p/h \qquad _{1F}Q_u = 3P + P = 4P = 8(M_p/h)$$

計算結果を見ると，節点振分け法により得られた保有水平耐力と一致した．つまり，仮想仕事法では，外力分布の設定次第で得られる保有水平耐力が変化し，節点振分け法と同じ結果を得ることもできる．

さらに，節点振分け法と仮想仕事法を比較するために，**図6.24 (a)** に示す2層2スパン架構を対象として保有水平耐力を算定する．なお，仮想仕事法では，A_i 分布に基づく外力分布を設定する．**図6.24 (b)** に節点振分け法における塑性ヒンジ位置と柱のせん断力および外力分布を示す．また，両手法により得られた保有水平耐力を**表6.2**に示す．仮想仕事法の計算結果に比べて，節点振分け法の結果は2層で6割以上も上回った．これは，節点振分け法が全体崩壊形を前提としているのに対し，仮想仕事法では1層崩壊形において最小の保有水平耐力を得ており，両者で崩壊機構が異なったことが原因である．

表6.1 保有水平耐力計算結果

	節点振分け法	仮想仕事法	比
2層	$6(M_p/h)$	$\frac{21}{4}(M_p/h)$	1.14
1層	$8(M_p/h)$	$\frac{35}{4}(M_p/h)$	0.91

表6.2 保有水平耐力計算結果

	節点振分け法	仮想仕事法	比
2層	$6(M_p/h)$	$\frac{18}{5}(M_p/h)$	1.67
1層	$6(M_p/h)$	$6(M_p/h)$	1.00

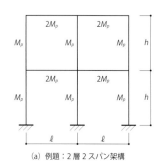

(a) 例題：2層2スパン架構

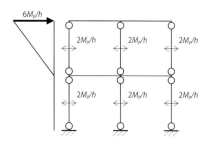

(b) 塑性ヒンジ位置と柱のせん断力および外力分布

図6.24 節点振分け法と仮想仕事法の比較例題

6.3.5 保証設計

保有水平耐力の算定では，建物の崩壊形を仮定したうえで，建物各階の保有水平耐力を求めた。したがって，地震時に仮定した崩壊形が実現されなければ，求めた保有水平耐力には意味がない。そのため，図 6.25 に示すように，保証設計では主に以下の 2 点について確認し，計画した崩壊形が確実に実現することを確認する。通常は，梁降伏型の全体崩壊形を仮定する場合が多いことから，保証設計では各部材がせん断破壊せず，梁端に塑性ヒンジが形成され，仮定する全体崩壊形が形成されることを確認する。

(1) 確実な崩壊形形成のための保証設計（節点の曲げ余裕度の確認）

梁曲げ降伏型の全体崩壊形を形成するため，層崩壊を防止したい。そのためには柱への塑性ヒンジの発生を防ぐ必要があり，節点における曲げ余裕度（＝柱の節点モーメントの和／梁の節点モーメントの和）が十分に確保されていることを確認する。なお，曲げ余裕度の程度について明確な規定はないが，1.3 程度の値を確保することが一般的であろう。曲げ余裕度を確保することの意味は，コンクリートや主筋といった材料強度のばらつきや地震時の外力分布形の相違，さらには柱に作用する 2 方向曲げの影響などにより柱に塑性ヒンジが生じやすい状況になっても，梁への塑性ヒンジ形成を実現させる点にある。

(2) 靱性確保のための保証設計（部材のせん断余裕度の確認）

梁曲げ降伏型の全体崩壊形によりエネルギー吸収能力に優れた骨組を実現するためには，部材のせん断破壊を確実に防止する必要がある。そのため，せん断破壊を許容しない全部材について，次式を満足することを確認する。

梁：$Q_b \geq Q_0 + n \cdot Q_M$ (4.1)

柱：$Q_c \geq n \cdot Q_M$ (4.2)

柱梁接合部：$Q_{ju} \geq 1.1 Q_{Dju}$ (4.3)

ここで，Q_b：梁のせん断終局強度，Q_0：長期荷重時せん断力，n：**割増し係数**，Q_M：メカニズム時に作用するせん断力，Q_c：柱のせん断終局強度，Q_{ju}：柱梁接合部のせん断強度，Q_{Dju}：柱梁接合部のせん断設計用せん断力である。なお，割増し係数 n は，荒川 mean 式に基づいているため，荒川 min 式を用いる場合には，割増し係数 n を低減することもできる。

用語 割増し係数 n

係数 n を「余裕度」とも表現する。係数は，地震時に部材に生じる設計用応力に対して部材自身がもつ終局耐力がどのくらい「余裕」をもっているのか？という指標とも言い表せ，n は梁および柱に対して下表のように定める。

梁		柱	
両端ヒンジ	その他	両端ヒンジ	その他
1.1 以上	1.2 以上	1.1 以上	1.25 以上

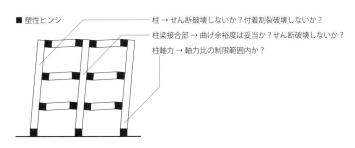

図 6.25　保証設計のポイント

6.4 必要保有水平耐力──必要保有水平耐力とは何を意味するのか

6.4.1 保有水平耐力と必要保有水平耐力

前述のとおり，保有水平耐力は，建物の終局状態である崩壊機構が形成された時点における各層の層せん断力を意味した。つまり，建物（あるいは各層）が耐えられる最大の力である。これを端的に言い換えるならば，図 6.26 に示すように，「建物の防御力」と言って差し支えないだろう。これに対し，必要保有水平耐力は，大地震に備えるために想定する「地震の攻撃力」と言えるだろう。したがって，「地震の攻撃力」を「建物の防御力」が上回れば，建物は崩壊せずに人命を保護することができる。

3章にて示したとおり，保有水平耐力の確認では，規定された材料強度を用いて求めた各階の保有水平耐力 Q_u が，次式により算定される必要保有水平耐力 Q_{un} 以上であることを確認することによって耐震安全性を確保する。

$$Q_{un} = D_s \cdot F_{es} \cdot Q_{ud} \tag{4.1}$$

ここで，D_s：各階の構造特性係数，F_{es}：各階の形状特性係数，Q_{ud}：標準せん断力係数 C_0 を 1.0 以上として求めたときの各階に生ずる地震層せん断力であり，比較的短周期の建物が線形弾性応答をすると考え，1.0g（980gal）の最大応答加速度を生じるような大きさの入力地震動を想定していることを意味している。

さて，仮定どおり建物が弾性応答することを要求するのであれば，「地震の攻撃力」として Q_{ud} を適用すればよい。しかし，保有水平耐力計算は，大地震に対して建物に生じる損傷をある程度許容し，合理的で経済的な建物を実現するための耐震設計法である。そのため，建物が崩壊しない状態まで要求レベルを下げ，損傷を伴う塑性変形や減衰によるエネルギー吸収能力を考慮し，必要保有水平耐力を低減する意味を持つのが構造特性係数 D_s である。一方，形状特性係数 F_{es} は，建物の耐震要素の偏在に伴う立面上の不整形さと平面上の不整形さを剛性率および偏心率によって考慮し，損傷集中が予見される層の水平強度を増大させる意味を持つ。なお，剛性率と偏心率は1次設計の過程で計算されるため，F_{es} による必要保有水平耐力の割増しを回避する設計上の対策は可能であろう。したがって，必要保有水平耐力は D_s 値に大きく依存するといえる。

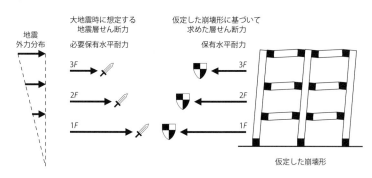

図 6.26 保有水平耐力と必要保有水平耐力のイメージ

6.4.2 構造特性係数 D_s の算定

構造特性係数 D_s は，以下の 3 つの手順に従って算定する。

① 柱・梁および耐力壁の部材としての種別の判別

② 柱・梁および耐力壁の部材群としての種別の判別

③ 部材群としての種別に基づく D_s 値の算定

（1）柱・梁および耐力壁の部材としての種別の判別

柱および梁については，**表 6.3** に従って部材としての種別を判定する。せん断破壊のような構造耐力上支障のある急激な耐力低下の恐れのある破壊を生じないことを確認したうえで，柱においては h_0/D（h_0：柱の内法高さ，D：柱幅），σ_0/F_c（σ_0：軸方向応力度，F_c：コンクリートの設計基準強度），引張鉄筋比 p_t，τ_u/F_c（τ_u：平均せん断応力度）を，梁においては τ_u/F_c のみを判別のための指標として用いる。そして，これらの指標の組み合わせにより，FA ～ FC の判別を行い，いずれにも該当しない場合は FD として扱う。ただし，柱と接合する梁の種別が一致しない場合には，いずれか最下位のものとする。なお，崩壊メカニズムが明確な場合には，塑性ヒンジが生じる部材の種別のうちもっとも低いランクに置き換えてよい。

耐震壁については，**表 6.4** に従って部材としての種別を判定する。指標は τ_u/F_c のみであり，この値に応じて WA ～ WC を判別し，いずれにも該当しない場合は WD として扱う。

● **各指標の破壊傾向**

h_0/D：小さいほど脆性破壊

σ_0/F_c：大きいほど脆性破壊

p_t：大きいほど脆性破壊

τ_u/F_c：大きいほど脆性破壊

【用語】**部材種別**

FA ～ FC は曲げ破壊を表し，FA がもっとも靱性に富み，FC に向かうにつれて変形のしやすさが低下する。

●**接合する柱と梁の種別が異なる場合の判定方法**

塑性ヒンジ

FA ── FB

FA ─ FC ─ FB

※ヒンジ有部材の最低ランクは FB

FA ── FB

FA ─ FB ─ FB

※ヒンジ無の柱種別が置き換わる

表 6.3 柱および梁の部材種別の判定

部材	柱および梁	柱				梁	柱および梁の種別
	破壊の形式	h_0/D	σ_0/F_c	p_t	τ_u/F_c	τ_u/F_c	
条件	※	2.5 以上	0.35 以下	0.8 以下	0.1 以下	0.15 以下	FA
		2.0 以上	0.45 以下	1.0 以下	0.125 以下	0.2 以下	FB
		－	0.55 以下	－	0.15 以下	－	FC
	FA，FB または FC のいずれにも該当しない場合						FD

※せん断破壊，付着割裂破壊および圧縮破壊その他の構造耐力上支障のある急激な耐力低下の恐れのある破壊を生じないこと

表 6.4 耐力壁の部材種別の判定

条件	破壊の形式	τ_u/F_c	耐力壁の種別
	※	0.2 以下	WA
		0.25 以下	WB
		－	WC
	WA，WB または WC のいずれにも該当しない場合		WD

※せん断破壊，付着割裂破壊および圧縮破壊その他の構造耐力上支障のある急激な耐力低下の恐れのある破壊を生じないこと

(2) 柱・梁および耐力壁の部材群としての種別の判別

D_s を算定する各階ごとに，**表 6.5** に従って柱，梁および耐力壁について部材群としての種別を判定する。ここで，γ_A および γ_C は以下のように定義される。

γ_A：【柱および梁の部材群の種別を定める場合】

種別 FA である柱の耐力の和を種別 FD である柱を除くすべての柱の水平耐力の和で除した数値

【耐力壁の部材群の種別を定める場合】

種別 WA である耐力壁の耐力の和を種別 WD である耐力壁を除くすべての耐力壁の水平耐力の和で除した数値

γ_C：【柱および梁の部材群の種別を定める場合】

種別 FC である柱の耐力の和を種別 FD である柱を除くすべての柱の水平耐力の和で除した数値

【耐力壁の部材群の種別を定める場合】

種別 WC である耐力壁の耐力の和を種別 WD である耐力壁を除くすべての耐力壁の水平耐力の和で除した数値

なお，部材の種別が FD である柱および梁，あるいは WD である耐力壁については，当該部材を除いた架構に鉛直荷重による局部崩壊が生じる場合には，部材群としての種別を D とする。

(3) 柱・梁および耐力壁の部材群としての種別に基づく D_s 値の算定

耐力壁を設けない純ラーメン架構の場合，柱，梁の部材群としての種別から，**表 6.6** に従い D_s 値を算定する。壁式構造の場合，耐力壁の部材群としての種別から，**表 6.7** に従い D_s 値を算定する。純ラーメン架構に耐力壁を併用した場合には，両者の部材群としての種別と耐力壁の水平耐力の和を保有水平耐力で除した数値 β_u から，**表 6.8** に従い D_s 値を算定する。

● **部材群種別 D**

表 6.5 に記載はないが，部材群種別 D も存在する。部材種別 FD となった柱と梁を設計建物から取り除いて，メカニズム時の崩壊形を再度求める。その結果，局部崩壊形が形成された場合，その階の部材群種別を D とする。

表 6.5　部材群種別の判定（純ラーメン架構）

	部材の耐力の割合	部材群としての種別
(1)	$\gamma_A \geq 0.5$　かつ　$\gamma_C \leq 0.2$	A
(2)	$\gamma_C < 0.5$（部材群としての種別が A の場合を除く）	B
(3)	$\gamma_C \geq 0.5$	C

表 6.6　純ラーメン架構の D_s 値

柱および梁の部材群種別	D_s の数値
A	0.3
B	0.35
C	0.4
D	0.45

表 6.7　壁式構造の D_s 値

耐力壁の部材群種別	D_s の数値
A	0.45
B	0.5
C	0.55
D	0.55

表 6.8　部材群種別の判定（耐震壁付きラーメン架構）

			柱および梁の部材群としての種別			
			A	B	C	D
耐力壁の部材群としての種別	A	$0 < \beta_u \leq 0.3$ の場合	0.3	0.35	0.4	0.45
		$0.3 < \beta_u \leq 0.7$ の場合	0.35	0.4	0.45	0.5
		$\beta_u > 0.7$ の場合	0.4	0.45	0.45	0.55
	B	$0 < \beta_u \leq 0.3$ の場合	0.35	0.35	0.4	0.45
		$0.3 < \beta_u \leq 0.7$ の場合	0.4	0.4	0.45	0.5
		$\beta_u > 0.7$ の場合	0.45	0.45	0.5	0.55
	C	$0 < \beta_u \leq 0.3$ の場合	0.35	0.35	0.4	0.45
		$0.3 < \beta_u \leq 0.7$ の場合	0.4	0.45	0.45	0.5
		$\beta_u > 0.7$ の場合	0.5	0.5	0.5	0.55
	D	$0 < \beta_u \leq 0.3$ の場合	0.4	0.4	0.45	0.45
		$0.3 < \beta_u \leq 0.7$ の場合	0.45	0.5	0.5	0.5
		$\beta_u > 0.7$ の場合	0.55	0.55	0.55	0.55

（4）構造特性係数 D_s の計算例

3層3スパンのRC純フレーム架構を例として，図 6.27 に示すように部材種別が判別された段階から D_s 値を算定するまでの手順を確認する．まず，各層について，以下のように γ_A および γ_C の値を算定する．

3層：$\gamma_A = (100 + 200 + 200) / 600 = 0.83$　　$\gamma_C = 100 / 600 = 0.17$
2層：$\gamma_A = 0$　　　　　　　　$\gamma_C = (150 + 150) / 900 = 0.33$
1層：$\gamma_A = 0$　　　　　　　　$\gamma_C = (400 + 400 + 200) / 1000 = 1.00$

次に，γ_A および γ_C の値に基づいて，柱および梁の部材群としての種別を前掲の表 6.5 より得る．その結果，3層：A，2層：B，1層：Cと判定される．最後に，表 6.6 を参照し，D_s 値を求める．得られた D_s 値を表 6.9 に示す．

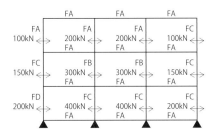

図 6.27　例題架構の部材種別と柱の負担せん断力

表 6.9　部材群種別の判定および D_s の算定

	γ_A	γ_C	部材群としての種別	D_s
3層	83%	17%	A	0.3
2層	0%	33%	B	0.35
1層	0%	100%	C	0.4

● 6章　参考文献

1) 荒川卓：鉄筋コンクリートばりの許容せん断応力度とせん断補強について－実験結果による再検討－，コンクリート・ジャーナル，Vol.8，No.7，pp.11-20，1970.7

2) 日本建築学会：鉄筋コンクリート構造保有水平耐力計算規準（案）・同解説，p.164，2016.4

3) 倉本洋ほか：塑性理論を応用した鉄筋コンクリート部材の実用せん断設計式，日本建築学会構造系論文報告集，No.417，pp.31-45，1990.11

4) 市之瀬敏勝：変形能力を考慮したRC部材のせん断設計法，日本建築学会構造系論文報告集，No.415，pp.53-62，1990.9

5) 前田匡樹：建築分野におけるせん断耐力算定式の発展－実験式からトラス・アーチ理論式へ－，コンクリート工学，Vol.51，No.9，pp.743-749，2013.9

6) 辻英一ほか：標準建物モデルによる実用構造計算プログラムの調査研究 その1；一次設計部分，日本建築学会構造系論文報告集，No.422，pp.145-154，1991.4

7) 今西達也ほか：RC造建物の耐震性能評価に用いる各種静的漸増解析プログラムの解析結果のばらつき比較，日本建築学会構造系論文報告集，No.545，pp.127-134，2001.7

耐震診断の概要

　これまで，鉄筋コンクリート（RC）造建物の耐震設計法について学習してきた。しかし，わが国の耐震設計法は大地震の被害を教訓として改正されてきた歴史的経緯があり，建設年次によって適用されている耐震基準が異なっている。この問題を解決するためには，耐震診断を実施し，旧耐震基準に基づいて設計された既存RC造建物の耐震性能を把握する必要がある。本章では，耐震診断の基本的な考え方の学習を通じて，今後この問題にどのように対処していくべきか考えてほしい。

7.1 耐震診断の基本的な考え方——なぜ耐震診断が必要なのか

7.1.1 耐震基準の変遷により生じる建物の耐震安全性の差

1.2 節で述べたように，日本の耐震基準は過去の大地震による建物の被害を教訓として改定を重ねてきた。これに伴って，日本の耐震技術は進歩の一途をたどってきたが，とりわけ 1950 年の建築基準法の制定，1970 年の帯筋間隔の規定強化等を含む建築基準法改正および 1981 年の新耐震設計法の導入は既存建物の耐震性能の向上に寄与したと言える。そして，このことは，建物の耐震性能が竣工年によって異なるという問題点の存在を示している。

表 7.1 に建設年次による RC 造建物の一般的な構造性能および被害度の推定値を示す。ここで，耐震強度 C は，建物の降伏せん断力係数（水平耐力／建物重量）であり，建物の強度の指標である。また，変形性能 F は，せん断破壊が生じる建物を 1 とし，曲げ破壊が生じる建物では最大で 3.3 まで評価可能な建物の靭性を表す指標である。新耐震設計法の導入以前の建物の耐震性能は低く，第Ⅲ期の建物に比べて，第Ⅰ期で 1/3 〜 1/2 程度，第Ⅱ期であっても 1/2 〜 2/3 程度であると推定される。そのため，これらの RC 造建物に対しても，地震時の建物被害が想定される。

このように旧基準に基づいて設計され，現行の耐震基準を満足しない既存建築物のことを既存不適格建築物と呼び，これらに対して耐震性能を評価し，現行基準に相当する耐震安全性を確保することが必要である。これが，耐震診断が必要とされる理由である。そして，既存建築物の耐震診断技術の開発は，1968 年の十勝沖地震を契機としてスタートし，1977 年に世界で初めて既存 RC 造建物に対する耐震診断基準や耐震改修設計指針が整備された。

表 7.1　建設年次による構造性能 I_s と被害度 I_D の推定

建設年次	保有性能指標 I_s			被害度推定指標 I_D		
	耐震強度 C	変形性能 F	構造性能 $C \times F$	震度階		
				Ⅴ	Ⅵ	Ⅶ
Ⅰ期：〜 1971 年	0.3	1.5	0.45 (0.30)	1.07 (0.71)	0.55 (0.37)	0.35 (0.23)
Ⅱ期：1971 〜 1981 年	0.3	2.0	0.60 (0.40)	1.43 (0.95)	0.73 (0.49)	0.47 (0.31)
Ⅲ期：1981 年〜	0.3	3.3	1.00 (1.00)	2.38 (2.38)	1.22 (1.22)	0.78 (0.78)

※ $I_s = C \times F$，$I_D = I_s / I_E$，I_E は**表 7.2** による。　　　　　　　　：危険ゾーン（$I_D < 1.0$）
※ （　）内の数値は建物形状が不良である場合の $I_s{}'$ 値（$I_s{}' = I_s / 1.5$）および $I_D{}'$ 値を示す。

表 7.2　入力指標概算値 I_E

気象庁震度階	α_G (gal)	α_R (gal)	$I_E = \alpha_R / 980$
Ⅴ	80 〜 250	165 × 2.5	0.42
Ⅵ	250 〜 400	325 × 2.5	0.82
Ⅶ	400 以上	500 × 2.5	1.28

※ α_G：各震度階の地動加速度参考値，α_R：入力加速度概算値（α_G の平均×応答倍率概算値）

7.1.2 既存不適格建築物の特徴

耐震規定の改定に伴い，新耐震設計法では保有水平耐力計算が導入され，従来よりも大きな地震動を設計対象として考えるようになった。これに伴い，建物の強度だけでなく，塑性変形能力も考慮するようになった。したがって，大地震に対する建物の抵抗として，従来の強度抵抗型に対して，新たに強度・靱性抵抗型が加えられるようになった。このような観点から，既存不適格のRC造建物の耐震性能について，以下の問題点が考えられる。

① 最低限の耐震強度は有しているが，強度抵抗型として十分な性能を有しているものは，壁式RC造建物など一部の例外を除いて多くない。
② 柱のせん断強度が十分でないこともあり，強度靱性抵抗型として十分な変形性能を有していない。
③ 学校や病院では，長辺方向に耐震壁が少なく，垂れ壁や腰壁の存在によって柱がせん断破壊しやすい状況にあり，耐震強度が比較的小さく，変形性能も不足している（図7.1 (a)）。
④ 集合住宅では，1階全体を駐車場や店舗としている場合が多く，上層階と比べて相対的に壁が少ない構造となっている（図7.1 (b)）。また，壁が偏在している場合も多い（図7.1 (c)）。そのため，剛性率や偏心率の現行規定を満足しない。

これらの問題点を有するRC造建物については，耐震診断を実施し，その安全性を検討する必要がある。一方，5階建て以下の壁式RC造建物や低層RC造建物は，地盤条件に問題がなく，建物形状が整っている限りにおいては，比較的高い性能を有していると考えられる。

(a) 垂れ壁や腰壁により短柱化した柱はせん断破壊しやすい

(b) ピロティ形式の場合，層崩壊が生じやすい[1]　　(c) 2面道路に接する場合など，壁が偏在しやすく，壁から遠い位置の柱が顕著な被害を受けやすい

図7.1　過去の地震被害に見る耐震診断が必要なRC造建物の例

7.1.3　耐震判定の方法

耐震診断基準では，主に中・低層 RC 造建物を対象としており，対象建物の構造自体と外壁等の非構造部材に対して耐震診断を実施する。建物の耐震安全性は，構造耐震指標 I_s と**非構造部材耐震指標** I_N によって評価され，その数値が高いほど耐震性能が優れていると考えられる。耐震性能の基本的な評価の考え方は，建物の強度と変形性能を可能な限り正確に評価し，どの程度の大きさの地震動に耐えられるかを判断するというものである。

構造耐震指標 I_s は，建物の耐震性能を点数表示した値であり，次式により算定される。

$$I_s = E_0 \cdot S_D \cdot T = C \cdot F \cdot S_D \cdot T \tag{1.1}$$

ここで，E_0：保有性能基本指標，S_D：形状指標（$0.42 < S_D \leq 1.2$），T：経年指標（$0.49 < T \leq 1.0$），C：強度指標，F：靱性指標（$0.8 \leq F \leq 3.2$）である。S_D および T は，それぞれ建物形状の不良さおよびコンクリートや鉄筋の経年劣化の状況に応じて設定される。**図 7.2** に示すように，I_s 値は各階・各方向（X, Y）に対してそれぞれ算出される。

一方，建物の目標性能となる構造耐震判定指標 I_{so} は，次式によって算定される。

$$I_{so} = \beta \cdot \alpha / \alpha_G \tag{1.2}$$

ここで，β：応答倍率（$2.5 \sim 3.3 > \beta \geq 1.0$），$\alpha$：目標とする地震動の水平加速度（$300 \sim 400$ gal，震度Ⅵ），α_G：重力加速度（980 gal）である。

最終的には，I_s 値と I_{so} 値の比較を通じて，以下のように建物の耐震性能が判定される。

　　$I_s \geq I_{so}$：目標性能を満足している。

　　$I_s < I_{so}$：耐震性能に疑問があり，補強が必要。

用語　非構造部材耐震指標

地震時には，非構造部材の頭上等への落下や転倒による直接的な人的被害のほか，避難経路の通行阻害等の二次災害の発生が懸念される。非構造部材耐震指標 I_N は，このような問題に対し，特に外壁の地震時破壊に伴う落下・剥離等に関係する安全性を診断する指標である。

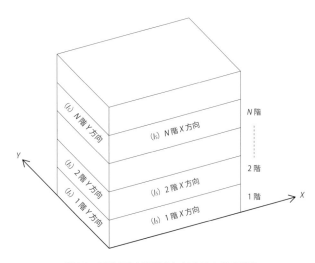

図 7.2　耐震判定対象建物に対する I_s 値の算定

7.1.4 耐震診断のフロー

図7.3に耐震診断のフローを示す。耐震診断を実施する際には，予備調査および診断対象建物の現地調査が必要となる。ここでは，主に以下に示す項目について調査し，耐震診断基準の適用可否についても判断する。

① 対象建物の現状（図面との対応，伏図・軸組図・断面リスト作成）

② 使用材料（コンクリート：強度，中性化，鋼材）

③ ひび割れ・変形状況（不同沈下，火害の有無，構造ひび割れ（**図7.4**））

④ 経年指標の決定（減点方式）

⑤ 常時荷重

また，耐震診断基準では，略算的な1次診断から精緻な3次診断まで3種類の診断法が用意されており，低次の診断でNGとなった場合に診断次数の高い診断法を順次適用するふるい分け方式を採用している。

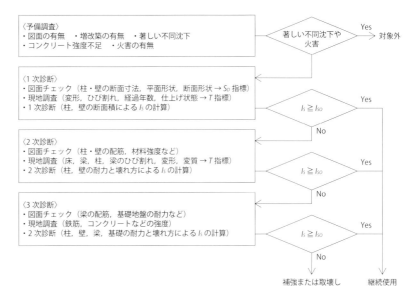

図7.3　耐震診断フロー

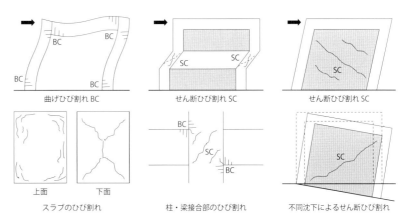

図7.4　構造ひび割れの例

7.2　耐震診断の種類——なぜ 1 次診断から 3 次診断まであるのか

7.2.1　ふるい分け方式による診断次数の決定

　耐震診断を必要とする建物の数は膨大であり，当初から，時間と費用が少なくて済む簡便な診断方法が必要とされた。このような背景から，大胆な仮定のもとに略算的に検討する 1 次診断から精密な計算に基づく 3 次診断に至る 3 種類の方法が開発され，ふるい分け方式によって診断次数を選定する仕組みが整備された。**表 7.3** に各診断方法の特徴を示す。

【1 次診断】

　形状が整形で耐震壁が均等に多数配置された建物に対して有効である。延床面積に対する鉛直部材（柱，壁）の断面積の値（延床面積柱率，延床面積壁率）から C 指標を略算し，E_0 指標を算出する。S_D 指標は，平面形状および立面形状に関するチェック項目から算出される。T 指標は建物の変形や鉛直部材のひび割れ等の定性的な観察と経年数などのチェック項目から算出される。

【2 次診断】

　耐震壁が少なく，梁を含む床の水平剛性と強度が大きい建物の耐震性能の評価に適している。鉛直部材を 5 種類（曲げ柱，曲げ壁，せん断柱，せん断壁，極脆性柱）に分類し，梁が十分に強いと仮定して個々の鉛直部材の曲げ強度とせん断強度から破壊モードを求め，C 指標および F 指標を決定する。E_0 指標は F 指標によるグルーピングを経て算定される。S_D 指標の算定では，1 次診断のチェック項目に加えて偏心率や剛重比についても検討する。T 指標は，構造ひび割れ，変形や変質，老朽化に関する定量的な調査結果に基づいて算定される。

【3 次診断】

　もっとも診断結果の信頼性が高いと考えられる手法である。これは，梁の強度を考慮して骨組の崩壊形を評価して F 指標を評価し，さらに回転耐力を加味して耐震壁の破壊モードを評価することが理由である。

　これらの診断法の中では，2 次診断がもっとも利用されている状況である。しかし，梁を含めた床構造を剛で無限大に強いと仮定しているため，柱の強度を過大評価し，靱性を過小評価する傾向にある。また，壁についても正しく強度・靱性の評価ができているとは言い難い。さらに，建物全体についても崩壊形および強度・靱性の評価に課題が残されている。

表 7.3　ふるい分け方式による既存 RC 造建物の耐震診断法

診断次数	C 指標の算定法	F 指標の算定法	S_D 指標の評価
1 次	柱・壁の水平断面積に基づく概算	$F = 1.0$ 粘りなしと安全側に仮定	建物の概形から概算
2 次	床や梁が十分に強いとして柱や壁の強度を計算	$F = 1.0 \sim 3.2$ 梁を無視して計算	計算による
3 次	柱・壁・梁を全体的に考慮して計算	$F = 1.0 \sim 3.5$ 全体を考慮して計算	計算による

探究 大地震後の建物の安全性を評価する方法について調べてみよう。

耐震診断は、既存不適格建築物の耐震性能を評価する方法である。一方、大地震が発生した後、被災した建物にどれだけ耐震性能が残っているのか評価して、その安全性を確認することも重要である。日本では、主に以下の2つの方法によって被災した建物の安全性を評価している。

(1) 応急危険度判定

地震後、余震等による建物の倒壊や落下物、転倒物による2次災害を防止するため、できる限り早く、短時間で建物の被災状況を調査し、当面の使用の可否について判定して下図に示す緑・黄・赤の3色のステッカーを貼付する。

(2) 被災度区分判定

被災した建物の残存耐震性能を把握し、その建物に引き続き住む、あるいは建築物を恒久・継続使用するためにどのような補修・補強が必要となるか、専門家が詳細に調査して被災度区分を判定し、具体的な復旧の方法を決定する。

被災度区分判定では、次式に示すように、被災前に対する被災後の耐震性能の割合によって耐震性能残存率 R を算定する。

$$R = \frac{{}_D I_s}{I_s} \times 100 (\%)$$

ここで、I_s：被災前の構造耐震指標、${}_D I_s$：被災後の構造耐震指標である。そして地震の震度階と被災度から、下表に従って応急復旧の要否が判定される。

震度階＼被災度	軽微 $R \geq 95$	小破 $95 > R \geq 80$	中破 $80 > R \geq 60$	大破 $60 > R$
Ⅴ弱以下	×	×	×	×
Ⅴ強	◎	△	△	△
Ⅵ弱	◎	○(△)	△	△
Ⅵ強以上	◎	◎(○)	○(△)	△

◎：軽微な補修を要する。
○：応急復旧（構造補修）により、被災前の構造性能を回復する。
△：応急措置、または応急復旧を行う。恒久復旧がなされるまで使用禁止。
×：耐震診断などの詳細調査を行い、復旧の要否を検討する。
※（　）内は1971年以前の設計による建物

7.3 耐震診断の方法 ── 耐震診断では何を評価しているのか

7.3.1 保有性能基本指標 E_0

E_0 指標は，建物の保有耐力を示す C 指標と靱性能を表す F 指標等の関数として定義される。ここで，図 7.5 に示すような極脆性柱，柱および壁から構成される構造システムについて水平加力を行った場合の水平力 (Q)—水平変位 (δ) 関係を考える。なお，これらの鉛直部材は，1 次診断における建物の構成部材の分類と等しい。構造システムとしての Q–δ 関係において，例えば極脆性柱が破壊した時を考える。この時，極脆性柱は最大耐力に達しているが，壁および曲げ柱は最大耐力に達しておらず，その性能の一部を発揮しているに過ぎない。この時，壁および曲げ柱が発揮した性能を自身の最大耐力に対する割合として示すのが**強度寄与係数** α である。E_0 指標は，C 指標と F 指標に加えて，この強度寄与係数 α を用いることにより，次式によって算定される。

$$E_0 = \frac{n+1}{n+i}(C_{SC} + \alpha_1 \cdot C_w + \alpha_2 \cdot C_c)F_{SC} \tag{3.1}$$

ここで，n：建物階数，i：対象としている階数，C_{SC}：極脆性柱の強度指標，C_w：壁の強度指標，C_c：柱の強度指標，α_1：極脆性柱の水平強度時変形における壁の強度の和／壁の強度の和（$\alpha_1=0.7$），α_2：極脆性柱の水平強度時変形における柱の強度の和／柱の強度の和（$\alpha_2=0.5$），F_{SC}：極脆性柱の靱性指標（$F_{SC}=0.8$）である。つまり，E_0 指標とは，構造システムにおいてもっとも靱性能に乏しい鉛直部材が破壊するまでに，個々の鉛直部材が消費可能な構造性能を数値化したものであるといえる。

基本的な考え方は 2 次診断および 3 次診断でも同様であり，F 指標に応じたグルーピングを考慮して，E_0 指標は次式により算定される。

$$E_0 = \frac{n+1}{n+i}(C_1 + \Sigma_j \alpha_j \cdot C_j)F_1 \tag{3.2}$$

ここで，C_1：F 指標が最小のグループの C 指標，F_1：F 指標が最小のグループの F 指標，j：グループ番号，C_j：j グループの C 指標，F_j：j グループの F 指標である。

用語 強度寄与係数

ある変形レベルにおいて部材が発揮する強度と部材固有の終局保有強度との比。

● **外力分布による補正係数**

式 (3.1) 中の $(n+1)/(n+i)$ は，外力分布による補正係数である。これは，多層建物の応答せん断力係数の高さ方向分布を逆数にしたものである。つまり，上層ほど応答量が増大することを考慮して逆数を採用することにより，上層ほど E_0 指標を割引くようにしたものである。

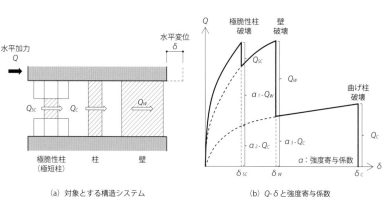

図 7.5　E_0 指標の基本的な考え方

7.3.2 強度指標 C と破壊形式の判定

【1次診断】

C 指標は壁および柱の断面積のみを用いて，仮定された単位面積あたりの強度に基づいて算出される。また，建物を構成する部材として，柱，壁，極短柱の3種類を仮定し，それらを部材寸法等によって判断するため，破壊形式を判定する必要はない。

【2次診断】

破壊形式に応じて柱と壁を5種類（曲げ柱，曲げ壁，せん断柱，せん断壁，極脆性柱）に分類する。柱および壁の破壊形式と終局保有せん断力 Q_U は，水平力に対する鉛直部材の曲げ終局時せん断力 Q_{MU} とせん断終局強度 Q_{SU} の比較を通じて決定される。

・柱の場合

$${}_cQ_{MU} < {}_cQ_{SU} \qquad {}_cQ_U = {}_cQ_{MU}：曲げ柱$$
$${}_cQ_{MU} > {}_cQ_{SU} \qquad {}_cQ_U = {}_cQ_{SU}：せん断柱$$

・壁の場合

$${}_wQ_{MU} < {}_wQ_{SU} \qquad {}_wQ_U = {}_wQ_{MU}：曲げ壁$$
$${}_wQ_{MU} > {}_wQ_{SU} \qquad {}_wQ_U = {}_wQ_{SU}：せん断壁$$

なお，${}_cQ_{MU}$ および ${}_wQ_{MU}$ は，次式により算定される。

$${}_cQ_{MU} = ({}_cM_{UU} + {}_cM_{UB})/h_0 \tag{3.3}$$
$${}_wQ_{MU} = 2 \cdot {}_wM_U/h_w \tag{3.4}$$

ここで，${}_cM_{UU}$：柱頭の曲げ終局強度，${}_cM_{UB}$：柱脚の曲げ終局強度，h_0：柱の内法高さ，${}_wM_U$：壁の曲げ終局強度，h_w：壁の高さである。

【3次診断】

柱・梁接合部を剛とし，梁の強度と破壊形式および壁の基礎浮き上がりを考慮して骨組の破壊機構を求め，柱や壁の保有耐力および破壊形式を定める。

・柱の場合

梁と柱の破壊形式により，4種類に分類する。この4種類は，柱自身の曲げ強度とせん断強度の関係により判定される曲げ柱およびせん断柱に加え，梁の破壊形式の影響を受ける曲げ梁支配型柱およびせん断梁支配型柱である。柱の終局時の保有せん断力 ${}_cQ_U$ は，次式により算定される。

$${}_cQ_U（= 柱上下端終局時節点モーメントの和）／階高 \tag{3.5}$$

・壁の場合

耐力壁を周辺骨組から**境界梁**のついた形で取り出してモデル化する。適切に仮定した外力分布による水平力が作用した場合を考え，曲げ降伏時の水平力，せん断破壊時の水平力および基礎浮き上がり時の水平力を算定する。これらの最小値を終局時保有せん断力とし，この時の破壊形式を各層の壁の破壊形式とする。

7.3.3 靭性指標 F

● F=1.0とする構造制限
① $N_s/(b \cdot D \cdot F_c) > 0.4$
　N_s：地震時軸方向力
② $_c\tau_{MU}/F_c > 0.2$
③ $p_t > 1\%$
④ $h_0/D < 2.0$
　h_0：柱内法高さ

表7.4に示すように，曲げ柱および曲げ壁のF値については計算によって求めるが，その他のF値は一定値とする。

曲げ柱のF指標は，終局塑性率μ_uを用いて，次式により算定する。ただし，構造制限のいずれか1つの条件を満たす場合には，μ_uの値に関わらず$F=1.0$としてよい。また，図7.6にF指標とμ_uおよび終局時部材角Rの関係を示す。

$$F = \frac{\sqrt{2\mu_u - 1}}{0.75(1 + 0.05\mu_u)} \tag{3.6}$$

$$\mu_u = \mu_0 - k_1 - k_2 \tag{3.7}$$

$$\mu_0 = 10\left(\frac{_cQ_{SU}}{_cQ_{MU}} - 1\right) \tag{3.8}$$

$$k_2 = 30\left(\frac{_c\tau_{MU}}{F_c} - 1\right) > 0 \tag{3.9}$$

ここで，$k_1 = 2.0$であり，帯筋間隔が主筋径の8倍以下の場合には0としてよい。また，$_cQ_{SU}$：柱のせん断終局強度，$_cQ_{MU}$：柱の曲げ終局強度時せん断力，$_c\tau_{MU}$：柱の曲げ終局強度時せん断応力度，F_c：コンクリートの設計基準強度である。

一方，曲げ壁のF指標は，壁のせん断終局強度$_wQ_{SU}$と曲げ終局強度時せん断力$_wQ_{MU}$の比の値により算定する。ただし，中間は線形補間とする。

　$_wQ_{SU} / _wQ_{MU} \leq 1.3$の場合：$F = 1.0$
　$_wQ_{SU} / _wQ_{MU} \geq 1.4$の場合：$F = 2.0$

表7.4 F値の一覧

部材	1次診断	2次診断	3次診断
曲げ柱（柱）	−	計算による	計算による
曲げ壁	−	計算による	計算による
せん断柱	−	1.0	1.0
せん断壁（壁）	1.0	1.0	1.0
極脆性柱（極短柱）	0.8	0.8	0.8
曲げ梁支配柱	−	−	3.0
せん断梁支配柱	−	−	1.5
回転壁	−	−	2.0

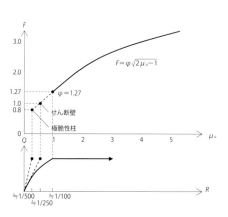

図7.6 F指標と終局塑性率μ_uおよび終局時部材角Rの関係

7.3.4 形状指標 S_D

S_D 指標は，建物の平面・立面形状および鉛直部材や層の水平剛性分布などが耐震性能に及ぼす影響を評価する指標である。E_0 指標と組み合わせることによって，S_D 指標は建物の耐震性能に建物形状の影響を反映させる意味を持つ。

【1 次診断】

表7.5 に示す項目に基づき，建物に対して唯一の S_D 指標を算定する。

【2 次診断，3 次診断】

1 次診断における各項目に加えて，以下の2項目について検討する。また，各階・各方向についてそれぞれ S_D 指標を算定する。

・平面上における重心と剛心の偏心

・立面上における上下層の剛重比

なお，偏心率や剛重比を求める際には，構造計算書等に記載されている **D** 値を用いると，より正確な値を得ることができる。

【S_D 指標の算定】

グレード G_i と別途定められる**レンジ調整係数** R_i を用いて，次式により S_D 指標を算出する。

$$S_D = C_a \times C_b \times \cdots \times C_n \tag{3.10}$$

$$C_i = 1 - (1 - G_i) \times R_i \tag{3.11}$$

ここで，C_i：各項目の影響度を示す影響値，$i = a, b, \cdots, k$ である。

> **用語 *D* 値**
>
> 鉛直部材のせん断力分布係数のことであり，柱の場合，次式により算定される。
>
> $$D = \frac{Q}{\delta} \div \left(\frac{12EK_0}{h^2} \right)$$
>
> ここで，Q：柱のせん断力，δ：層間変形，E：ヤング係数，K_0：標準剛度，h：階高である。つまり，無次元化した柱の水平剛性を意味している。

> **用語 レンジ調整係数**
>
> 項目ごとの重要性あるいは精度を勘案し，影響度の幅を調整する係数として導入されている。例えば，2 次診断においてレンジ調整係数が大きな値（＝1.0）となるのは，地下室の有無，ピロティの有無，偏心率および剛重比である。

表7.5 S_D 指標のチェック項目（1 次診断）

チェック項目			グレード G_i		
			1.0	0.9	0.8
平面形状	a	整形性	整形	ほぼ整形	不整形
	b	辺長比	b ≤ 5	5 < b < 8	8 < b
	c	くびれ	0.8 ≤ c	0.5 ≤ c < 0.8	c < 0.5
	d	Exp. J のクリアランス	1/100 ≤ d	1/200 < d ≤ 1/100	d < 1/200
	e	吹抜の有無	e ≤ 0.1	0.1 < e ≤ 0.3	0.3 < e
	f	吹抜の偏在	f1 ≤ 0.4 かつ f2 ≤ 0.1	f1 ≤ 0.4 かつ 0.1 < f2 ≤ 0.3	0.4 < f1 または 0.3 < f2
	g	その他の特殊形状			
断面形状	h	地下室の有無	1.0 ≤ h	0.5 ≤ h < 1.0	h < 0.5
	i	層高の均等性	0.8 ≤ i	0.7 ≤ i < 0.8	i < 0.7
	j	ピロティの有無	無し	すべて	偏在
	k	その他の特殊形状			

7.3.5 経年指標 T

T 指標は，構造体に生じているひび割れ，変形，老朽化等の構造的な欠陥が建物の耐震性能に及ぼす影響を評価する指標である。また，T 指標は 1 つの建物に対して 1 つの値が算定される。

【1 次診断】

表 7.6 に示す項目についてそれぞれ T 値を求め，その最小値を採用する。

【2 次診断，3 次診断】

表 7.7 に示す建物の構造ひび割れ・変形および変質・老朽化の程度と各部材（床，大梁，壁・柱）における当該事象の発生範囲に応じて，別途求められる減点数集計値 P_1 および P_2 を用いて，次式により各階ごとに経年指標 T_i およびその平均値である T 指標を算定する。

$$T = (T_1 + T_2 + \cdots + T_N)/N \tag{3.12}$$

$$T_N = (1 - P_1) \cdot (1 - P_2) \tag{3.13}$$

ここで，T_N：N 階の経年指標，N：調査した階の数である。

表 7.6　T 指標のチェック項目と T 値（1 次診断）

チェック項目	T 値			
	0.7	0.8	0.9	1.0
変形	傾斜不同沈下	－	地盤が悪い 梁・柱に変形	該当なし
壁・柱のひび割れ	－	雨漏りあり 鉄筋錆あり	柱に斜めひび割れ 外壁に多数ひび割れ 雨漏りあるが錆なし	該当なし
火災経験	痕跡あり	痕跡なし	－	なし
用途	－	化学薬品使用	－	該当なし
建築年数	－	30 年以上	20 年以上	20 年未満
仕上状況	－	－	外部の老朽化・剥落 内部の変質・剥落	問題なし

表 7.7　T 指標のチェック項目（2 次診断）

程度	構造ひび割れ・変形
a	1. 不同沈下に関するひび割れ 2. 誰でも肉眼で認められる梁，壁・柱のせん断ひび割れ，または，斜めひび割れ
b	1. 2 次部材に支障をきたしているスラブ，梁の変形 2. 離れると肉眼で認められない梁，壁，柱のせん断ひび割れ，または斜めひび割れ 3. 離れても肉眼で認められる梁，柱の曲げひび割れ。または垂直ひび割れ
c	1. a, b には該当しない軽微な構造ひび割れ 2. a, b には該当しないスラブ，梁のたわみ

程度	変質・老朽化
a	1. 鉄筋さびによるコンクリートの膨張ひび割れ 2. 鉄筋の腐食 3. 火災によるコンクリートのはだ割れ 4. 化学薬品等によるコンクリートの変質
b	1. 雨水，漏水による鉄筋錆の溶け出し 2. コンクリートの鉄筋位置までの中性化，または，同等の材齢 3. 仕上げ材の著しい剥落
c	1. 雨水，漏水，化学薬品等によるコンクリートの著しい汚れ，または，しみ 2. 仕上げ材の軽微な剥落または老朽化

探究 耐震化の促進が社会に及ぼす影響について考えてみよう。

　2013 年の耐震改修促進法の改正により，以下の点が大きく変更となった。

・不特定多数が利用する大規模な旧耐震基準建物（要緊急安全確認大規模建築物）および重要な避難路沿道にある一定の高さの旧耐震基準建物（要安全確認計画記載建築物）に対して，耐震診断と結果報告を義務付ける。

・すべての旧耐震基準建物の所有者が耐震診断と耐震改修の努力義務の対象になる。

　この改正に伴い，地方自治体は義務化の対象となる建物の耐震診断結果を報告している。例えば，東京都では 852 棟が対象となったが，震度 6 強〜7 程度の地震で倒壊・崩壊する危険性が高い建物が 18%，危険性がある建物が 11% となり，およそ 30% の建物に危険性が認められた。

　耐震診断結果の公表を義務化するなど，国が耐震化を強力に推し進める背景には，これまでの大地震において旧耐震基準建物の被害が顕著であることに加え，近い将来に想定される南海トラフ地震や首都直下地震において甚大な被害が予測されているためである。ここで，興味深い検討結果を示したい。下表は，中央防災会議による南海トラフ巨大地震の被害想定[2]において，建物の耐震化が推進された場合の減災効果を検証したものである。国が目標とする耐震化率 95% に到達した場合，揺れによる全壊棟数および建物倒壊による死者がともに 60% 以上減少すると推定している。仮に，耐震化率を 100% にできた場合，これらの減少率は 80% を超え，想定される被害額 170 兆円をほぼ半減できる（出火防止対策等を併せて講ずる）とも試算されている。

建物の耐震化による減災効果

		耐震化率		
	現状	90%	95%	100%
揺れによる全壊棟数	約 62.7 万	約 36.1 万	約 24 万	約 11.8 万
	減少率	43%	62%	81%
建物倒壊による死者数（冬・深夜）	約 3.8 万	約 2.1 万	約 1.4 万	約 0.58 万
	減少率	45%	63%	85%

探究 ロサンゼルスの地震対策条例について調べてみよう。

　日本同様，巨大地震の発生が懸念されるロサンゼルスでは，2015 年に地震対策条例を可決している。その特徴は，市内で倒壊の恐れのある約 1 万 5 千棟の建物所有者に対して，耐震化を義務付けたことにある。耐震化には費用が必要となるが，市は建物の所有者と入居者が一緒に負担することを提案しており，入居者に対して賃料の値上げの受け入れを要求している。この点について，所有者側も入居者側も耐震対策の必要性と賃料の値上げには同意をしているが，所有者側はさらなる値上げの必要性を感じており，入居者側は値上げした賃料が適切に耐震改修に使用されるかなど疑問を抱いているようである。しかし，耐震性を賃料に反映させる仕組みは興味深い。

7.4 耐震診断と耐震補強——耐震診断と耐震補強の関係は

7.4.1 耐震補強の対象と補強目標

耐震補強の対象となる建物は，耐震診断の結果，「耐震性に疑問がある」と判定された既存不適格建築物である。これらの建物に対して耐震補強を実施する場合，補強後の耐震性能をどの程度まで改善するか明確に設定する必要がある。

耐震改修設計指針では，補強の目標値として，以下の2点を推奨している。

① $_RI_S \geq 1.0 \sim 1.2 \times I_{SO}$

② $_sC \geq 0.3$

ここで，$_RI_S$：補強後の耐震性能，I_{SO}：構造耐震判定指標，$_sC$：補強後の保有耐力である。なお，補強後の耐震性能 $_RI_S$ は，耐震診断における構造耐震判定指標 I_S で評価することができる。すなわち，耐震性能が十分でない建物を補強するということは，補強によって I_S 値を増大させることに等しく，それを構成する C 指標，F 指標，S_D 指標を改善することが求められる。ただし，S_D 指標のみを改善するだけでは補強目標を達成することは難しい。そのため，耐震補強における目標性能は，C 指標と F 指標の関係に基づいて，図7.7に示すように設定される。

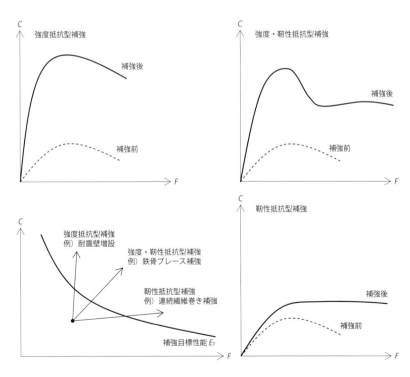

図7.7　耐震補強の基本方針

7.4.2 補強方法と補強効果

様々な耐震補強工法が開発されているが，その典型的な方法としては以下の3つの補強工法が挙げられる（図7.8）。その他，ダンパー等のデバイスを設置して地震エネルギーの吸収を図る制震補強や積層ゴムなどを設置して地盤と構造躯体を隔離し，建物への地震力入力自体を低減する免震補強も採用されることがある。

・耐震壁増設補強工法
・鉄骨ブレース補強工法
・柱に対する巻き立て補強工法

これら3つの耐震補強工法の特徴と補強効果を**表7.8**に示す。耐震壁増設工法は強度抵抗型補強，鉄骨ブレース補強工法は強度・靱性抵抗型補強，そして柱に対する巻き立て補強工法は靱性抵抗型補強の代表例であると言える。

各種補強工法によって耐震補強された建物に対する補強効果の評価は，以下の手順により行われる。

① 補強部材および無補強部材について，部材としての強度と靱性を評価
② 補強後の各架構のメカニズムおよび各部材のメカニズム時強度とF指標の算定
③ F指標に基づく全鉛直部材のグルーピング
④ C, E_0, S_D, Tの各指標の計算と補強後の総合耐震指標$_RI_S$の計算
⑤ $_RI_S$が補強の目標値I_{SO}を上回ることの確認

図7.8 耐震補強工法の例[3]

表7.8 代表的な補強工法の補強目標と特徴

補強方法	補強目標			特徴		
	強度増加	靱性改善	強度増加と靱性改善	コスト	工期	重量増加
壁増設	○	×	△	やや高い	長い	多い
ブレース増設	○	○	○	高い	短くできる	少ない
柱補強	×	○	△	安い	短い	少ない

● 7 章　参考文献

1) 国土技術政策総合研究所建築研究部ほか：福岡県西方沖地震　現地被害調査報告，2005.3
2) 文部科学省：耐震補強早わかり　地震に負けない学校施設－耐震補強事例集－，2006
3) 中央防災会議：南海トラフ巨大地震の被害想定について（第一次報告），2012.8

様々な鉄筋コンクリート

　1章で述べたように，鉄筋コンクリート（RC）に関する技術開発はこれまで盛んに行われてきた。中でも，高層あるいは大スパンのRC造建物を実現可能な鉄骨鉄筋コンクリート（SRC），プレストレストコンクリート（PC）および鋼管コンクリート（CFT）の技術開発は目覚ましい。本章では，これらを広義のRCとして捉え，これらの特徴や設計上の考え方を学習するとともに，今後の社会において求められる新たなRCの姿について探究してほしい。

8.1 鉄骨鉄筋コンクリート──なぜ鉄筋コンクリートに鉄骨を入れるのか

8.1.1 鉄骨鉄筋コンクリート構造の位置づけ

鉄骨鉄筋コンクリート（SRC）構造は合成構造の1つであり、その位置づけは表8.1に示すとおりである。また、図8.1に合成構造の一例を示す。合成構造とは、2種類以上の材料を組み合わせた構造の総称であり、合成部材と混合構造に大別される。また、混合構造は、部材が混合する場合と構造システムが混合する場合に大別される。狭義の意味では、SRC構造はSRC部材のみで構成される構造を指すが、広義の意味ではCFTなども含めて、RC造とS造の混合構造として幅広く定義される。そのため、建築学会においては、SRC規準を上位の規準とし、いくつかの合成構造に関する規準類を別途定めている。

● 合成構造の規準類

日本建築学会では、「構造設計規準等の基本原則2007」を最上位とし、合成構造に関する親規準として「合成構造設計規準」を策定している。子規準としては、現在までに「鉄骨鉄筋コンクリート構造設計規準」、「コンクリート充填鋼管構造設計施工指針」が整備されている。

表8.1 合成構造の種類

合成構造	合成部材	合成梁	SRC梁、鉄骨コンクリート、狭義の合成梁、複合梁（梁端SRC＋中央S、梁端RC＋中央S）他
		合成柱	SRC柱、CFT柱、CES柱 他
		合成壁	SRC耐震壁、鋼板コンクリート耐力壁 他
		合成床	デッキプレート合成床 他
		合成トラス	CFTトラス 他
		合成ブレース	CFT筋交い、アンボンドブレース 他
	混合構造	単一合成部材による構造	SRC構造
		異種合成部材の混合による構造	柱RC梁S構造、柱SRC梁S構造、柱SRC梁RC構造、CFT柱＋S梁構造、CFT柱＋RC梁構造 他
		平面的な異種構造システム	RCコア＋S（あるいはSRC）フレーム、RCコア＋CFTフレーム、SRC骨組＋S骨組 他
		立体的な異種構造システム	上層RC骨組＋下層SRC骨組構造、上層S骨組＋下層SRC骨組構造、メガストラクチャー 他

用語 **RCコアウォールシステム（RCコア）**

高層建物において、コア周辺をRC造耐震壁とし、梁および周辺フレームをS造とした混合構造。RC造耐震壁は、水平力の大半を負担する構造上の役割を担うだけでなく、コア部と周辺部を区画する建築計画上の壁としての役割も担う。

用語 **メガストラクチャー**

巨大な構造物のことである。このような建物においては、力に抵抗する構造体と各部の荷重を構造体に伝達する部分が存在するなど、明確な役割分担が存在する。例えば、東京都庁では、4本の柱で囲まれるコア部を1つの巨大な柱として構造体を形成している。

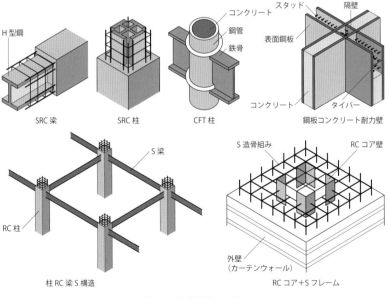

図8.1 合成構造の一例

● SRC 構造の採用は減少

右記のように SRC 構造の採用条件を挙げたが，これに従い，以前は，低層・短スパンで RC 造，高層・大スパンで S 造，その中間に SRC 造との棲み分けが存在していたようである。しかし，次ページの**図 8.2**に示すとおり，近年では SRC 構造の採用が減少している。これには，大きく 2 つの理由が考えられる。1 つ目は，2000 年の建築基準法の改正に伴い，高層建物に対して SRC 造とする行政指導が行われなくなったことである。2 つ目は，構造技術の高度化により，これまで SRC 構造が担ってきた 6 階以上の中高層建物に対して，RC 構造の適用が可能となったことが挙げられる[1]。特に，RC に関する技術開発は目覚ましく，コンクリートや鉄筋の高強度化や種々の補強筋の開発により，その性能が向上していると言える。

用語 貫通孔

建物においては，設備配管用の貫通孔を梁に設けることが可能である。しかし，RC 造の場合，貫通孔周辺の応力集中によりひび割れが発生し，せん断破壊の危険性があるため，貫通孔は小さく，その周囲にも補強が必要となる。この点では，S 造や SRC 造の方が優位である。なお，近年では RC 有孔梁に関する研究が進み，開口補強筋も多数開発されており，RC 造において貫通孔を設けることも一般的になっている。

● SRC 構造における座屈

SRC 構造においては，部材耐力を算定する場合，局部座屈を考慮しなくてもよい。それは，鉄骨がコンクリートに拘束されているためである。しかし，局部座屈が生じないわけではない。かぶりコンクリートが剥落した後には，SRC 構造であっても局部座屈が発生する。

8.1.2　SRC 構造の特徴

SRC 構造は，鉄骨（S）と鉄筋コンクリート（RC）からなる合成構造である。そのため，両者の特徴を併せ持つ。SRC 構造の特徴を RC 構造および S 構造と比較して整理すると，**表 8.2** のようになる。これらの特徴を踏まえると，SRC 構造が採用される条件として，以下の点が挙げられるだろう。

① 高層建物のため，下層階の柱に作用する軸力が過大となることが想定され，RC 構造では変形能力が不十分であると考えられる場合。

② RC 構造としてはスパンが大きく，柱が負担する床面積が過大となる場合。

③ 大スパンのため，梁を RC 構造として設計するのが難しい場合。

④ 同一階に剛性の異なる柱が混在するため，柱の負担せん断力に不均衡が生じ，RC 構造では柱のせん断破壊に伴う靱性の不足が予想される場合。

⑤ 剛柔比が大きい，あるいは偏心率が大きいなど，RC 構造では靱性の確保が難しいと判断される場合。

⑥ 上層部を S 構造，下層部を RC 構造とするにあたり，中間層を SRC 構造として異種構造間の力の伝達をスムーズにしたい場合。

⑦ 居住性が重要視される病院など，S 構造では剛性が不足し，層間変位が過大となってしまう場合。

⑧ 梁に**貫通孔**を設ける必要がある場合。

表 8.2　SRC 構造の特徴

SRC 構造のメリット	
SRC 構造　vs　RC 構造	SRC 構造　vs　S 構造
○ 靱性が大きく，耐震性能に優れる。 破壊形式によって，RC 構造は脆性的な挙動を示す場合もある。 ○ 同一断面内に大量の鋼材を配置できる。 断面寸法を変えずに耐力・変形性能の向上を図れる。大スパンの梁も容易に設計できる。クリープ変形も抑制可能。 ○「逆打ち工法」が適用できる。 1 階の床を施工し，その床梁を山留め支保工として利用しながら，地下躯体を上階から下階へ構築することが可能。	○ 経済性に優れる。 構造体の一部であるコンクリートが鉄骨の耐火被覆を兼ねることができる。 ○ 高い居住性が得られる。 S 構造よりも剛性が高く，外力による変形を小さく抑制できる。 ○ 鉄骨の座屈をある程度防げる。 周囲の RC によって鉄骨が拘束されるため，変形能力に優れた構造を実現できる。 ○ 減衰性が高い。 履歴エネルギー吸収性能に優れる。
SRC 構造のデメリット	
SRC 構造　vs　RC 構造	SRC 構造　vs　S 構造
× コンクリートの打設がやや困難。 鉄骨と鉄筋が断面内に共存するため，コンクリートが充填されにくい。 × 建設費が高くなる。 鉄骨部分の単価が高い。	× 施工が複雑になる。 RC の施工が必要となり，型枠工事や配筋工事，コンクリート工事など手間のかかる工程が増える。 × 自重が大きくなる。 地盤や基礎・杭工事のコストが増える。

8.1　鉄骨鉄筋コンクリート——なぜ鉄筋コンクリートに鉄骨を入れるのか　191

8.1.3 SRC構造の基本性能

表8.3に各構造種別（RC構造，S構造およびSRC構造）の構造計画に関する基本性能比較を示す。SRC構造は，工期の長さや設計の複雑さは否めないものの，優れた耐震性と居住性を有しており，耐火性にも優れている。また，SRC構造は，高い耐力を有するだけでなく，RC構造の高い剛性とS造の優れた靱性を併せ持つことから，中高層建物への適用性に優れていると言える。表8.4に建物のスパン長さと階数による構造種別（RC構造，S構造およびSRC構造）の選択の目安を示す。しかし，New RCプロジェクトの成果もあり，近年では6階以上の建物の主流はRC造になっている。SRC造は16階以上になると採用が増える傾向がある。（図8.2）。

表8.3 構造計画から見た各種構造の基本性能比較

		RC	S	SRC	備考
耐震性	比強度	△	◎	○	比強度が大きいほど大スパン・高層建物に有利
	靱性	△	◎	○	RC造：せん断破壊しない部材設計が必要
居住性	剛性	◎	△	◎	S造：床剛性と層間変形角の検討が必要
	遮音性	◎	△	◎	S造：仕上げ材が乾式
	耐火性	◎	△	◎	S造：耐火被覆が必要
施工	工期	△	◎	○	S造：工期の制約により選択される場合あり
設計	詳細	単純	やや複雑	複雑	SRC造：設計詳細を標準化できれば単純になる

表8.4 構造種別の選択目安

	スパン長さ	≦10 m	≦15 m	＞15 m
階数	1～6階	RC	SRC	S
	7～15階	SRC	SRC	S
	15階以上	S	S	S

● 免震構造の登場も影響

前述したように，近年ではSRC構造の採用が減少しているが，その理由として免震構造の技術が確立され，その採用が増加していることが挙げられる。例えば，病院建築ではSRC構造の採用が比較的多かったが，近年ではRC構造に免震構造を組み合わせている事例が多い[2]。大地震後の事業継続性の高さが理由であると考えられ，さらにこれはコストの優位性も判断された結果であろう。

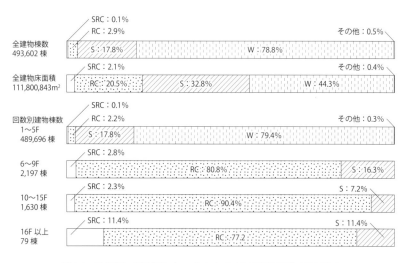

図8.2 建築着工統計調査（2014）における各種構造種別の採用比率

8.1.4 SRC構造の構造性能

図8.3にSRC柱（充腹形および格子形）およびRC柱の履歴性状の例を示す。なお、図中には作用軸力Nと軸耐力N_0の比として軸力比（0, 0.3, 0.6）を示す。RC部材とSRC部材の履歴性状を比較すると、軸力比0および0.3の場合においては、SRC部材（充腹形）が最大耐力到達後の荷重低下が少なく、繰返し載荷に伴う耐力劣化も少ない。履歴ループの形状も紡錘形であり、エネルギー吸収能力に優れることも確認できる。しかし、軸力比0.6の場合、すべての柱が最大耐力後に急激な耐力低下の傾向が示す。これは、圧縮側コンクリートの圧壊が原因である。図8.4に曲げ破壊するSRC部材の軸力比と靱性の関係を示す。**限界部材角**が軸力比の増大に伴って大幅に減少する様子が確認できる。したがって、SRC部材であっても、その優れた靱性を発揮させるためには、軸力比を制限することが必要である。

● **軸力比の制限**

RC柱の場合、作用圧縮力の制限値$_rN_l$を以下のように定めている。つまり、軸力比を1/3で制限している。

$$_rN_l = b \cdot D \cdot F_c \cdot 1/3$$

ここで、b：柱幅、D：柱せい、F_c：コンクリートの設計規準強度である。

一方、SRC柱においては、S部分による軸力負担も考慮して、次式のように作用圧縮力の制限値N_lを定め、軸力比を制限している。

$$N_l = {_rN_l} + {_sN_l}$$
$$= {_rN_l} + {_sA} \cdot {_sf_c} \cdot 2/3$$

ここで、$_sN_l$：S部分の作用圧縮力の制限値、$_sA$：鉄骨の断面積、$_sf_c$：鉄骨の許容圧縮応力度である。

用語 限界部材角

部材角とは、部材両端の相対変位を部材長さで除した値である。これは、部材が変形した後の部材両端を結ぶ直線と変形前の直線とがなす角度に等しい。また、限界部材角とは、何らかの条件によって定められた限界状態に到達した時の部材角である。例えば、図8.4では最大耐力に到達した時の部材角を限界部材角としている。その他、耐力が80％まで低下した時を（終局）限界として定義する場合もある。

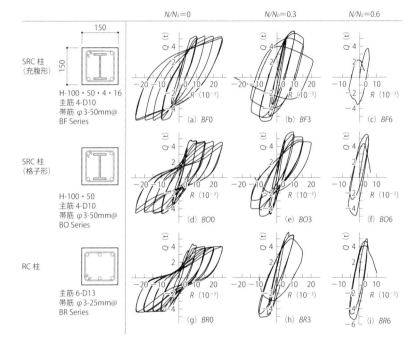

図8.3 RC部材とSRC部材の履歴性状[3]

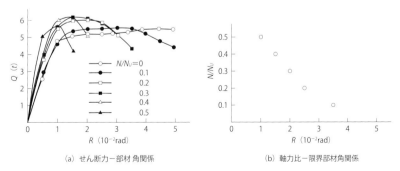

(a) せん断力－部材角関係　　(b) 軸力比－限界部材角関係

図8.4 曲げ破壊するSRC部材の軸力比と限界部材角[3]

8.1 鉄骨鉄筋コンクリート――なぜ鉄筋コンクリートに鉄骨を入れるのか

8.1.5　SRC 構造に関する材料特性と許容応力度

(1) SRC の単位容積重量と材料定数

表8.5 に SRC の単位容積重量を示す。SRC の単位体積重量は，コンクリートの種類およびコンクリート強度によって変化する。表8.6 に SRC 構造に用いられる鉄骨，鉄筋およびコンクリートの材料定数を示す。

表 8.5　SRC の単位体積重量

コンクリートの種類	設計基準強度の範囲 (N/mm²)	単位容積重量 (kN/mm³)
普通コンクリート	$F_c \leq 36$ $36 < F_c \leq 48$ $48 < F_c \leq 60$	25 25.5 26
軽量コンクリート（1種）	$F_c \leq 27$ $27 < F_c \leq 36$	21 23

表 8.6　材料の定数

材料	ヤング係数 (N/mm²)	せん断弾性係数 (N/mm²)	ポアソン 比	線膨張係数 (1／℃)
鉄骨および鉄筋	2.05×10^5	2.05×10^5	0.3	1×10^5
コンクリート	3.35×10^4 $\times \left(\frac{\gamma}{24}\right) \times \left(\frac{F_c}{60}\right)^{\frac{1}{3}}$	1.44×10^4 $\times \left(\frac{\gamma}{24}\right) \times \left(\frac{F_c}{60}\right)^{\frac{1}{3}}$	0.2	1×10^5

(2) 鉄骨，鉄筋およびコンクリートの許容応力度

SRC 構造の設計においては，RC 部分の許容耐力と S 部分の許容耐力を累加して SRC の許容耐力を算定する累加強度式が採用されている。したがって，RC 規準および鋼構造計算規準（以下，S 規準）に示される許容耐力式を準用することになるため，許容応力度についても基本的には同じ方法で求めることになる。表8.7 に鉄骨の許容応力度および**鋼材の F 値**を示す。また，表8.8 に鉄筋，表8.9 にコンクリートの許容応力度を示す。

用語　鋼材の F 値

　鋼材の基準強度のことである。「降伏点の値と引張強さの 70% のうちの小さい方」と定義されるが，通常の鋼材であれば降伏点の値となる。

● 鋼材の種類

　現在，建物の構造材として使用できる鋼材は，SS 材，SM 材および SN 材である。SS 材は一般構造用圧延鋼材，SM 材は溶接構造用圧延鋼材，SN 材は建築構造用圧延鋼材である。このうち，SS 材と SM 材は建築以外の一般的な用途にも使用されるため，化学成分や機械的性質などの規定項目が比較的少ない。一方，SN 材は新耐震設計法の施行に伴い，鋼材の塑性変形能力に期待することになったことを背景として，所定の応力で降伏し，降伏後の変形性能が確保されるように制定された規格である。そのため，降伏比（引張強度に対する降伏強度の比）の規定など多くの規定が設けられている。

表 8.7　(a) 鉄骨の許容応力度

長期		短期
引張・圧縮・曲げ	せん断	
$\frac{F}{1.5}$	$\frac{F}{1.5\sqrt{3}}$	長期に対する値の 1.5 倍

表 8.7　(b) 鋼材の F 値 (N/mm²)

鋼材種別	建築構造用		一般構造用				溶接構造用		
	SN400 SNR400 SIKN400	SN490 SIK400 SIKR400	SS400 SIK400 SIKR400	SS490	SIK490 SIKR490	SS540	SM400 SMA400	SM490 SM490Y SMA490	SM520
厚さ 40mm 以下	235	325	235	275	325	375	235	325	355
厚さ 40mm 超 100mm 以下	215	295	215	255	295	－	215	295	335 *75mm 超は 325

表 8.8 鉄筋の許容応力度 (N/mm²)

	長期		短期	
	引張および圧縮	せん断補強	引張および圧縮	せん断補強
SR235	155	155	235	235
SR295	155	195	295	295
SD295A, B	195	195	295	295
SD345	215*D29 以上は 195	195	345	345
SD390	215*D29 以上は 195	195	390	390
SD490	215*D29 以上は 195	195	490	490
溶接金網	195	195	295** スラブ筋（引張）に限る	295

表 8.9 コンクリートの許容応力度 (N/mm²)

	長期			短期		
	圧縮	引張	せん断	圧縮	引張	せん断
普通コンクリート	$\frac{1}{3}F_c$	—	$\frac{1}{30}F_c$ かつ $(0.49+\frac{1}{100}F_c)$ 以下	長期に対する値の 2 倍	—	長期に対する値の 1.5 倍
軽量コンクリート			普通コンクリートに対する値の 0.9 倍			

　SRC 構造の設計では，原則としてコンクリートと鉄骨間の付着は期待しないが，一部でコンクリートと鉄骨間の付着を考慮する場合がある。そのため，鉄骨とコンクリート間の付着応力度は，**表 8.10** に示すように定められている。なお，形鋼・鋼板との付着面積を評価する際には，コンクリートの充填が不確実になる鉄骨の下面やコンクリートが充填されにくい部分などは，付着面積から取り除く必要がある（**図 8.5**）。

表 8.10 鉄筋および鉄骨とコンクリートの許容付着応力度 (N/mm²)

	長期		短期
	上端筋	その他の鉄筋	
丸鋼	$\frac{4}{100}F_c$ かつ 0.9 以下	$\frac{6}{100}F_c$ かつ 1.35 以下	長期に対する値の 1.5 倍
異形鉄筋	$\frac{1}{15}F_c$ かつ $(0.9+\frac{2}{75}F_c)$ 以下	$\frac{1}{10}F_c$ かつ $(1.35+\frac{1}{25}F_c)$ 以下	
形鋼・鋼板	—	$\frac{2}{100}F_c$ かつ 0.45 以下	

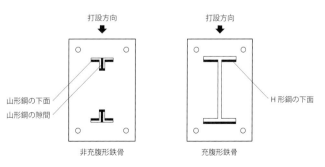

図 8.5　付着面積から除外すべき部分の例

● **SRC 部材の剛性評価**

　構造計算において SRC 構造の応力および変形を計算する場合，部材剛性を評価する。この時，鋼材の影響が小さい場合には，鋼材の影響を無視してコンクリートの全断面について剛性を評価して良い。これは，応力や変形の計算において必要なるのは剛比であるためである。つまり，各部材に使用される鋼材量が少なく，その比率がほぼ均等であるならば，剛比の算定において鋼材の影響を無視しても差し支えない。

8.1.6　SRC 梁の許容応力度設計

(1) 曲げ設計

【基本方針】

　SRC 梁の曲げ設計では，仮定した SRC 梁の断面から求まる許容曲げモーメント $_{src}M_A$ が設計用曲げモーメント M を上回ることを確認する。$_{src}M_A$ は RC 部分と S 部分の許容曲げモーメント（$_{rc}M_A$，$_sM_A$）の単純累加により求めることにし，次式が成立することを確認する。

$$M \leq {}_{rc}M_A + {}_sM_A \tag{1.1}$$

実際には，最初に S 断面を仮定して $_sM_A$ を決定し，次式に示すように $_{rc}M_A$ を求め，それを RC 部分の設計用曲げモーメント $_{rc}M_D$ として RC 断面を決定する。

$$_{rc}M_D = {}_{rc}M_A = M - {}_sM_A \tag{1.2}$$

【許容曲げモーメントの算定】

　S 部分の許容曲げモーメント $_sM_A$ は次式により求める。

$$_sM_A = {}_sZ \cdot {}_sf_b \tag{1.3}$$

ここで，$_sZ$：鉄骨の断面係数，$_sf_b$：鉄骨の許容曲げ応力度である。

　RC 部分の許容曲げモーメント $_{rc}M_A$ は，RC 部分の引張鉄筋比 $_mp_t$ が釣合鉄筋比 $_mp_{tb}$ 以下の場合，次式により求められる。

$$_{rc}M_A = {}_ma_t \cdot {}_mf_t \cdot {}_{rc}j \tag{1.4}$$

ここで，$_ma_t$：引張鉄筋断面積，$_mf_t$：鉄筋の許容引張応力度，$_{rc}j$：RC 断面における応力中心間距離である。また，釣合鉄筋比以上の場合は RC 規準に従う。なお，引張鉄筋比 $_mp_t$ および釣合鉄筋比 $_mp_{tb}$ は，長方形断面に対して，次式のように定義される。

$$_mp_t = {}_ma_t / (b \cdot {}_{rc}d) \tag{1.5}$$

$$_mp_{tb} = \cfrac{1}{2\left(1 + \cfrac{{}_mf_t}{n \cdot f_c}\right)\left\{\cfrac{{}_mf_t}{f_c}\left(1 + \gamma \cdot \cfrac{{}_{rc}d_c}{{}_{rc}d}\right) - n \cdot \gamma\left(1 - \cdot \cfrac{{}_{rc}d_c}{{}_{rc}d}\right)\right\}} \tag{1.6}$$

ここで，b：梁幅，$_{rc}d$：有効せい，f_c：コンクリートの許容圧縮応力度，n：ヤング係数比，γ：複筋比，$_{rc}d_c$：圧縮側コンクリートのかぶり厚さである。

(2) せん断設計

【基本方針】

　SRC 梁のせん断設計では，次式に示すように，RC 部分と S 部分の許容せん断力（$_{rc}Q_A$，$_sQ_A$）が，それぞれの設計用せん断力（$_{rc}Q_D$，$_sQ_D$）を下回らないようにする。なお，累加強度式を採用しない理由は，地震動により繰り返しせん断力を受ける SRC 梁において，鉄骨とコンクリートの付着が消失すると考えるためである。

$$_sQ_D \leq {}_sQ_A \tag{1.7}$$

$$_{rc}Q_D \leq {}_{rc}Q_A \tag{1.8}$$

196　第 8 章　様々な鉄筋コンクリート

● SRC 梁の貫通孔

SRC 梁において，必要な断面性能が不足しないならば，鉄骨のウェブ断面に設備配管等の貫通孔を設けることができる。なお，SRC 梁においては，適切な補強を行うことにより，RC 梁よりも貫通孔の径を大きくすることができる。SRC 梁の貫通孔の径は以下のように規定される。

・全せいの 0.4 倍以下かつ内臓する鉄骨梁のせいの 0.7 倍以下

【許容せん断力の算定】

S 部分の許容せん断力 $_sQ_A$ は，使用した鉄骨の種類に応じて異なるが，充腹形の場合，次式により求めることができる。

$$_sQ_A = t_w \cdot d_w \cdot {_sf_s} \tag{1.9}$$

ここで，t_w：鉄骨のウェブ厚さ，d_w：鉄骨のウェブ高さ，$_sf_s$：鉄骨の許容せん断応力度である。

RC 部分の許容せん断力 $_{rc}Q_A$ は，せん断破壊に対する許容せん断力 $_{rc}Q_{A1}$ とせん断付着破壊に対する許容せん断力 $_{rc}Q_{A2}$ のうち，小さい方の値を採用する。

$$_{rc}Q_A = \min(_{rc}Q_{A1}, {_{rc}Q_{A2}}) \tag{1.10}$$

$$_{rc}Q_{A1} = b \cdot {_{rc}j}(_{rc}\alpha \cdot f_s \cdot + 0.5 \cdot {_wp} \cdot {_wf_t}) \tag{1.11}$$

$$_{rc}\alpha = \cfrac{4}{\cfrac{_{rc}M_D}{_{rc}Q_D \cdot {_{rc}d}}} \quad かつ \ 1 \le {_{rc}\alpha} \le 2 \tag{1.12}$$

$$_{rc}Q_{A2} = b \cdot {_{rc}j}\left(2 \cdot \frac{b'}{b} \cdot f_s \cdot + {_wp} \cdot {_wf_t}\right) \tag{1.13}$$

$$b' = b - B_f \tag{1.14}$$

ここで，b：梁幅，f_s：コンクリートの許容せん断応力度，$_wp$：あばら筋比，$_wf_t$：あばら筋の許容引張応力度，b'：コンクリートせん断面の有効幅，B_f：鉄骨フランジ幅である。なお，$_wp$ が 0.6% を超える場合は，0.6% として算定する。

【設計用せん断力の算定】

S 部分の設計用せん断力 $_sQ_D$ および RC 部分の設計用せん断力 $_{rc}Q_D$ は，設計用曲げモーメントの比率に応じて梁の設計用せん断力 Q を分担することとして，次式により算定する。この場合，$_sM_D$ および $_{rc}M_D$ は，$_sM_A$ および $_{rc}M_A$ に置き換えてもよい。

$$_sQ_D = \frac{_sM_D}{M} \cdot Q = \frac{_sM_A}{M} \cdot Q \tag{1.15}$$

$$_{rc}Q_D = \frac{_{rc}M_D}{M} \cdot Q = \frac{_{rc}M_A}{M} \cdot Q \tag{1.16}$$

なお，保有耐力の検討を行わない場合は，RC 部分の曲げ降伏が先行するように求めた $_{rc}Q_{D1}$ と地震時の設計用せん断力 Q_E を割増した $_{rc}Q_{D2}$ のうち，小さい方の値を設計用せん断力 $_{rc}Q_D$ としてよい。

$$_{rc}Q_{D1} = \frac{_{rc}M_D}{_{src}M_D} \cdot Q_L + \frac{_{rc}M_{D1} + {_{rc}M_{D2}}}{\ell'} \tag{1.17}$$

$$_{rc}Q_{D2} = \frac{_{rc}M_D}{_{src}M_D}(Q_L + 2Q_E) \tag{1.18}$$

ここで，Q_L：長期荷重時の梁端せん断力，$_{rc}M_{D1}$ および $_{rc}M_{D2}$：梁端に塑性ヒンジが発生する時の RC 部分の終局曲げ耐力，ℓ'：梁の内法スパンである。

8.1.7 SRC 梁の設計例

図 8.6 に示す SRC 梁の曲げ設計およびせん断設計を行う。ここでは，梁上端が曲げ引張を受けるとする。なお，与条件は以下に示すとおりである。

【設計用曲げモーメント】
　長期：$M_L = 700$ kNm，短期：$M_S = 1300$ kNm
【設計用せん断力】
　長期：$Q_L = 350$ kN，短期：$Q_S = 700$ kN
【使用材料】
　・コンクリート　$F_c = 24$ N/mm^2
　・鉄筋　SD345
　・鉄骨　SM490

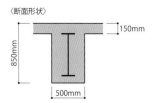

図 8.6　設計用曲げモーメントおよびせん断力，断面形状，使用材料

1. 曲げ設計

① S 部分の許容曲げモーメントの算定

鉄骨断面として，$H-604 \times 200 \times 11 \times 19$ ($_sZ = 2.81 \times 10^6$ mm^3) を仮定する。

【許容曲げ応力度 $_sf_b$】長期：$_sf_b = 217$ N/mm^2，短期：$_sf_b = 325$ N/mm^2

【許容曲げモーメント $_sM_A = {_sZ} \cdot {_sf_b}$】

長期：$_sM_A = 2.81 \times 10^6 \times 217 = 609$ kNm

短期：$_sM_A = 2.81 \times 10^6 \times 325 = 913$ kNm

② RC 断面の引張鉄筋断面積の算定

【設計用曲げモーメント $_{rc}M_d = M - {_sM_A}$】

　長期：$_{rc}M_D = 700 - 609 = 91$ kNm

　短期：$_{rc}M_D = 1300 - 913 = 387$ kNm

【許容引張応力度 $_mf_t$】　長期：$_mf_t = 215$ N/mm^2，短期：$_mf_t = 345$ N/mm^2

【応力中心間距離】　$_{rc}d = 0.9D = 765$ mm　　$_{rc}j = \frac{7}{8} \cdot {_{rc}d} = 669$ mm

【引張鉄筋断面積　$_ma_t = \frac{_{rc}M_d}{_mf_t \cdot {_{rc}j}}$】※ 釣合鉄筋比以下であると仮定

　・長期：$_ma_t = \frac{91 \times 10^6}{215 \times 669} = 632$ mm^2

　・短期：$_ma_t = \frac{387 \times 10^6}{345 \times 669} = 1677$ mm^2 → 決定

　　D25 ($a = 506.7$ mm^2) を使用すると，本数 $n = 1677 / 506.7 = 3.3$ → 4 本

③ 鉄骨の配置と主筋の配筋

【配筋】

　　鉄骨：$H-604 \times 200 \times 11 \times 19$
　　鉄筋：上端 4-D25 (2027 mm^2)
　　　　　下端 2-D25 (1013 mm^2)

【RC 部分の許容曲げモーメントの再確認】

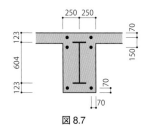

図 8.7

※ 引張側主筋が 2 段配筋のため

$_{rc}d = (2 \cdot 630 + 2 \times 780)/4 = 705$ mm　　$_{rc}j = \frac{7}{8} \times 705 = 616$ mm

$_{rc}M_A = 2027 \times 345 \times 616 = 430$ kNm $> {_{rc}M_D}$ → OK

【釣合鉄筋比以下となることの確認】

$$_mp_t = \frac{_ma_t}{b \cdot _{rc}d} = \frac{2027}{500 \times 705} = 0.0057$$

コンクリートの短期許容圧縮応力度は $f_c = 16$ N/mm^2，複筋比は $\gamma = 0.5$ である。ここで，ヤング係数比を $n = 15$ とすれば，以下のように釣合鉄筋比が算定される。

$$_mp_{tb} = \frac{1}{2(1+\frac{345}{15\times16})\{\frac{345}{16}(1+0.5\times\frac{70}{705})-15\times0.5(1-\frac{70}{705})\}} = 0.0129 > {_mp_t} = 0.0057$$

2. せん断設計

① 設計用せん断力の算定

長期： $_sQ_D = \frac{609}{700} \times 350 = 305$ kN　　$_{rc}Q_D = \frac{91}{700} \times 350 = 45$ kN

短期： $_sQ_D = \frac{913}{1300} \times 700 = 492$ kN　　$_{rc}Q_D = \frac{387}{1300} \times 700 = 208$ kN

② S部分の許容せん断力の算定

【許容せん断応力度 $_sf_s$】長期： $_sf_s = 125$ N/mm^2，短期： $_sf_s = 187$ N/mm^2

【許容せん断力 $_sQ_A = t_w \cdot d_w \cdot _sf_s$】

$t_w = 11$ mm　　　$d_w = 604 - 2 \times 19 = 566$ mm

長期： $_sQ_A = 11 \times 566 \times 125 = 778$ kN $> {_sQ_D} = 305$ kN → OK

短期： $_sQ_A = 11 \times 566 \times 187 = 1164$ kN $> {_sQ_D} = 492$ kN → OK

③ RC部分の許容せん断力の算定

【コンクリートの許容せん断応力度 f_s】長期： $f_s = 0.73$ N/mm^2，短期： $f_s = 1.09$ N/mm^2

【あばら筋の許容引張応力度 $_wf_t$】長期： $_wf_t = 195$ N/mm^2，短期： $_wf_t = 345$ N/mm^2

【せん断破壊に対する許容せん断力 $_{rc}Q_{A1} = f_s \cdot b \cdot _{rc}j$】ただし $_{rc}\alpha = 1$， $_wp = 0$ とする。

長期： $_{rc}Q_{A1} = 0.73 \cdot 500 \cdot 616 = 224$ kN

短期： $_{rc}Q_{A1} = 1.09 \cdot 500 \cdot 616 = 335$ kN

【付着破壊に対する許容せん断力 $_{rc}Q_{A2} = 2 \cdot \frac{b'}{b} \cdot f_s \cdot b \cdot _{rc}j$】ただし $_wp = 0$ とする。

有効幅： $b' = b - B_f = 500 - 200 = 300$ mm

長期： $_{rc}Q_{A2} = 2 \times \frac{300}{500} \times 0.73 \times 500 \times 616 = 269$ kN

短期： $_{rc}Q_{A2} = 2 \times \frac{300}{500} \times 1.09 \times 500 \times 616 = 404$ kN

以上より，長期，短期ともに $_{rc}Q_{A2} > {_{rc}Q_{A1}} > {_{rc}Q_D}$ となった。また，コンクリートのみでRC部分に対する設計用せん断力を負担できることを確認した。

④ あばら筋の配筋

計算上はあばら筋が不要となるため，最小補強筋量として $_wp = 0.1$% を設定する。あばら筋には D10（$a = 71.33$ mm^2）を使用する。

あばら筋間隔： $x = \frac{2 \times 71.33}{500 \times 0.001} = 285.32$　→　2-D10@200

● **あばら筋比・帯筋比の規定**

① 丸鋼 9φ 以上，異形鉄筋 D10 以上。

② あばら筋間隔は梁せいの 1/2 以下かつ 250mm 以下。帯筋間隔は 100mm 以下。
（9φ あるいは D10 の場合）

③ あばら筋比および帯筋比
・非充腹形鉄骨　0.2% 以上
・充腹形鉄骨　0.1% 以上

④ あばら筋・帯筋は主筋に緊結し，かつ全種鋼材を包含し，主鋼材内部のコンクリートを十分に拘束するように配置する。

⑤ あばら筋・帯筋と鉄骨のあきは 25mm 以上。

● 単純累加強度式と一般化累加強度式の違い

単純累加強度式では，RC 部分とS 部分の軸力および曲げモーメントに対する抵抗の割合を明確に仮定する。そのため，その抵抗の割合に応じて RC 部分およびS 部分の耐力を求め，それを足し合わせるだけでよく，手計算で断面算定をするうえでは使い勝手がよい。一方，一般化累加強度式においては，RC 部分とS 部分の軸力と曲げモーメントに対する抵抗割合を予め仮定せず，すべての組み合わせについて検討するため，SRC の合成効果を考慮することができ，もっとも経済的な組み合わせを求めることができる。したがって，一般化累加強度式を用いる方が，大きな耐力が得られ，経済的な部材断面を実現できる。

● 施工時の局部座屈

SRC 柱の設計において，RC 部分とS 部分とを一体として，局部座屈が生じない断面とした場合でも，施工時の局部座屈に対する検討が別途必要となる。これは，当然ながら，コンクリート打設前は鉄骨が露出しているためである。

8.1.8　SRC 柱の許容応力度設計

(1) 曲げ設計

【基本方針】

SRC 柱の軸力と曲げに対する設計では，梁の場合と同様に累加強度式に基づいて断面算定を行う。なお，SRC 規準には，単純累加強度式と一般化累加強度式の両方が示されている。単純累加強度式の場合，RC 部分またはS 部分のどちらかが軸力または曲げモーメントを可能な限り負担するという仮定を設ける。一方，一般化累加強度式の場合，RC 部分とS 部分のそれぞれの許容耐力の組み合わせが最大となるような軸力と曲げモーメントの組み合わせを考える。ここでは，一般化累加強度式の場合についてのみ解説する。

一般化累加強度式では，設計用の軸力 N および曲げモーメント M に対して，RC 部分とS 部分の許容軸力（$_{rc}N_A$, $_sN_A$）および許容曲げモーメント（$_{rc}M_A$, $_sM_A$）の単純累加が次式を満足することを確認する。

$$N = {}_{rc}N_A + {}_sN_A \tag{1.19}$$

$$M \leq {}_{rc}M_A + {}_sM_A \tag{1.20}$$

【許容耐力の算定】

S 部分の許容軸力（圧縮：$_sN_{Ac}$, 引張：$_sN_{At}$）および許容曲げモーメント $_sM_A$ は次式で算定される。

$$_sN_{Ac} = {}_sA \cdot {}_sf_c \tag{1.21}$$

$$_sN_{At} = {}_sA_e \cdot {}_sf_t \tag{1.22}$$

$$_sM_A = {}_sZ \cdot {}_sf_t \tag{1.23}$$

ここで，$_sA$：鉄骨の断面積，$_sA_e$：ボルト孔を控除した鉄骨の有効断面積，$_sf_c$：鉄骨の許容圧縮応力度，$_sf_t$：鉄骨の許容引張応力度，$_sZ$：鉄骨の断面係数である。

RC 部分の許容耐力は，RC 規準に従い，軸力 N と曲げモーメント M の関係に基づいて評価する。この時，コンクリートの許容圧縮応力度 f_c を圧縮側鉄骨フランジの鉄骨比 $_{sp}c$ に応じて次式によって f_c' に低減する必要がある。

$$f_c' = f_c(1 - 15 \cdot {}_{sp}c) \tag{1.24}$$

これは，鉄筋と鉄骨の存在によってコンクリートの充填性が低下することなどを考慮するためである。そのため，SRC 規準では，無次元化した許容軸方向力—曲げモーメント相関図が用意されている。

(2) せん断設計

【基本方針】

SRC 柱のせん断設計では，長期荷重時と短期荷重時でそれぞれ次式を満足しなければならない。短期荷重時においては，S 部分と RC 部分について別々にせん断力の検討をする点に注意が必要である。

$$長期荷重時　Q \leq {}_{src}Q_A \tag{1.25}$$

$$短期荷重時　{}_sQ_D \leq {}_sQ_A, \ {}_cQ_D \leq {}_{rc}Q_{AS} \tag{1.26}$$

ここで，Q：設計用せん断力，Q_A：長期許容せん断力，$_sQ_D$：S 部分の設計

用せん断力，$_sQ_A$：S 部分の許容せん断力，$_{rc}Q_D$：RC 部分の設計用せん断力，$_{rc}Q_{AS}$：RC 部分の短期許容せん断力である。

【許容せん断力の算定】

　長期許容せん断力 Q_A は，次式により求めることができる。つまり，長期においては RC 部分のみで設計用せん断力を負担するという方針であり，S 部分の許容せん断力は考えない。

$$Q_A = (1 + \beta)\,_{rc}Q_{AL} \tag{1.27}$$

$$_{rc}Q_{AL} = b \cdot j \cdot \alpha' \cdot f_s \tag{1.28}$$

ここで，$_{rc}Q_{AL}$：RC 部分の長期許容せん断力，b：柱幅，j：応力中心間距離，f_s：コンクリートの許容せん断応力度である。また，β は鉄骨のウェブ部分の効果による割り増し係数であり，使用鉄骨の種類により算定式が定められている。なお，非充腹形（格子型）の場合は 0 である。また，α' は柱幅 b と鉄骨フランジ位置の有効幅 b' の比によって定まる係数である。

　一方，短期においては，S 部分と RC 部分それぞれについて許容せん断力を算定する。S 部分の短期許容せん断力 $_sQ_A$ は，梁の場合と同様に算定する。なお，柱の場合，2 方向入力を想定するため，鉄骨が入力に対して弱軸となることも考えられる。このような弱軸充腹形の場合には，次式に従って $_sQ_A$ を算定する。

$$_sQ_A = \tfrac{4}{3} B_f \cdot t_f \cdot {}_sf_s \tag{1.29}$$

ここで，B_f：鉄骨フランジの幅，t_f：鉄骨フランジの厚さである。

　また，RC 部分の短期許容せん断力 $_{rc}Q_A$ は，梁の場合と同様であり，①せん断破壊に対する $_{rc}Q_{A1}$ および②せん断付着破壊に対する $_{rc}Q_{A2}$ のうち小さい方の値とする。ただし，$_r\alpha$ は 1 として算定する。

【設計用せん断力の算定】

　長期においては，RC 部分のみでせん断力負担するため，SRC 柱に作用するせん断力 Q が設計用せん断力 Q_D となる。一方，短期においては梁の場合と同様であり，保有水平耐力の算定を行う場合は，次式により算定する。

$$_sQ_D = \frac{_sM_S}{M} \cdot Q \tag{1.30}$$

$$_{rc}Q_D = \frac{_{rc}M_S}{M} \cdot Q \tag{1.31}$$

また，保有耐力の検討を行わない場合は，次式により算定する。

$$_{rc}Q_D = \frac{_{rc}M_1 + _{rc}M_2}{h'} \tag{1.32}$$

$$_sQ_D = Q - _{rc}Q_D \tag{1.33}$$

ここで，$_{rc}M_1$，$_{rc}M_2$：柱頭・柱脚の終局曲げモーメント，h'：柱の内法高さである。

8.1.9 SRC 柱の設計例

図8.8に示す SRC 柱に対して，曲げ設計およびせん断設計を行う．なお，短期荷重に対する検討を行うこととし，与条件は以下に示すとおりである．

【設計用軸力】$N_s = 3000$ kN

【設計用曲げモーメント】$M_s = 1500$ kNm（x 方向）

【設計用せん断力】$Q_s = 1000$ kN

【使用材】

・コンクリート　$F_c = 24$ N/mm²

・鉄筋　SD345

・鉄骨　SM490

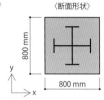

図8.8　設計用曲げモーメント，断面形状，使用材料

1. 曲げ設計

単純累加強度式を採用し，鉄骨に曲げモーメントのみを負担させ，残りの曲げモーメントおよび全軸力を RC 断面に負担させる方針とする．

① S 部分の許容曲げモーメントの算定

鉄骨断面として，$H - 492×198×8×12$（$_sZ = 1.53×10^6$ mm³）を仮定する．

【許容曲げ応力度 $_sf_b$】$_sf_b = 325$ N/mm²

【許容曲げモーメント $_sM_A = {_sZ}×{_sf_b}$】

$_sM_A = 1.53×10^6×325 = 497$ kNm

② RC 断面の引張鉄筋断面積の算定

【設計用軸力】　$N = 3000$ kN

【設計用曲げモーメント $_{rc}M_D = M - {_sM_A}$】$_{rc}M_D = 1500 - 497 = 1003$ kNm

【コンクリート許容圧縮応力度 $f_c' = f_c(1 - 15·{_sp_c})$】

片側鉄骨フランジの断面積 $_sa_c = 2376$ mm²

圧縮側鉄骨比　$_sp_c = \dfrac{_sa_c}{b·D} = \dfrac{2376}{800·800} = 0.0037$

$f_c' = 24×\frac{2}{3}×(1-15×0.0037) = 15.1$ N/mm²

【鉄筋の許容応力度】　　圧縮：$_mf_c = 345$ N/mm²　引張：$_mf_t = 345$ N/mm²

【引張鉄筋比 $_mp_t$】

無次元化した N-M 相関図（SRC 規準　解説図17.4）より，

・コンクリート　　$\dfrac{N}{bDf_c'} = 0.31$　　　$\dfrac{M}{bD^2f_c'} = 0.13$　　$_mp_t = 0.5$ %

・圧縮鉄筋　　　$\dfrac{N}{bD\,_mf_c} = 0.014$　　$\dfrac{M}{bD^2\,_mf_c} = 0.0057$　　$_mp_t = 0$ %

・引張鉄筋　　　$\dfrac{N}{bD\,_mf_c} = 0.014$　　$\dfrac{M}{bD^2\,_mf_t} = 0.0057$　　$_mp_t = 0.1$ %

以上より，$_mp_t = 0.5$ % となる．

【必要引張鉄筋断面積 $_m a_t = {_m p_t} \cdot b_D$】$_m a_t = 0.005 \times 800 \times 800 = 3200 \text{ mm}^2$

主筋としてD29 ($a = 642.4 \text{ mm}^2$) を使用し，配筋のバランスを考え，6-D29 (3854 mm^2) となる。

③ 鉄骨の配置と主筋の配筋

【配筋】

鉄骨：$H - 492 \times 198 \times 8 \times 12$

鉄筋：12-D29 (7704 mm^2)

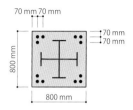

図 8.9 鉄骨の配置と主筋の配筋

2. せん断設計

① 設計用せん断力の算定

$$_s Q_D = \frac{497}{1500} \times 1000 = 331 \text{ kN} \qquad _{rc} Q_D = \frac{1003}{1500} \times 1000 = 669 \text{ kN}$$

② S部分の許容せん断力の算定

【許容せん断応力度 $_s f_s$】$_s f_s = 187 \text{ N/mm}^2$

【許容せん断力 $_s Q_A = t_w \cdot d_w \cdot {_s f_s}$】

$t_w = 8 \text{ mm}, d_w = 492 - 2 \times 12 = 468 \text{ mm}$

$_s Q_A = 8 \times 468 \times 187 = 700 \text{ kN} > {_s Q_D} \to \text{OK}$

③ RC部分の許容せん断力の算定

【コンクリートの許容せん断応力度 f_s】$f_s = 1.05 \text{ N/mm}^2$

【応力中心間距離】

$_{rc} d = (4 \times 730 + 2 \times 670)/6 = 710 \text{ mm} \qquad _{rc} j = \frac{7}{8} \times 710 = 621 \text{ mm}$

【せん断破壊に対する許容せん断力 $_{rc} Q_{A1} = f_s \cdot b \cdot {_{rc} j}$】ただし $_w p = 0$ とする。

$_{rc} Q_{A1} = 1.05 \times 800 \times 621 = 521 \text{ kN}$ （$_{rc} \alpha = 1$ の場合）

$$_{rc} \alpha = \frac{4}{\frac{_{rc} M_D}{_{rc} Q_D \cdot {_{rc} d}} + 1} = \frac{4}{\frac{1003 \times 10^3}{669 \cdot 721}} = 1.3$$

$_{rc} Q_{A1} = 1.3 \times 1.05 \times 800 \times 621 = 677 \text{ kN}$ （$_{rc} \alpha = 1.3$ の場合）

【付着破壊に対する許容せん断力 $_{rc} Q_{A2} = 2 \cdot \frac{b'}{b} \cdot f_s \cdot b \cdot {_{rc} j}$】とする。

有効幅：$b' = b - B_f = 800 - 198 = 602 \text{ mm}$

$_{rc} Q_{A2} = 2 \times \frac{602}{800} \times 1.05 \times 800 \times 621 = 785 \text{ kN}$

以上より，長期，短期ともに $_{rc} Q_{A2} > {_{rc} Q_{A1}} > {_{rc} Q_D}$ となった。また，コンクリートのみでRC部分に対する設計用せん断力を負担できることを確認した。

④ 帯筋の配筋

計算上はあばら筋が不要となるため，最小補強筋量として $_w p = 0.1\%$ を設定する。あばら筋には D10 ($a = 71.33 \text{ mm}^2$) を使用する。

・あばら筋間隔：$x = \frac{2 \times 71.33}{800 \times 0.001} = 178 \quad \to \quad 2 - D10@100$

8.2　プレストレストコンクリート構造——なぜコンクリートにプレストレスを入れるのか

8.2.1　プレストレストコンクリート構造の特徴

　コンクリートは圧縮には強いが引張に弱い。そこで，あらかじめコンクリートに圧縮応力を導入しておくことで，自重や外力による引張応力を抑制し，ひび割れを生じにくくすることが可能になる。コンクリートに圧縮応力を導入するためには高い引張強度を有する鋼材（**PC 鋼材**）が用いられる。PC 鋼材に緊張力（引張力）を与え，その反力（圧縮力）をコンクリートに負担させることで，圧縮のプレストレスがコンクリートに導入される。このようなプレストレストコンクリート（以下，PC）を用いた構造には以下の特徴がある。

（1）スパンを大きくとることができる

　スパンを大きくすると，自重や積載荷重により梁に生じる曲げモーメントも大きくなる。そのため，通常の RC 造建物では梁せいを大きくしなければならない。しかし，それは階高の増大や地震力入力の増加にもつながり，設計が難しくなる。これに対し，プレストレスを与えることで，外力によって生じる曲げモーメントを打ち消すような曲げモーメントを生じさせることができ，梁にたわみを生じさせない設計も可能になる。また，RC 造建物においては，同じ梁せいであればより大きなスパンが可能になり，スパンが同じであれば梁せいを小さくすることができる。

（2）コンクリートのひび割れを抑制できる

　RC 構造では引張応力をコンクリートには負担させず，鉄筋に負担させる。このことは，コンクリートにはひび割れの発生を許容していることになり，耐久性の観点からは，ひび割れ幅を一定の許容値以下に抑えておく必要がある。また，気密性や水密性を保つためには，ひび割れを発生させない設計も必要となる。例えば，サイロやタンクのような容器構造では，プレストレスを与えて断面をあらかじめ圧縮状態にしておくことで，内圧により生じる引張応力でコンクリートにひび割れが生じないようすることができる。

（3）残留変形が小さい

　RC 造建物が大きな地震力を受けると，残留変形が生じ，地震後のドアや窓の開閉に支障がでることがある。一方，PC 構造では，一時的に大きな荷重を受けてコンクリートにひび割れが生じても，荷重が除かれれば PC 鋼材による圧着効果でひび割れが閉じるため，通常の RC 構造に比べて残留変形が小さくなる。

用語　PC 鋼材

プレストレストコンクリートに使用する鋼材には PC 鋼線，PC 鋼より線，PC 鋼棒などがあり，それらをまとめて PC 鋼材と呼ぶ。（8.2.5 参照）

● **ひび割れ幅の許容値**

　コンクリート中にある鉄筋などの鋼材は，ひび割れからの水分や二酸化炭素の浸入により腐食して錆びてしまう。それを防ぐためには，ひび割れ幅を 0.1mm ～ 0.2mm 程度以下に抑えておく必要がある。

8.2.2 プレストレストコンクリート構造の分類

PCは，導入するプレストレスの量に応じて分類される。表8.11にPC構造の分類を示す[4]。

(1) I種PC：FPC (Full Prestressing Concrete)

プレストレスの導入によって，コンクリート断面に引張応力度を生じさせない構造である。つまり，断面内には圧縮応力度のみ分布する。引張応力度の発生を許容しないため，ひび割れが発生することも許容しておらず，海の近くなど腐食性の強い環境に曝される場合などに適している。

(2) II種PC：PPC (Partial Prestressing Concrete)

プレストレスの導入により，コンクリートにひび割れを生じさせない構造である。I種PCとの違いは，ひび割れが生じない範囲でコンクリート断面に引張応力度の発生を許容している点である。

(3) III種PC：PRC (Prestressed Reinforced Concrete)

PCとRCの中間的な構造であり，プレストレスト鉄筋コンクリート構造とも呼ばれる。プレストレスの導入によってひび割れ幅やたわみ量を制御することを目的としており，許容する引張応力度やひび割れ幅の大きさによって4つに細分類されている。

表8.11 PC構造の分類

	引張縁の状態による分類		引張縁応力による制限 (N/mm²)	ひび割れ幅による制限
プレストレストコンクリート	フルプレストレッシング：FPC	I	0以上（引張応力を認めない）	発生を許容しない
	パーシャルプレストレッシング：PPC	II	$0.49+F_c/100$ 以下（許容引張応力以下）	発生を許容しない
	プレストレスト鉄筋コンクリート：PRC	III $_t$	$3\cdot(0.49+F_c/100)$ 以下（引張強度以下）	考慮せず※)
		III $_{tb}$	$5\cdot(0.49+F_c/100)$ 以下（曲げ引張強度以下）	考慮せず※)
		III $_{0.1}$	考慮せず	0.1mm 以下
		III $_{0.2}$	考慮せず	0.2mm 以下

※) 部材断面と平均プレストレスにより定められた最小鉄筋量を配筋する

● PC構造の適応空間

PC建築の歴史は，1960年以降のPCa工場建設から始まり，1968年ころから大スパン (36〜40m) のボーリング場の建設が盛んとなった。これにより，「大空間はPC建築」というイメージが定着したようである。右図にFPC，PPCおよびPRCの適応空間の目安を示す。特に低層建物において，プレストレスを導入することでスパンを伸長でき，FPCによって大スパンも実現できる。

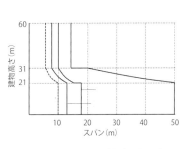

RC構造を適用可能な建物高さとスパン

8.2.3 PC構造の基本性能

図8.10に一様分布荷重を受けるRC梁とPC梁の曲げモーメントと中央たわみ量の関係を示す。RC梁には早期にひび割れが生じ，その後の剛性低下が顕著になる。一方，PC梁は，より大きな曲げモーメントに達するまでひび割れが生じないため，弾性挙動する範囲が広い。

図8.11にRC梁とPC梁に地震時を想定して**逆対称曲げモーメント**を与えた場合のせん断力と部材角の関係を示す。RC梁は鉄筋の降伏により部材角が増大した後，せん断力が除荷されても残留変形が残り，その後の繰り返し載荷により履歴ループが大きな面積を描いている。一方，PC梁はせん断力が除荷されると変形がほとんど残らず，その後の繰り返し載荷でも**原点指向型の履歴ループ**を描いている。残留変形が残らないことはPC構造の長所であるが，エネルギー吸収能力はRC構造の方が優れていると言える。

[用語] **逆対称曲げモーメント**
地震時に梁に生じる曲げモーメント分布であり，下図のようになる。

[用語] **原点指向型の履歴ループ**
繰り返し荷重を受けて除荷を生じる際に，荷重も変形もゼロの原点に向かうような形状となる履歴特性のことである。

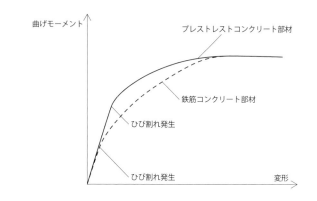

図8.10　梁の曲げモーメントとたわみ量の関係[4]

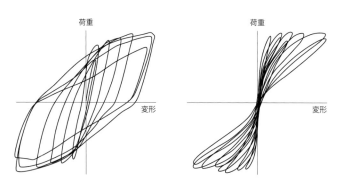

図8.11　梁のせん断力と部材角の関係[4]

8.2.4 プレストレスの与え方

プレストレスを導入するためには，PC鋼材とよばれる緊張材を引っ張り，その反力によってコンクリートに圧縮力を与える必要がある。その方式はPC鋼材を引っ張る時期によって，①プレテンション方式と②ポストテンション方式の2種類に区別される。図8.12にそれぞれの方式の手順を示す。

プレテンション方式では，コンクリートを打設する前にPC鋼材に緊張力を与え，その状態でコンクリートを打設し，コンクリートに所定の強度が発現した時点で緊張力を解放する。その際，緊張されていたPC鋼材が元の長さに戻ろうとするが，PC鋼材とコンクリート間には付着力が働くため，コンクリートには圧縮力が生じる。この方式ではPC鋼材は直線的に配置され，PC鋼材を固定するための定着具が不要である。通常はPC部材として，工場で製作されるのが一般的である。

ポストテンション方式では，あらかじめ型枠内にPC鋼材を通すためのシース管を配置しておき，その状態でコンクリートを打設する。コンクリートに所定の強度が発現した時点でPC鋼材に緊張力を導入して定着する。定着部では緊張力の反力がコンクリートに圧縮力として作用する。この方式は現場でも工場でも施工が可能である。また，プレテンション方式と違って，PC鋼材を曲線状に配置することも可能である。シース管はPC鋼材を緊張する際にコンクリートとの間に付着力が生じないようにするためのもので，緊張作業が終わった後は，PC鋼材の錆の防止とシース管との付着を確保するため，シース管内にグラウトが注入される。なお，**グラウト**を注入しないものはアンボンドタイプと呼ばれる。最近では，シース管を埋め込んだプレキャストコンクリート部材を現場にて組み立て，PC鋼材により圧着接合して骨組を構築する構法が提案されている[5]。この構法では復元力特性が高く，残留変形やひび割れを低減することができるという特徴があるが，国内ではまだ普及していないのが現状である。

用語 グラウト
建設工事において，空洞，空隙および隙間などを埋めるために注入する流動性の液体のことである。無収縮モルタルが使用されることが多い。

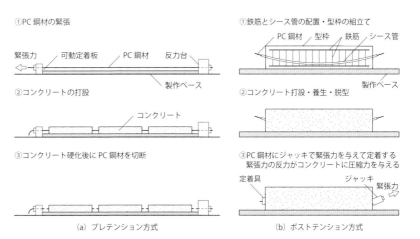

図8.12 プレストレス導入の手順

8.2.5　PC構造に関する材料特性

（1）コンクリート

　表8.12にPCの分類ごとの設計基準強度と緊張力導入時の強度を示す。PCは大きな圧縮力を受けるため，コンクリートの設計基準強度は30〜35 N/mm²以上である。

（2）PC鋼材

　PCに使用する鋼材にはPC鋼線，PC鋼より線，PC鋼棒などがあり，それらをまとめてPC鋼材と呼ぶ。PC鋼線は直径が2.9〜9 mmの鋼材で，表面が平滑なものと凹凸のあるものがあり，後者は異形PC鋼線と呼ばれる。PC鋼線は，通常1本だけで用いられることはない。PC鋼より線はPC鋼線を何本かより合わせたものでストランドとも呼ばれる。PC鋼棒は直径が9.2〜40 mmの鋼材で，表面にスパイラル状の凹凸があるものは細径異形PC鋼棒と呼ばれる。耐力のレベルによってA種，B種，C種に分けられ，さらに引張強さにより1号と2号に分けられている。表8.13にPC鋼より線の種類とヤング係数を示す。表8.14にPC鋼棒の機械的性質を示す。

表8.12　コンクリートの設計基準強度

	プレテンション方式		ポストテンション方式	
	設計規準強度	導入時強度	設計規準強度	導入時強度
FPC			30 N/mm²以上	
PPC	35 N/mm²以上	30 N/mm²以上	30 N/mm²以上	30 N/mm²以上
PRC			24 N/mm²以上※	

※特別の検討をした場合は21N/mm²以上

表8.13　PC鋼より線の種類とヤング係数

種類			記号	ヤング係数
PC鋼より線	2本より線		SWPR2N，SWPR2L	195 kN/mm²
	異形3本より線		SWPD3N，SWPD3L	
	7本より線	A種	SWPR7AN，SWPR7AL	
		B種	SWPR7BN，SWPR7BL	
	19本より線		SWPR19N，SWPR19L	

表8.14　PC鋼棒の機械的性質

種類			記号	耐力 N/mm²	引張強さ N/mm²	ヤング係数 kN/mm²	伸び %
丸鋼棒	A種	2号	SBPR 785/1030	785以上	1030以上	200	5.0以上
	B種	1号	SBPR 930/1080	930以上	1080以上		
		2号	SBPR 930/1180	930以上	1180以上		
	C種	1号	SBPR 1080/1230	1080以上	1230以上		
異形鋼棒	A種	2号	SBPD 785/1030	785以上	1030以上		
	B種	1号	SBPD 930/1080	930以上	1080以上		
		2号	SBPD 930/1180	930以上	1180以上		
	C種	1号	SBPD 1080/1230	1080以上	1230以上		

8.2.6 PC 構造の設計

(1) RC 構造の設計法との違い

PC 構造の設計は，基本的には RC 構造の設計法に準じるが，以下の点について考慮が必要となる。

① プレストレス導入による不静定二次応力

ラーメンなどの不静定骨組にプレストレスを導入すると，部材に軸方向変形や曲げ変形が生じ，その変形に伴って応力が生じる。

② コンクリートの乾燥収縮・クリープ

通常の RC 構造ではあまり構造的な問題にはならないが，PC 構造の場合は，コンクリートの乾燥や圧縮力によるクリープ現象で部材が縮むと，導入したプレストレスが低下してしまうので注意が必要である。

③ PC 鋼材のリラクセーション（応力緩和）

長期間，高レベルの引張応力下におかれた PC 鋼材では，徐々に引張応力が減少するため，プレストレスの大きさに影響を及ぼすことになる。

(2) PC 鋼材の配置と導入プレストレスの決め方

部材に生じる引張応力度をプレストレスによって抑制，あるいは打ち消すように PC 鋼材を配置することが基本である。梁の場合は常時鉛直荷重によって生じる曲げモーメント分布と同じような形で配置すると効果的である。
導入するプレストレスの大きさは以下の手順で決定する。

① コンクリートに生じる引張応力度をどこまで下げるのかにより，必要な導入圧縮応力度を求める。

② 導入圧縮力度から必要な PC 鋼材の量を決める。PC 鋼材に生じる引張応力度は規格降伏強度の 0.8 倍以下かつ規格引張強度の 0.7 倍以下とし，かつ，**有効プレストレス**を考慮する。

③ コンクリートの圧縮応力度が許容値（常時荷重に対してコンクリートの設計基準強度 F_c の 1/3）以下であることを確認する。

(3) プレストレスコンクリート梁の断面設計の例

長期荷重を受ける梁の断面設計の例として，断面が幅 (b) 300 mm，せい (h) 600 mm で，最大曲げモーメントが 36 kNm の場合を考え，コンクリートに引張応力度を生じさせないようにするために必要な PC 鋼材と導入プレストレス力を求める。PC 鋼材には 7 本より線（SWPR7BL）の 12.7φ を使用し，断面内に偏心しないように配置する。**表 8.15** に使用する PC 鋼より線の機械的性質を示す。また，有効プレストレス力は，PC 鋼材の降伏荷重の 0.6 倍とする。

【断面係数：$Z = bh^2/6$】$Z = 300 \times 600 \times 600 / 6 = 1.8 \times 10^7$ mm^3

【最外縁応力度：$\sigma_{max} = M / Z$】$\sigma_{max} = 36 \times 10^6 / 1.8 \times 10^7 = 2.0$ N/mm^2

【必要プレストレス力：$P = A \times \sigma_{max}$】$P = 300 \times 600 \times 2.0 = 3.6 \times 10^5 = 360$ kN

【必要導入力：$P_e = P / 0.6$】$P_e = 360 / 0.6 = 600$ kN

【必要本数：$N = P_e / F_y$】$N = 600 / 156 = 3.846 \rightarrow 4$ 本

用語 リラクセーション

初期応力によって発生したひずみを一定とした条件下で時間の経過とともに応力が減少する現象であり，応力緩和とも呼ぶ。なお，クリープは荷重が一定の条件下で時間の経過とともにひずみが増大する現象であり，クリープとりリラクセーションは区別されるが，材料内で発生している現象は同じである。

用語 有効プレストレス

コンクリートの弾性変形，乾燥収縮，クリープ，PC 鋼材のリラクセーション，シースと PC 鋼材の摩擦などでプレストレス力は減少する。そこで，導入したプレストレスの 70 ～ 80% を有効プレストレスとしている。

表 8.15　PC 鋼より線の機械的性質

使用材料	断面積 (mm^2)	導入緊張力 P_0 (kN/本)	許容引張荷重 定着完了時 (kN/本)	許容引張荷重 プレストレス導入時 (kN/本)	短期許容 $0.9F_y$ (kN/本)	降伏荷重 F_y (kN/本)	引張荷重 F_x (kN/本)	弾性係数 E_p (N/mm^2)
PC 鋼より線 SWPR7BL 12.7φ	98.7	124.8	124.8	132.6	140.4	156.0	183.0	1.95×10^5

(4) プレストレス導入による二次応力の計算例

図 8.13 (a) に示す門形ラーメンの梁にプレストレス力を 600 kN 導入する場合，柱と梁に生じる二次応力を計算する。コンクリートのヤング係数は 2.0×10^4 N/mm^2 とし，PC 鋼材は断面内に偏心しないように配置されている。

【梁の軸縮み量：$\delta_B = \varepsilon \cdot L = (\sigma / E) \cdot L = PL / EA$】

$\delta_B = (600 \times 10^3 \times 12000) / (2.0 \times 10^4 \times 600 \times 300) = 2.0$ mm

よって，柱 1 本の水平変位量は 1.0 mm となる。

【固定端モーメント：$M_R = 6E \times I \times \delta / h^2$ ※】

※両端固定部材（高さ h）の一端に強制変位 δ を与えた場合。

$M_R = 6 \times 2.0 \times 10^4 \times (600 \times 600^3 / 12) \times 1.0 / 6000^2 = 36 \times 10^6 = 36$ kNm

【梁と柱の剛比：k_C, k_B】$k_C = 1.0$，$k_B = 0.5$

【梁のモーメント M_B とせん断力 Q_B】

$M_B = M_R \times 0.5 / (1.0 + 0.5) = 12$ kNm（全域で一定），$Q_B = 0$

【柱のモーメント M_C とせん断力 Q_C】

$M_C = M_R \times 1.0 / (1.0 + 0.5) = 24$ kNm（柱頭部）　※ 柱脚部では 12 kNm

$Q_C = (24+12) / 6 = 6$ kN

以上より，プレストレス導入によるモーメント分布は図 8.13 (d) のようになる。

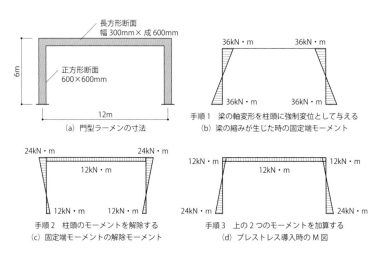

図 8.13　梁にプレストレスを導入した場合の二次応力の計算

探究 建築分野における PC 構造の適用事例を調べてみよう。

　PC 構造は，過去の大地震での被害例も少なく，耐震性や耐久性が高いことが知られている。しかし，建築分野では，土木分野に比べて採用事例が少ないようである。この理由は様々考えられるが，大学での講義が少ない，コストが高い，設計・施工が面倒などの理由が代表的であろう。

　ここでは，建築構造を学ぶ学生が PC 構造について興味をもつきっかけとなることを期待して，以下に建築分野における PC 構造の適用事例を紹介する。なお，これらの適用事例については，プレストレストコンクリート工学会の会誌「プレストレストコンクリート」から引用した。

**サグラダファミリアの地下聖堂の
既存基礎の補強**
PC 鋼棒を介して新設パイルキャップと既存基礎を一体化

沖縄県立博物館の穴あき PCaPC 外壁
開口率を確保するためプレストレスを導入

6 m の跳出し空間をもつ病院施設
PC 構造を採用し無柱の駐車スペースを確保

昭和学院伊藤記念ホールの PCa 折板構造
PCa 折板を PC 圧着工法で接合

國學院久我山中学高等学校学習センター
柱，大梁，床版および耐震壁に PCaPC 構造を採用

**PC 構造と PCa 構造が主体構造の
マツダスタジアム**
PC と PCa の採用で短工期・ローコストを実現

掛川市の PCaPC 造津波避難タワー
高強度，高耐久等の利点を総合的に評価

8.3 鋼管コンクリート構造——なぜ鋼管にコンクリートを詰めるのか

8.3.1 鋼管コンクリート構造の特徴

円形鋼管や角形鋼管などの中空断面の鋼管は鋼構造の柱に用いられているが，圧縮を受けると座屈しやすいという欠点がある。そこで，鋼管の内部にコンクリートを充填することにより，圧縮力をコンクリートにも負担させ，さらに，鋼管の座屈を生じにくくするという相互効果を活かしているのが鋼管コンクリート構造である。一般にCFT（Concrete Filled Steel Tube）構造と呼ばれ，以下のような特徴がある。

① 鋼管が座屈しにくくなる

鋼管にコンクリートを充填することにより，部材としての軸剛性や曲げ剛性が高くなり，全体座屈が生じにくくなる。さらに，圧縮応力が高い部分で鋼管が局部座屈を生じ始めても，充填されたコンクリートが鋼管の内側への面外変形を抑える。そのため，局部座屈も抑制される。

② コンクリートの圧縮特性が向上する

コンクリートは圧縮力を受けるとポアソン効果で横方向に広がろうとするが，これを鋼管が拘束するため，コンクリートは三軸圧縮状態となり，図8.14に示すように，強度と靭性が向上する。その効果は角形鋼管より円形鋼管の方が顕著である。その理由は，鋼管からコンクリートに作用する拘束力の分布状況の違いによる。円形鋼管では一様な拘束力が作用するが，角形鋼管では隅角部で大きく，それ以外の部分では鋼管が外側にはらむため，拘束力が小さくなる。したがって，円形鋼管より拘束度が弱くなる。

● 三軸圧縮状態
直交する三方向のすべての垂直応力が圧縮となっている状態。

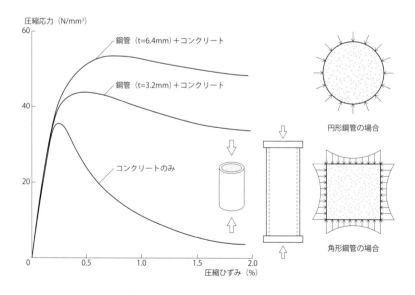

図8.14 鋼管中のコンクリートの圧縮応力度－ひずみ度関係

③ 省力化と生産性の向上に貢献できる

鉄筋工事や型枠工事が不要なので、現場での作業量が減り、工期の短縮になる。一方、鋼管の中のコンクリートの充填状況は目視で確認できないため、コンクリートの打設に際しては、**高流動コンクリート**を用いるなど、施工方法や品質管理には十分な注意が必要となる。

④ 耐火性能が高い

充填コンクリートの熱容量が大きいため、鉄骨造に比べて鋼管の温度が上がりにくくなり、耐火性能が向上する。また、鋼管の温度が上昇して強度が低下しても、内部のコンクリートがある程度までは圧縮に耐えるため、軸力はより長く保持される。そのため、**耐火被覆**の厚さを減らしたり、無耐火被覆としたりする設計も可能となる。

⑤ クリープや乾燥収縮による変形が小さい

RCに比べると、断面に占める鋼材の割合が7〜9%と比較的大きいため、コンクリートのクリープによる変形の影響は小さい。また、鋼管中のコンクリートは外気にさらされないため、乾燥収縮による影響も少ない。

以上のような特徴から、CFT構造はラーメン構造の柱部材に用いられることが多く、大きな圧縮力が作用する高層建物の下層階の柱や、塔状比が大きな建物の外柱、ロングスパンで支配面積が大きな柱などに用いられている。柱は円形鋼管または角形鋼管、梁は鉄骨が一般的である。RC造や鉄骨造に比較して柱を細くできるため、意匠的なメリットもある。

> **用語 高流動コンクリート**
> 流動化剤を加えて施工性を向上させたもので、自己充填コンクリートとも呼ばれる。

探究　超高強度CFT構造について調べてみよう。

建物の超高層化や大スパン化に対応するために、通常のCFT構造よりも高強度のコンクリートと鋼管を用いた高強度CFT構造の開発が進められ、実用に供されている。

一方、将来の超高強度CFT構造の解体工事を考えた場合、工事の困難さが予想されている。超高強度CFT自体が破壊しにくいことに加え、充填コンクリートによりCFT柱の重量が重いことや充填コンクリートと鋼管の分別などを考えると、解体工事費が割高になると考えられる。

日本最高の高さ300mの超高層ビルを実現するために、150N/mm²のコンクリートと440N/mm²の鋼管を採用。

例1　あべのハルカス

執務空間の柱に160N/mm²のコンクリートと700N/mm²の鋼管を採用し、500φ柱による18mの大スパンを実現

例2　大林組技術研究所本館

8.3.2　鋼管コンクリート構造の基本性能

図8.15に軸方向に圧縮力を受けるCFT柱の軸力比―軸ひずみ度関係を示す。軸力比は鋼管とコンクリートの累加強度で基準化した値である。鋼管が円形の場合と角形の場合で比較すると，強度は円形の方が高く，また，いずれの場合も鋼管とコンクリートの累加強度を上回る強度が得られていることがわかる。図8.16に鋼管コンクリート片持ち柱に一定軸力を与え，水平力を正負繰返し載荷した実験の結果を示す。RC構造と異なり，履歴ループはエネルギー吸収能力に富む紡錘形を示している。また，円形鋼管の方が角型鋼管よりも耐力低下が少なく，変形性能に富んでいることがわかる。

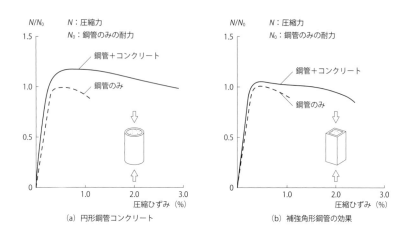

図8.15　鋼管中のコンクリートの圧縮応力度－ひずみ度関係[6]

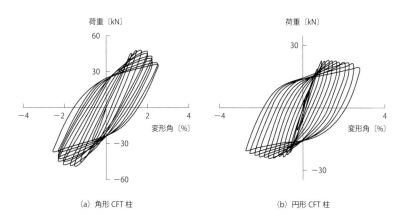

図8.16　鋼管コンクリート片持ち柱のせん断力－変形角関係[7]

8.3.3 鋼管コンクリート構造に用いる材料と施工方法

(1) 鋼材

鋼材はS造と同じものが使用できる。鋼管は角形か円形で，国内ではJIS規格品か大臣認定品でロール製造されたもの，あるいは組み立て溶接されたものが用いられる。強度は400～490 N/mm^{2}程度のものが用いられることが多いが，590 N/mm^{2}以上の高強度鋼材も用いられるようになってきた。それは，S造に比べて座屈しにくいことから，高強度鋼材を用いることで板厚を薄くすることが可能になるためである。角形鋼管において，上下階で柱の断面が変化する場合，柱梁接合部にテーパーを有する大臣認定品もある。梁はS造あるいはSRC造とすることが原則とされており，通常，鉄骨にはH形鋼が用いられる。また，柱と梁の接合部では，梁の曲げモーメントを柱に伝達するためにダイヤフラムと呼ばれる水平材が設けられる。鋼管内部のダイヤフラムには図8.17に示すようなコンクリートを充填するための孔と内部の空気を抜くための孔が設けられる。

(2) コンクリート

充填コンクリートは一般には普通強度のものが用いられる。コンクリートの打設は主にポンプによる圧入工法や**トレミー管**による落とし込み工法が用いられる（図8.18）。外からは充填状況が確認できないため，調合設計に際しては流動性が高く，分離しにくいコンクリートとする必要がある。また，柱梁接合部のダイヤフラムの下にはブリージングによる空隙ができやすいことから，**低収縮コンクリート**が用いられることもある。

- ● **ロール製造**
  鋼を回転するロール間に通して薄く延ばして板状にする製法であり，圧延ロール加工と呼ばれる。

- 用語 **トレミー管**
  コンクリートを現場で打設する際に用いる管で，底部から着実に打設するため，常に先端をコンクリート中に維持し，打設の進行に合わせて上方に引き上げる。

- 用語 **低収縮コンクリート**
  乾燥収縮ひび割れを低減するため，収縮低減剤を混入したコンクリートである。

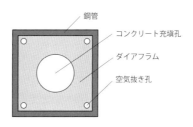

図8.17　鋼管内部のダイヤフラムに設けられる孔

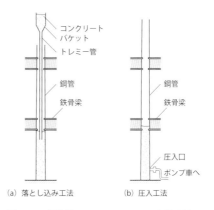

図8.18　鋼管柱へのコンクリートの打設方法

8.3.4　鋼管コンクリート構造の設計

（1）設計の基本的な考え方

　建築基準法ではCFT構造は特殊な鉄骨造として位置づけられている。鋼管には鉄骨構造，充填コンクリートにはRC構造の規定が適用されるが，CFT構造としての具体的な計算方法は日本建築学会と新都市ハウジング協会から指針類[8), 9), 10)]が示されており，それに従って設計する。

（2）引張軸力に対する設計

　SRC柱と同様に，コンクリートの寄与は無いものとして，鋼材のみで断面設計する。終局引張耐力は以下の式で求める。

$$角型鋼管：N_{tu} = F_y \cdot A_s \tag{3.1}$$
$$円形鋼管：N_{tu} = 1.08 F_y \cdot A_s \tag{3.2}$$

ここで，F_y：鋼管の降伏強度，A_s：鋼管の断面積である。なお，式(3.2)の係数1.08は，鋼管が二軸引張状態になることによる強度上昇を考慮するためのものである。

（3）圧縮軸力に対する設計

　SRC柱と同様に，鋼管とコンクリートの累加強度で断面設計する。**座屈長さ**と断面せいの比 ℓ_k / D によって，柱は以下の3つに区分される。

$$短柱 \qquad \ell_k / D \leqq 4 \qquad （座屈は考慮しない） \tag{3.3}$$
$$中柱 \qquad 4 < \ell_k / D \leqq 12 \qquad （座屈を考慮する） \tag{3.4}$$
$$長柱 \qquad 12 < \ell_k / D \qquad （座屈を考慮する） \tag{3.5}$$

座屈を考慮しない短柱の許容圧縮耐力は，以下の式により求める。

$$長期：N_{ca(L)} = \tfrac{1}{3} \cdot F_c \cdot A_c + \tfrac{2}{3} \cdot F_y \cdot A_s \tag{3.6}$$
$$短期：N_{ca(S)} = \tfrac{2}{3} \cdot F_c \cdot A_c + F_y \cdot A_s \tag{3.7}$$

ここで，F_c：コンクリートの設計基準強度，A_c：充填コンクリートの断面積である。

　また，短柱の終局圧縮耐力の算定法は角形鋼管と円形鋼管で異なり，以下の式で求める。

$$角型鋼管：N_{cu} = F_c \cdot A_c + F_y \cdot A_s \tag{3.8}$$
$$円形鋼管：N_{cu} = F_c \cdot A_c + 1.27 F_y \cdot A_s \tag{3.9}$$

なお，式(3.9)の係数1.27は円形鋼管による拘束効果でコンクリートの強度が上昇することを考慮するためのものである。

　中柱と長柱では座屈の影響を考慮する必要があるため，それについては次節で述べる。

用語　座屈長さ

　部材が軸方向に圧縮を受けて座屈を生じる時の長さであり，端部の拘束条件によって異なる。

(4) 軸力と曲げの組合せに対する設計

短柱の許容耐力は単純累加強度，終局耐力は鋼管とコンクリートの中立軸位置を一致させた累加強度として算定する。長柱の許容耐力は軸力の影響（$P-\delta$モーメント）を考慮した単純累加強度とする。中柱の許容耐力は短柱と長柱の間を直線補間して求める。なお，角形断面柱が**二軸曲げ**を受ける場合の許容曲げモーメントは，両方向の相互作用を考慮して，次式により算定する。

$$\left(\frac{M_x}{M_{xo}}\right)^\alpha + \left(\frac{M_y}{M_{yo}}\right)^\alpha = 1 \tag{3.10}$$

ここで，M_x：X 方向曲げモーメント，M_{xo}：X 方向短期許容曲げモーメント，M_y：Y 方向曲げモーメント，M_{yo}：Y 方向短期許容曲げモーメントである。また，係数 α は以下のように与えられる。

- $\alpha = 1.0$ （短期許容曲げ耐力）
- $\alpha = 1.71$ （終局曲げ耐力）

なお，円形断面柱の場合，二軸曲げを受けても，それらを合成すれば一軸曲げモーメントになるので，上記の考慮は不要である。

(5) せん断に対する設計

せん断スパン比が 1.0 以下の場合のみ，せん断強度が設計せん断力以上であることを確認する。許容せん断耐力 Q_A は鋼管の断面積の 1/2 でせん断力を負担するとして，次式で求める。

$$Q_A = \frac{1}{2} \cdot A_s \cdot F_s \tag{3.11}$$

ここで，F_s：鋼管の許容せん断応力度である。なお，断面積の 1/2 を有効とする理由は，せん断力の方向に平行に近い部分がウェブとして有効に働くものと考えられるからである。また，終局せん断耐力 Q_u は，鋼管せん断強度とコンクリートのせん断強度の累加として，次式で求める。

$$Q_u = {}_sQ_u + {}_cQ_u \tag{3.12}$$

ここで，${}_sQ_u$：鋼管の終局せん断強度，${}_cQ_u$：コンクリートの終局せん断強度である。

用語 二軸曲げ
断面の主軸の 2 方向にそれぞれ曲げを受けている状態。

● 円形鋼管のせん断抵抗
円形鋼管では，下図のように，せん断力の方向に平行に近い部分がせん断に対して有効に抵抗するとみなす。

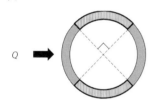

8.3.5 圧縮軸力に対する鋼管コンクリート柱の設計法の詳細

(1) 基本概念

式 (3.3) ～ (3.5) に示したように座屈長さ ℓ_k と断面せい D の比によって短柱，中柱，長柱に分類し，以下の方針で設計する。

- ・断面の耐力はコンクリートと鋼管の累加強度とする。
- ・短柱は断面の耐力のみで設計する。
- ・中柱と長柱では曲げ座屈を考慮する。
- ・短柱で断面が円形の場合，鋼管の拘束によるコンクリートの強度上昇を考慮する。

(2) 許容圧縮耐力

a. 短柱の許容圧縮耐力 N_{ca1}

$$N_{ca1} = {}_cN_c + {}_sN_c = A_c \cdot F_c + A_s \cdot {}_sf_t \tag{3.13}$$

ここで，${}_cN_c$：コンクリートの許容圧縮耐力，${}_sN_c$：鋼管の許容圧縮耐力，A_c：コンクリートの断面積，A_s：鋼管の断面積，f_c：コンクリートの許容圧縮応力度，${}_sf_t$：鋼管の許容引張応力度である。

b. 長柱の許容圧縮耐力 N_{ca3}

$$N_{ca3} = {}_cN_c + {}_sN_c = \frac{{}_cN_{cr}}{{}_c\nu} + A_s \cdot {}_sf_c \tag{3.14}$$

ここで，${}_cN_{cr}$：コンクリート柱の座屈荷重（$= {}_c\sigma_{cr} \cdot A_c$），${}_c\nu$：コンクリート柱の安全率（長期 3.0，短期 1.5），${}_c\sigma_{cr}$：コンクリートの座屈応力度，${}_sf_c$：鋼管の許容圧縮応力度である。なお，${}_c\sigma_{cr}$ と ${}_sf_c$ は以下のように求められる。

$$_c\sigma_{cr} = \frac{2F_c}{1 + \sqrt{{}_c\lambda_n{}^4 + 1}} \qquad ({}_c\lambda_n \leq 1 \text{ の場合}) \tag{3.15}$$

$$_c\sigma_{cr} = 2F_c(\sqrt{2} - 1)e^{C_c(1 - {}_c\lambda_n)} \qquad ({}_c\lambda_n > 1 \text{ の場合}) \tag{3.16}$$

ここで，F_c：コンクリートの設計基準強度，${}_c\lambda_n$：コンクリート柱の**基準化細長比**，ε_u：コンクリートの圧縮強度時のひずみ（$= 0.93 \, F_c{}^{0.25} \times 10^{-3}$），$C_c$：係数（$= 0.568 + 0.00612 \, F_c$）である。

$$_sf_c = \left\{ 1.0 - 0.4 \cdot \left(\frac{{}_s\lambda}{\Lambda} \right)^2 \right\} \cdot \frac{F_y}{{}_s\nu} \qquad ({}_s\lambda \leq \Lambda \text{ の場合}) \tag{3.17}$$

$$_sf_c = \frac{0.277F_y}{({}_s\lambda/\Lambda)^2} \qquad ({}_s\lambda > \Lambda \text{ の場合}) \tag{3.18}$$

ここで，${}_s\lambda$：鋼管の細長比，Λ：鋼管の**限界細長比**（$= \pi\sqrt{E_s/0.6F_y}$），E_s：鋼管のヤング係数，F_y：鋼管の降伏強度，${}_s\nu$：鋼管柱の安全率（$= 1.5 + 1.5({}_s\lambda/\Lambda)^2$）である。

> **用語** **基準化細長比**
>
> 細長比は部材の座屈しやすさを表す値で，座屈長さを断面二次半径で除すことで求められる。
>
> コンクリート柱の基準化細長比 ${}_c\lambda_n$ は，コンクリート柱の細長比 ${}_c\lambda$ を用いて次式により算定する。
>
> $$_c\lambda_n = \frac{{}_c\lambda}{\pi \cdot \sqrt{\varepsilon_u}}$$
>
> ここで，ε_u：コンクリートの圧縮強度時のひずみであり，次式により求める。
>
> $$\varepsilon_u = 0.93 \cdot F_c{}^{0.25} \times 10^{-3}$$
>
> 一方，鋼管の基準化細長比 ${}_s\lambda_n$ は，鋼管の細長比 ${}_s\lambda$ を用いて次式により算定する。
>
> $$_s\lambda_n = \frac{{}_s\lambda}{\pi \cdot \sqrt{\dfrac{F_y}{E_s}}}$$

> **用語** **限界細長比**
>
> 座屈を生じる際，部材に生じる応力度が降伏点に達する時の細長比のことである。

c. 中柱の許容圧縮耐力 N_{ca2}

図8.19に示すように，短柱の許容圧縮耐力 N_{ca1} と，$\ell_k/D = 12$ として計算した長柱の許容圧縮耐力 N_{ca3} の間を線形補間する．

$$N_{ca2} = N_{ca1} - 0.125(N_{ca1} - N_{ca3}) \times (\ell_k/D - 4) \tag{3.19}$$

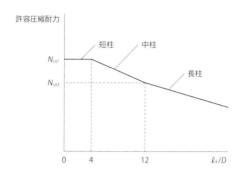

図8.19 鋼管コンクリート中柱の許容圧縮耐力

（3）終局圧縮耐力

a. 短柱の終局圧縮耐力 N_{cu1}

$$N_{cu1} = {}_cN_c + (1+\xi)_sN_c = A_c \cdot F_c + (1+\xi)A_s \cdot {}_sf_t \tag{3.20}$$

ここで，ξ：コンファインド効果を表す係数（円形断面：$\xi = 0.27$，角型断面：$\xi = 0.0$）である．

b. 長柱の終局圧縮耐力 N_{cu3}

$$N_{cu3} = {}_cN_{cr} + {}_sN_{cr}$$

ここで，${}_cN_{cr}$：コンクリート柱の座屈荷重 $(= {}_c\sigma_{cr} \cdot A_c)$，${}_sN_{cr}$：鋼管の座屈荷重である．${}_sN_{cr}$ は以下のように求められる．

$${}_sN_{cr} = {}_sN_y \qquad ({}_s\lambda_n \leqq 0.3 \text{ の場合}) \tag{3.21}$$

$${}_sN_{cr} = \{1 - 0.545({}_s\lambda_n - 0.3)\}{}_sN_y \qquad (0.3 < {}_s\lambda_n \leqq 1.3 \text{ の場合}) \tag{3.22}$$

$${}_sN_{cr} = \frac{{}_sN_E}{1.3} \qquad (1.3 < {}_s\lambda_n \text{ の場合}) \tag{3.23}$$

ここで，${}_sN_y$：鋼管の降伏軸力 $(= A_s \cdot F_y)$，${}_sN_E$：鋼管のオイラー座屈荷重 $(= \pi^2 \cdot E_s \cdot I_s / \ell_k^2)$，$F_y$：鋼管の降伏強度，$E_s$：鋼管のヤング係数，$I_s$：鋼管の断面二次モーメント，$\ell_k$：座屈長さ，${}_s\lambda_n$：鋼管の基準化細長比 $(=)$，${}_s\lambda$：鋼管の細長比である．

c. 中柱の終局圧縮耐力 N_{cu2}

許容圧縮耐力と同様に，短柱の終局圧縮耐力 N_{cu1} と，$\ell_k/D = 12$ として計算した長柱の終局圧縮耐力 N_{cu3} の間を線形補間して，次式で求める．

$$N_{cu2} = N_{cu1} - 0.125(N_{cu1} - N_{cu3}) \times (\ell_k/D - 4) \tag{3.24}$$

8.3.6 柱はり接合部の設計

CFT柱とH形鋼梁の接合方法は鉄骨造と同様である。接合部には梁の曲げモーメントを柱に伝達するためのダイヤフラムが設けられる。柱を角形鋼管とした場合と円形鋼管とした場合のダイヤフラム形式を図8.20および図8.21に示す。角形鋼管の場合は通しダイヤフラム形式が多く，**組み立て断面柱**では内ダイヤフラム形式が用いられる。外ダイヤフラム形式は柱を通し材とすることができる反面，柱の外側に大きく張り出すことになり，あまり用いられていない。円形鋼管では外ダイヤフラム形式が一般的で，通しダイヤフラム形式も用いられている。

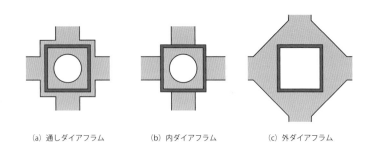

(a) 通しダイアフラム　　(b) 内ダイアフラム　　(c) 外ダイアフラム

図8.20　角形鋼管柱のダイヤフラム形式

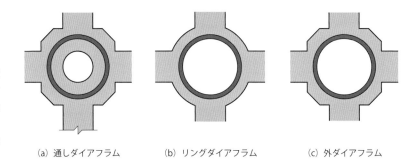

(a) 通しダイアフラム　　(b) リングダイアフラム　　(c) 外ダイアフラム

図8.21　円形鋼管柱のダイヤフラム形式

用語 組み立て断面柱

厚い鋼板を溶接して製作した正方形や長方形の断面を持つ柱のことである。

● 8章　参考文献

1) 福原実苗ほか：SRC柱とCFT柱の特性を生かした鉄骨コンクリートの開発研究，福山大学工学部紀要，Vo.30, pp.151-155, 2006.12
2) 友清ほか：免震構造を採用した病院建築のスパン割に関する基礎的研究，鹿児島大学工学部研究報告，No.53, pp.13-18, 2011
3) 若林實ほか：繰り返しせん断力を受ける鉄骨鉄筋コンクリート柱の履歴特性に関する実験的研究，京大防災研究所年報，第260号，pp.47-58, 1977.10
4) 日本建築学会関東支部：プレストレストコンクリート構造の設計，第3版，2017.9
5) 鈴木大貴ほか：柱梁曲げ強度比を実験変数としたアンボンドPCaPC圧着接合骨組の耐震性能に関する研究（その1），（その2），日本建築学会学術講演梗概集，構造IV, pp.711-714, 2015.9
6) 山口ほか：充てん型鋼管コンクリート短柱の中心圧縮性状，日本建築学会大会学術講演梗概集，構造II, pp.1353-1354, 1988.10
7) 松井千秋ほか：コンクリート充填円形鋼管柱の構造性能と軸力制限値，日本建築学会構造系論文集，第512号，pp.181-188, 1998.10
8) 日本建築学会：コンクリート充填鋼管構造設計施工指針，2008年
9) 日本建築学会：コンクリート充填鋼管構造ガイドブック，2012年
10) 新都市ハウジング協会：コンクリート充填鋼管（CFT）造 技術基準・同解説，2012年

索引

索　引

●あ行

アーチ機構	98
RC コア	190
RC シェル構造	5
圧縮ストラット	98
圧縮鉄筋比	92
あばら筋比	101
荒川式	152
安全率	46
1 次モード	62
AE 剤	25
エキスパンドメタル	32
H 形鋼	15
エネルギー吸収能力	42
応答スペクトル	54
応力中心間距離	74

●か行

開口幅比	115
かぶり厚さ	36
壁筋比	114
貫通孔	191
気乾単位体積重量	29
基準化細長比	218
既存不適格	12
期待値マップ	60
逆対称曲げモーメント	206
90° フック	105
境界梁	111
共振	61
強度寄与係数	180
供用限界期間	26
局部座屈	21
曲率	73
許容せん断力	101
緊急輸送道路	12

緊張材	18
組み立て断面柱	220
グラウト	18, 207
クリープ	30
計画供用期間の級	26
形状係数	112
下界定理	160
限界部材角	193
限界細長比	218
減衰定数	67
原点指向型の履歴ループ	206
コアコンクリート	93
鋼材の F 値	194
交差梁理論	124
剛床仮定	122
公称直径	38
構造規定	80
構造計算適合判定	52
拘束効果	28
降伏機構	17
降伏機構保証設計	17
高流動コンクリート	213
固有周期	61

●さ行

再現期間	17
座屈長さ	216
残留変形	19
シース管	18
軸力支持性能	10
軸力支持能力の喪失	86
JIS	38
収縮低減剤	25
縮約	54
主要支点間距離	93
上界定理	160

振動モード	62
ストレスブロック	74
スランプ	25
静的許容状態	160
設計用せん断力	101
全体座屈	21
全体崩壊形	70
せん断強度	27
せん断スパン比	99
せん断破壊	10
せん断補強筋	96
線膨張係数	34
塑性ヒンジ	145
存在応力	80

●た行

耐火被覆	14
大規模補修不要予定期間	26
耐震診断	12
耐震壁	7, 110
ダイヤフラム	21
ダボ抵抗	100
単筋梁	73
断面係数	27
弾力半径	65
中性化	39
中立軸	72
中立軸距離	73
長期たわみ	123
長周期地震動	17
津波避難ビル	13
釣合い軸力点	149
釣合鉄筋比	75
釣合鉄筋比以下	75
D 値	183
低収縮コンクリート	215
等価開口周比	115
等価線形化法	54
等価断面積	87
搭状比	20
動的許容状態	160

トラス機構	98
トレミー管	215

●な行

二軸曲げ	217
熱拡散率	32
熱容量	21

●は行

ハザードマップ	60
柱型拘束域	117
梁型拘束域	117
パンチングシア	124
PC 鋼材	204
比強度	24
非構造部材耐震指標	176
非線形時刻歴応答解析	17
引張鉄筋比	75
ピロティ形式	10
ヒンジ領域	42
フェイス位置	104
復元力特性	19
部材群種別	170
部材種別	169
付帯ラーメン	110
複筋梁	76
複筋比	76
フックの法則	72
不動態被膜	34
ブリーディング	48
プレキャスト	16
平均せん断応力度	112
平面保持の仮定	72
ベースシア	53
偏心	10
偏心距離	65
変動軸力	86
ポアソン比	29
崩壊形	145
膨張材	25
保有水平耐力	145

索引　223

●ま行

見付け面 117
無次元化パラメータ 75
メガストラクチャー 190
モールの応力円 97

●や行

ヤング係数比 72
有効圧縮強度 155
有効せい 73
有効プレストレス 209
有効細長比 93
要安全確認計画記載建築物 12
用途係数 58

●ら行

ラーメン 84
流動化剤 25
リラクセーション 30, 209
履歴特性 42
レンジ調整係数 183
連層耐震壁 110

●わ行

割増し係数 167

● 著者略歴

白井　伸明（しらい　のぶあき）　工学博士
日本大学名誉教授
1947 年　新潟県に生まれる
1970 年　日本大学理工学部建築学科卒業
1972 年　スタンフォード大学大学院修了

長沼　一洋（ながぬま　かずひろ）　博士（工学）
日本大学理工学部特任教授
1957 年　山梨県に生まれる
1981 年　千葉大学工学部建築学科卒業
1983 年　千葉大学大学院工学研究科修士課程建築学専攻修了
1983 年～ 2015 年　株式会社大林組

清水　泰（しみず　やすし）　工学博士
(社) 建築研究振興協会技術顧問
1948 年　群馬県に生まれる
1974 年　日本大学理工学部建築学科卒業
1976 年　日本大学大学院理工学研究科博士前期課程建築学専攻修了
1989 年～ 2010 年　東京工業大学附属科学技術高校教諭

田嶋　和樹（たじま　かずき）　博士（工学）
日本大学理工学部建築学科教授
1977 年　東京都に生まれる
1999 年　日本大学理工学部建築学科卒業
2004 年　日本大学大学院理工学研究科博士後期課程建築学専攻修了

堀川　真之（ほりかわ　まさゆき）　博士（工学）
日本大学工学部建築学科専任講師
1987 年　東京都に生まれる
2009 年　日本大学理工学部建築学科卒業
2011 年～ 2016 年　茨城県庁
2016 年　日本大学大学院理工学研究科博士後期課程建築学専攻修了

探究 鉄筋コンクリート構造　基本から応用へ

2018年 6 月30日　第 1 版 発　行
2024年 4 月10日　第 1 版第 3 刷

著　者	白 井 伸 明・長 沼 一 洋 清 水　　泰・田 嶋 和 樹 堀 川 真 之
発行者	下　出　雅　徳
発行所	株式会社　彰　国　社

著作権者と
の協定によ
り検印省略

NSPA
自然科学書協会会員
工学書協会会員

Printed in Japan

Ⓒ白井伸明・長沼一洋・清水　泰
田嶋和樹・堀川真之　2018年

162-0067 東京都新宿区富久町8-21
電話 03-3359-3231（大代表）
振替口座 00160-2-173401

印刷：三美印刷　製本：ブロケード

ISBN 978-4-395-32114-8　C3052　　https://www.shokokusha.co.jp

本書の内容の一部あるいは全部を、無断で複写（コピー）、複製、および磁気または光記録
媒体等への入力を禁止します。許諾については小社あてご照会ください。